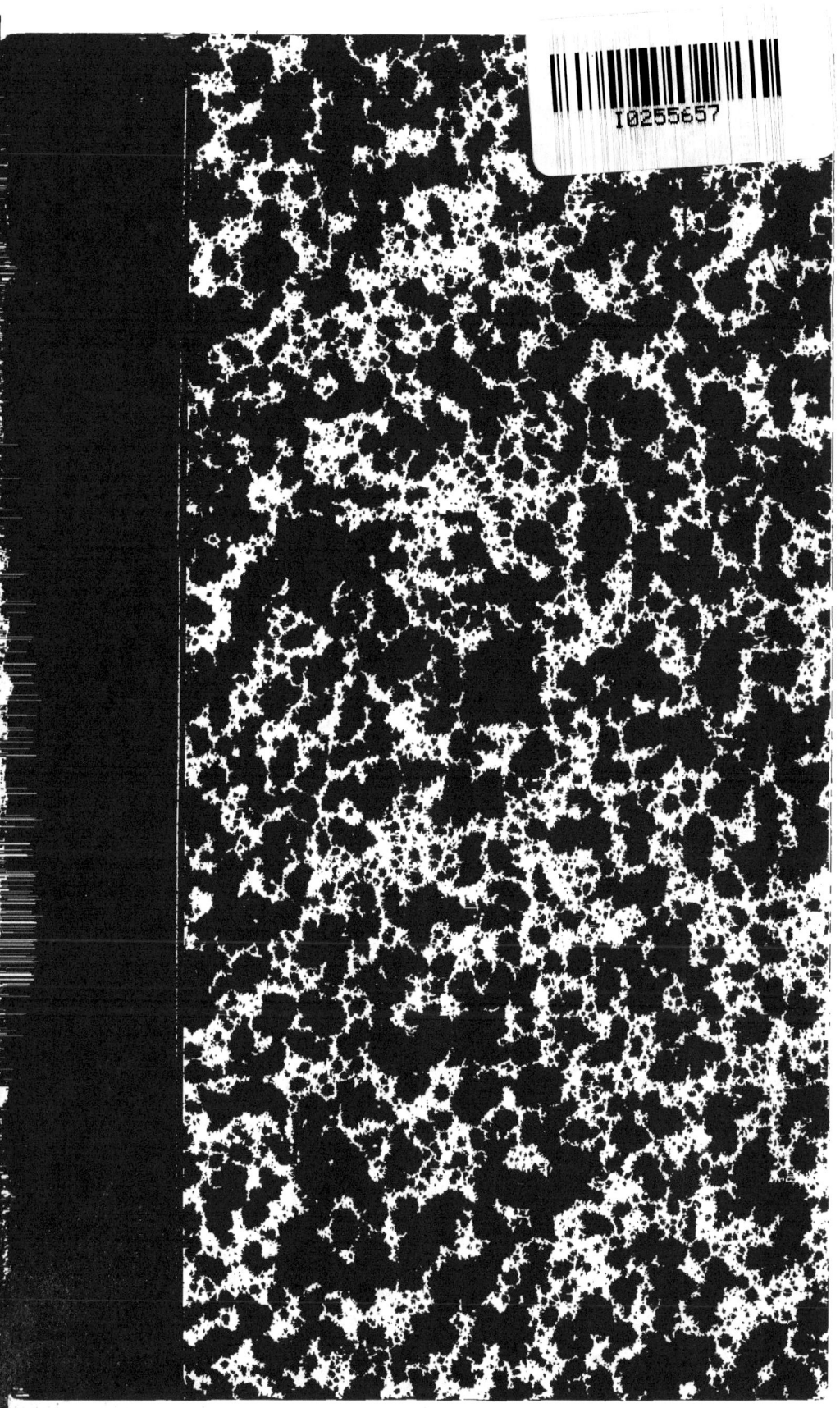

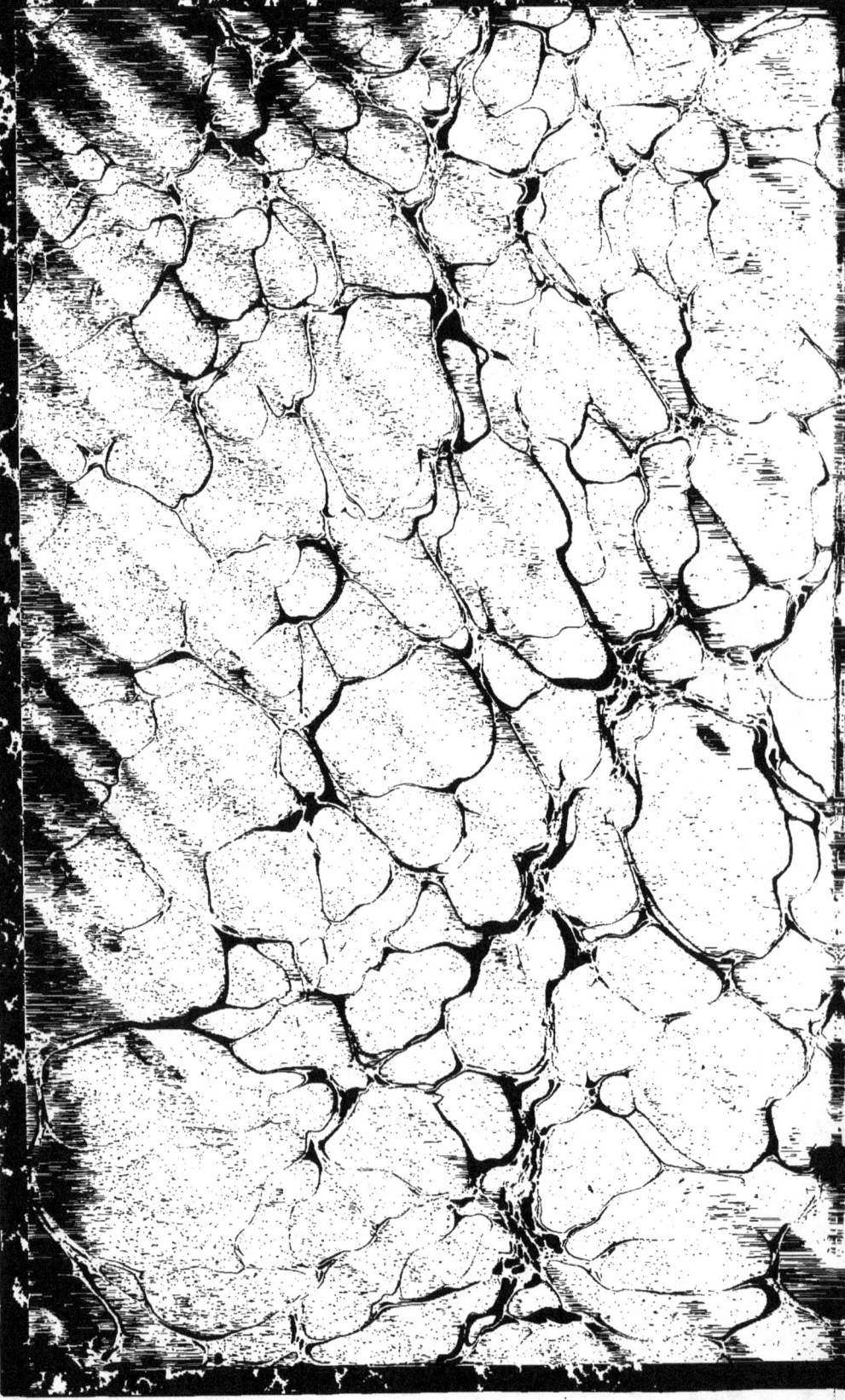

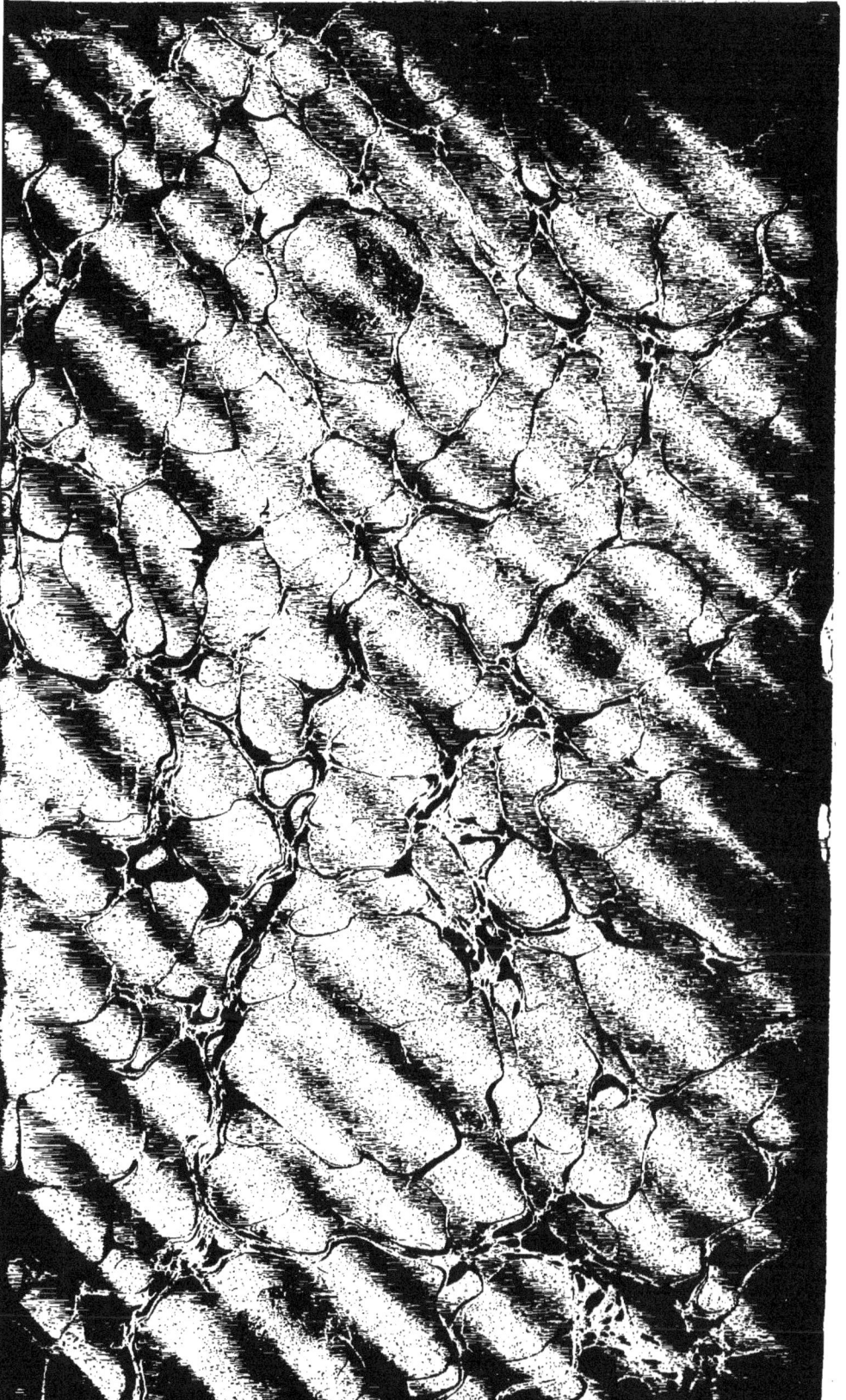

MÉMOIRES

DE

PHILIPPE PRÉVOST

DE

BEAULIEU-PERSAC

CAPITAINE DE VAISSEAU

(1608-1610 ET 1627)

PUBLIÉS POUR LA PREMIÈRE FOIS

POUR LA SOCIÉTÉ DE L'HISTOIRE DE FRANCE

PAR

CH. DE LA RONCIÈRE

A PARIS
LIBRAIRIE RENOUARD
H. LAURENS, SUCCESSEUR
LIBRAIRE DE LA SOCIÉTÉ DE L'HISTOIRE DE FRANCE
RUE DE TOURNON, N° 6

M DCCCC XIII

Exercice 1912
4ᵉ volume

MÉMOIRES

DE

PHILIPPE PRÉVOST

DE

BEAULIEU-PERSAC

CAPITAINE DE VAISSEAU

IMPRIMERIE DAUPELEY-GOUVERNEUR

A NOGENT-LE-ROTROU.

MÉMOIRES
DE
PHILIPPE PRÉVOST
DE
BEAULIEU-PERSAC

CAPITAINE DE VAISSEAU

(1608-1610 ET 1627)

PUBLIÉS POUR LA PREMIÈRE FOIS

POUR LA SOCIÉTÉ DE L'HISTOIRE DE FRANCE

PAR

CH. DE LA RONCIÈRE

A PARIS
LIBRAIRIE RENOUARD
H. LAURENS, SUCCESSEUR
LIBRAIRE DE LA SOCIÉTÉ DE L'HISTOIRE DE FRANCE

RUE DE TOURNON, N° 6

—

M DCCCC XIII

EXTRAIT DU RÈGLEMENT.

Art. 14. — Le Conseil désigne les ouvrages à publier, et choisit les personnes les plus capables d'en préparer et d'en suivre la publication.

Il nomme, pour chaque ouvrage à publier, un Commissaire responsable, chargé d'en surveiller l'exécution.

Le nom de l'éditeur sera placé en tête de chaque volume.

Aucun volume ne pourra paraître sous le nom de la Société sans l'autorisation du Conseil, et s'il n'est accompagné d'une déclaration du Commissaire responsable, portant que le travail lui a paru mériter d'être publié.

Le Commissaire responsable soussigné déclare que les Mémoires de Philippe Prévost de Beaulieu-Persac, *préparés par* M. Ch. de La Roncière, *lui ont paru dignes d'être publiés par la* Société de l'Histoire de France.

Fait à Paris, le 15 mars 1913.

Signé : H. OMONT.

Certifié :

Le Secrétaire de la Société de l'Histoire de France,

NOËL VALOIS.

PRÉFACE

Philippe Prévost de Beaulieu-Persac.

D'une guerre civile, un pays paie à l'étranger la rançon. La France, après la Ligue, en fit la triste expérience. Avec quelle désinvolture les Espagnols lui dénient le droit d'aller aux Indes, tandis qu'un bandit, le roitelet de Tunis Kara-Osman, se vante de ruiner nos côtes quand il le voudra[1]! Aucun outrage ne nous est épargné : à peine un de nos ambassadeurs, le grand Sully, a-t-il quitté les eaux de Calais pour aller saluer en juin 1603 le nouveau roi d'Angleterre, qu'un coup de canon d'un vaisseau britannique lui intime l'ordre d'amener pavillon : l'Anglais ne tolère pas d'autre drapeau en mer que le sien[2].

Ah! ce pavillon qu'on abaisse, l'amer symbole de notre déchéance! « Un grand royaume flanqué de deux mers, quasy tout de son long, » n'a pas de quoi se défendre contre les pirates, à plus forte raison contre les princes[3]. La marine royale du Ponant offre ce paradoxe de compter en

---

1. Lettre de Jean de Gontaut-Biron, baron de Salignac ou Salagnac, ambassadeur près de la Porte, à Henri IV. Péra, 27 mars 1609 (Bibl. nationale, ms. fr. 16146, fol. 235. — Ch. de La Roncière, *Histoire de la marine française*. Paris, Plon, 1910, in-8°, t. IV, p. 365).
2. Cf. *infra*, p. 11, note 3.
3. Lettre du cardinal d'Ossat à Villeroy, 16 octobre 1596 (*Lettres de l'illustrissime et révérendissime cardinal d'Ossat, évesque de*

1609 de nombreux capitaines et jusqu'à cent vingt-cinq commissaires[1], mais sur mer, pas un vaisseau...

Pas un, je me trompe. Henri IV vient de faire acheter en Hollande le meilleur vaisseau de ligne qu'on ait pu trouver. Et, pour punir les outrages faits à la nation, pour châtier les insulteurs de Sully comme les bandits tunisiens, s'est levé un de ces vengeurs bénévoles si fréquents dans notre histoire, animé du seul désir « de voir la gloire de la nation porter les marques de son pouvoir jusques au fonds des plus estranges contrées »[2]. A lire les étonnantes aventures de ce héros, on verra s'il n'y a pas lieu d'ajouter au livre d'or de notre marine une nouvelle page. Car les *Mémoires de Beaulieu-Persac* ont le double intérêt d'être inédits et presque inconnus jusqu'ici[3]. Comme l'auteur entre de plain-pied dans le récit de ses campagnes navales, par « le Discours du voyage faict en Levant par le commandement du feu roy Henry le Grand », et qu'il ne nous parle ni de sa jeunesse, ni des siens, force nous est de recourir, pour le connaître, au témoignage d'autrui.

I.

Notre héros, dans les diverses relations qu'on a faites de ses exploits, a reçu les noms les plus hétéroclites, tels Beaulieu, dit Briaille[4], ou Philippe Prévost de Valunsle-

---

Bayeux, au roy Henry le Grand et à Monsieur de Villeroy (1594-1604). Dernière édition. Paris, 1627, in-8°, p. 295).

1. Comptes de la marine du Ponant pour 1610 (Bibl. nationale, ms. fr. 999 des nouv. acq.).
2. Cf. *infra*, p. 1.
3. Je les ai fait connaître pour la première fois dans mon tome IV, p. 371.
4. Suivant le Père Dan, *Histoire de Barbarie et des corsaires*. Paris, 1637, in-4°, p. 346.

roge[1], qui en feraient un personnage énigmatique si ses Mémoires ne nous permettaient de l'identifier. Par eux, nous savons que c'était un Beaulieu-Persac : et il nous suffit d'ouvrir l'importante monographie consacrée par le baron d'Huart à la seigneurie de Persac[2] pour connaître ses titres et qualités.

C'était un Poitevin. Il était originaire de cette marche sillonnée de vallées profondes qui s'étend entre les âpres contrées granitiques du centre et les vastes plaines du bassin de la Loire. Dépendance du diocèse de Poitiers et du comté de Basse-Marche, Persac, dont il était seigneur, est aujourd'hui une grande commune rurale du département de la Vienne[3]. Et son nom, Philippe Prévost de Beaulieu, seigneur de Briailles en Bourbonnais[4], répond aux multiples vocables ci-dessus qui semblaient entre eux inconciliables. Mais j'ajoute que ses hauts faits maritimes sont restés totalement inconnus du baron d'Huart, son biographe.

Philippe Prévost était le fils aîné d'un lieutenant de Gaspard de Rochechouart, commandant l'une des compagnies « les plus lestes et les plus choisies de toutes les armées du Roi ». Officier d'un Rochechouart, Antoine Prévost était vassal d'un autre, de René, et lui rendait hommage le 1er mai 1595 « pour son hostel de Beaulieu en tout droit de justice et juridiction, haute, moyenne et basse, sous condi-

---

1. Suivant Cascales, *Discursos historicos de la mui noble i mui leal ciudad de Murcia*. Murcia, 1621, in-4°, fol. 257. Voir ci-dessous l'appendice VII.
2. Le baron G. d'Huart, *Persac et la châtellenie de Calais : études historiques sur la Marche de Poitou*, dans les *Mémoires de la Société des Antiquaires de l'Ouest*, t. X (1887), p. 64.
3. Vienne, arrondissement de Montmorillon, canton de Lussac-les-Châteaux.
4. Le baron G. d'Huart, p. 300.

tion toutefois de ne tenir, ny faire exercice de religion aultre que catholicque, apostolicque et roumaine ».

Au catholicisme, un oncle de Philippe, Balthazard Prévost, avait donné d'autres gages en se faisant religieux. Mais le prieur de Sainte-Marie-Magdeleine de Lussac était en même temps un cavalier fervent; et, lors du passage de Henri IV à Nantes en 1598, il attira l'attention du roi sur une nouvelle bride de son invention, le *caveçon français*, qu'il fit breveter par privilège royal le 17 novembre suivant. Il inventa également une selle à arçons brisés montés sur charnières, qu'il a décrite dans un petit volume devenu rarissime aujourd'hui[1].

Comment se développa chez Philippe de Beaulieu-Persac la vocation maritime? Nous n'en savons absolument rien. Du fait qu'il fut promu en 1608 au commandement d'une escadre de quatre vaisseaux, on doit inférer que la mer lui était familière : l'ambassadeur de Venise le qualifie même de capitaine expérimenté, « huomo di qualche esperienza », et nous fait connaître le nom de guerre que portait alors Beaulieu-Persac, « Monsignor Jiosef ». Où notre héros avait-il conquis ce titre de Monseigneur et aussi ce sobriquet? Est-ce aux côtés de son parent Guillaume de Beauregard[2], qu'il allait rejoindre dans les mers du Levant? Est-ce avec les hardis corsaires du Havre, Georges de Scudéry, père de la future romancière[3], La Ferrière, Jacques de Malfilastre et autres capitaines habitués à affronter les galions espagnols en dehors des

1. Le baron G. d'Huart, p. 298-299.
2. Lettres d'Antonio Foscarini, ambassadeur de Venise. Paris, 18 novembre 1608-28 janvier 1609 (cf. *infra*, appendices I-IV).
3. Lieutenant du gouverneur du Havre, « Georges de Sculdéry, gentilhomme natif de la ville de Gap, en Provence », allait croiser sur les côtes du Brésil (Arch. nationales, Z^{td} 5, fol. 135, 159).

Lignes de paix, au delà du tropique du Cancer et du premier méridien[1]? Nous n'avons là-dessus aucune donnée, sinon qu'il avait au Havre de nombreuses relations maritimes.

Et nous ne pouvons dire ce qui le désigna au choix du roi Henri IV pour prendre le commandement de plusieurs croiseurs dont on projetait, en 1608, l'armement aux frais de la gabelle. Mais ces croiseurs, nous ne les possédions pas. Beaulieu-Persac eut ordre d'aller en quérir un en Hollande. La *Lune* d'Amsterdam, magnifique long courrier des Indes qu'il fit rallonger par le milieu et pourvoir de la plus belle artillerie du monde, — cinquante coulevrines et douze cents mousquets, — sortait du Texel en octobre 1608, quand une flamme énorme jaillit des cuisines. La Sainte-Barbe, avec la soute aux poudres, était à deux pas. Tout l'équipage affolé sauta par-dessus bord. Seuls, quatre braves sont restés aux côtés de Beaulieu : revêtus de longues robes à capuchon qu'ils ont trempées dans la mer, ils descendent au foyer de l'incendie, et le procédé primitif qu'ils employèrent pour l'extinction du feu fut de « frotter » contre les parois enflammés leurs suroîts.

Aux Dunes d'Angleterre, la *Lune* tombe dans un autre péril; deux vaisseaux britanniques, ceux-là mêmes qui ont insulté Sully, lui intiment l'ordre de mettre pavillon bas. Par une sorte de justice immanente, l'expiation allait avoir lieu non loin du théâtre de l'attentat. Beaulieu répond que la bannière de France ne quittera pas la cime du mât, et il ordonne le branle-bas. A la bordée des Anglais, la riposte fut immédiate et l'escarmouche dura jusqu'au lendemain. Mais le capitaine du vaisseau *Vanguard*, stupéfié par notre ferme attitude et, de plus, inquiet d'avoir affaire à un

---

1. Ch. de La Roncière, t. IV, p. 342.

aussi formidable adversaire, prétexte une méprise, envoie des excuses, puis une invitation à dîner. Beaulieu marque, par un froid refus, qu'il a souvenance de l'avanie d'antan, et, sans honorer son adversaire d'un salut, à son heure, il part en emportant comme trophée une ancre de la ramberge anglaise. A peine arrivé au Havre, il part en poste pour la Cour afin d'aviser du fait le roi. Loin de manifester le moindre blâme, Henri IV ne lui cacha point sa satisfaction de voir traiter de la sorte « l'homme à double face » qui régnait à Londres, et il engagea vivement notre capitaine à ne pas ménager les corsaires et forbans britanniques.

C'est par le récit de ces incidents que débutent les *Mémoires de Beaulieu-Persac*. Mais ici, ils présentent une lacune. Après avoir écrit que le roi l'avait placé à la tête de plusieurs vaisseaux, l'auteur ne parle plus que des exploits d'un seul. La *Lune* avait pourtant rallié au Havre trois autres grands vaisseaux armés par le favori de Henri IV, Guillaume Fouquet de La Varenne, dont le fils devait prendre passage à bord de l'escadre. Il s'agissait de protéger nos commerçants dans la Méditerranée, en donnant la chasse aux Turcs et aux Barbaresques. Beaulieu-Persac, « Monseigneur Joseph », comme l'appelle l'ambassadeur de Venise, comptait rejoindre dans les mers d'Alexandrie et de Syrie son parent Guillaume de Beauregard et les capitaines Lambert, Jacques Pierre et Simon de Saint-Jean, qui venaient de remporter la brillante victoire navale de Rhodes sur la caravane d'Égypte[1]. « Il n'y avoit sur les vaisseaux de course autres hommes que François, »[2]

1. Les 20 et 21 octobre 1608 (cf. *infra*, p. 92, note).
2. Lettre de Salignac. Péra, 17 mars 1609 (Bibl. nationale, ms. fr. 16146, fol. 235).

disaient les prisonniers turcs qui revenaient de Toscane ou de Malte.

Il se dessinait en ce moment en France un violent courant d'opinion contre les Turcs, non point seulement parmi les armateurs spoliés, mais dans la nation elle-même. « Que faictes-vous sans penser à la guerre contre les Turcs? écrivait l'un : que faites vous, chassans et banquetans, sans prévoir qu'en une minuit obscure de vos délices l'on vous viendra esgorger? La guerre, la guerre contre le Turc pour l'honneur de Dieu... Ayez cet Alexandre, ce César, ce grand Henry » pour chef[1]. Un autre ouvrage dédié au Dauphin, en 1609, contenait ces conseils : « Le vray moyen de perdre le Turc seroit de le vaincre sur mer, et sur tout en ce temps qu'il n'a point d'armée navale qui vaille, ayant faute de galères, d'hommes de commandement qui soient entendus et vaillans en ceste profession. Outre que les Turcs abhorrent grandement les batailles navales, pour ce qu'en ceste manière de combats ils ont tousjours estés vaincus et mis en route... Si, à moindre frais, on veut divertir le dessein des Turcs sur la chrestienté, faut allumer, fomenter, nourir et entretenir en l'estat du Grand Turc les divisions, mesmes, s'il est possible, les faire esclater en guerre civile, ou bien s'acquérir pour pensionnaires les plus favorisez d'entre les basas et visirs[2]. »

Ces combats navals livrés aux Turcs, ces intelligences avec les pachas insurgés, voire avec un prétendant au trône de Stamboul, ce sera tout le plan de campagne

---

1. Extrait « d'un livre imprimé en l'an 1609 » (*Recueil chrestien.*., par G. de Bonnet, sieur et baron d'Aumelas, à la royne régente, mère de Sadite Majesté. Paris, 1611, in-8°, p. 38).

2. *Histoire des Ottomans, ou empereurs des Turcs, jusques à Mahomet III*, par Jacques Esprinchard, escuyer, sieur du Plom. Paris, 1609, in-8°, fol. 299, 305 v°.

PRÉFACE.

de Beaulieu. Déjà Sully, dans ses *Oeconomies royales*, traçait les grandes lignes de son fameux dessein contre l'Islam. Et, Henri IV, furieux de voir violer les capitulations conclues avec la Porte par François Ier, de voir substituer au pavillon fleurdelisé dans les mers orientales l'égide des léopards britanniques[1], inaugurait une politique occulte où nous tînmes l'Islam en échec en combattant sous le couvert d'un drapeau étranger[2]. Un contemporain définissait excellemment une situation assez délicate où nous avions à ménager notre influence dans le Levant, tout en faisant face au fanatisme musulman : « Non que je veuille trompeter une guerre hors de propos contre la trefve qui est avecques ce Turc, disait-il : ouy bien faire penser à s'y disposer et estre prest, quand Dieu voudra en faire son œuvre[3]. »

La solution était d'emprunter le drapeau d'autrui sans risquer le nôtre. Beauregard était sous pavillon florentin; un autre de nos corsaires, Simon de Saint-Jean, était sous pavillon napolitain; Beaulieu-Persac, lui, allait arborer la bannière de Savoie, quand l'ambassadeur de Venise s'écria : Quelle perfidie! Vous prenez parti pour une nation ennemie de la République, car tel est le cas de la Savoie. Bien pis! vous commettez une maladresse en portant atteinte à

---

1. Lettre de Henri IV au sultan, 27 mai 1604 (*Lettres missives de Henri IV*, éd. Berger de Xivrey, dans la Collection de Documents inédits, t. VI, p. 685. — Gabriel de Mun, *Deux ambassadeurs à Constantinople (1604-1610)*. Paris, 1902, in-12, p. 61).

2. G. Fagniez, *Le Père Joseph et Richelieu (1577-1638)*. Paris, 1894, 2 vol. in-8°, t. I, p. 120. — Paul Masson, *Histoire des établissements et du commerce français dans l'Afrique barbaresque (1560-1793)*. Paris, 1903, in-8°, p. 16. — Paul Masson, *Histoire du commerce français dans le Levant, au XVIIe siècle*. Paris, 1897, in-8°, p. 3.

3. G. de Bonnet d'Aumelas, *Recueil chrestien (1611)*, préface.

votre alliance avec le Grand Seigneur. — Mais, répliqua Henri IV, comment pourra-t-on conclure que j'ai donné la moindre licence, le moindre congé aux armateurs, si l'escadre est sous pavillon de Savoie?

Cette réponse évasive, bien digne du rusé Béarnais, n'était point de nature à satisfaire le Vénitien. Antonio Foscarini était tenace. Le soir même, le 19 novembre 1608, il était chez les ministres présents à Paris, et il plaida si bien que l'expédition fut interdite.

Mais le protecteur de Beaulieu-Persac, qui était en même temps le favori de Henri IV, Fouquet de La Varenne, revint à la rescousse quand il connut tous les détails de la victoire navale de Rhodes. Il remontra au roi et à ses ministres que c'était une nécessité pour la France d'acquérir sur mer la réputation militaire dont elle jouissait déjà sur terre; que tous les princes autorisaient la course, et que de tous Venise se plaignait. Il n'eut point gain de cause. Fort de l'appui de Neufville de Villeroy et du chancelier, l'ambassadeur de Venise avait riposté; et, dans une audience royale, il obtint la confirmation de la mesure prohibitive prise contre l'expédition[1].

Ces pourparlers, ces démarches avaient duré trois mois. Le 1er février 1609, Beaulieu-Persac, désespérant d'arriver à ses fins, prenait congé de Henri IV; il était autorisé à passer dans le Levant, sous condition d'arborer la bannière de Malte. Le 20 mars, il appareillait au Havre avec la *Lune*, sans autre satellite que la patache du capitaine Du Fort. Fouquet de La Varenne avait désarmé ses trois bâtiments.

Rien de plus instructif sur la piraterie du temps que les

---

[1]. Lettres de Foscarini au doge. Paris, 18 novembre 1608-28 janvier 1609 (cf. appendices I-IV).

Mémoires de Beaulieu, ou, plus exactement, le *Discours de son voyage en Levant.* Au cap Saint-Vincent, c'est avec des forbans anglais qu'il a à compter. Il feint d'être un pacifique marchand, ne laissant paraître que de rares matelots et quatre pièces légères. Au moment où les pirates croient le tenir, soudain il démasque toutes ses pièces, tandis que des écoutilles surgissent quatre cents hommes. Dans une épouvante folle, l'un des forbans parvient à s'esquiver; l'autre est pris « sans coup frapper », et, comme son bâtiment avait été volé aux marins du Havre, le capitaine Boniton, bien que neveu de l'ambassadeur d'Angleterre, fut condamné à avoir « la teste tranchée et portée sur une bigue à teste de More, à l'entrée et embouchure du port de Marseille ».

Au cap Sainte-Marie, Beaulieu eut connaissance de cinq grands vaisseaux et de deux pataches d'Alger, commandés par l'un des plus fameux pirates du temps. Sous la bannière verte semée d'étoiles et de croissants, le *Capitaine Diable,* comme les raïs appelaient Simon Dansa de Flessingue, venait de capturer une quarantaine de navires. Impatient de se mesurer avec « ces canailles », Beaulieu, qu'une mer démontée empêche de « mettre la grosse artillerie dehors », les gagne de vitesse pour leur barrer le détroit de Gibraltar. Il a en poche une recommandation du généralissime des galères d'Espagne, qui fait merveille près du lieutenant général Don Juan de Maldonado, chargé de la garde du détroit. Et dès que la vigie découvre l'approche des Algériens, huit galères espagnoles, masquées jusque-là derrière un écueil, apparaissent au signal convenu. Elles occuperont le gros de l'escadre, tandis que Beaulieu luttera corps à corps contre Dansa. Mais l'ouragan se fit le complice des pirates et leur ouvrit un passage en rejetant la *Lune* au large, les galères à la côte.

Le lendemain matin, au cap de Gata, la *Lune* tombait sous le vent de six grands vaisseaux de Tunis, sous l'étreinte de deux mille bandits. « Ces canailles la tastaient de tous costés. — Aborde, criait le renégat maltais Soliman à son vice-amiral. — Fais-le toi-même, comment veux-tu que j'aborde la gueule d'enfer », répliquait le renégat anglais George raïs. Et toute la journée les pirates se contentèrent de hurler : « Rendez-vous ! Bonne guerre ! Rendez-vous ! » Après s'être assurés, en se coulant sous le vent, que la *Lune* n'avait point porté toute son artillerie du même bord, ils s'éclipsèrent en tirant des milliers de mousquetades. Mais ils ne sortirent pas indemnes de l'engagement. Beaulieu, les poursuivant de meurtrières bordées, intercepta deux de leurs pataches qui ralliaient au bruit du canon : l'une fut contrainte de s'éventrer sur un écueil, l'autre demeura prisonnière avec une centaine d'hommes. Aussi fut-ce avec de multiples trophées que Beaulieu-Persac gagna la côte de Provence et vint relâcher à Marseille. Sa réception n'eut rien de triomphal.

Sur la correction infligée aux corsaires tunisiens, l'opinion marseillaise était divisée, et certaine « cabale » la tenait pour inopportune. Un remarquable historique de nos relations avec Tunis, écrit à cette époque[1], nous montre des « Chrestiens et des Turcs estroittement unis d'amitié et d'intelligence au détriment de la Chrestienté, des magistrats favorisant leur société, les uns par faveur, les autres par ignorance, aucuns poussés d'avarice, d'autres de quelque autre passion, et, pour comble de malheur, des principaux du Conseil meslez en cète corruptèle ».

---

1. A Lyon, le 26 août 1610. — Ce document anonyme, sous forme de lettre, publié dans l'appendice XIV, apporte d'importantes additions à l'*Histoire des établissements et du commerce français dans l'Afrique barbaresque*, de Paul Masson.

Un Marseillais des plus intrigants, Antoine Bérengier, avait, en effet, jeté « les fondements d'une nouvelle Compagnie du Corail » sur la côte tunisienne[1], dans les mêmes conditions que celle du Bastion de France établie en Algérie. Aussi redoutait-il « que tost ou tard on procurât la prohibition du trafic de Barbarie ». « Pour se munir de support et faveur contre tous ces orages, pendant le séjour qu'il fit à Paris, il s'associa les plus éminents officiers de la Court. » A Tunis, Bérengier s'entremettait avec la même activité pour obtenir du dey, Kara-Osman, la remise d'une série de bâtiments, *Madeleine*, *Grand* et *Petit Saint-Esprit*, enlevés aux Marseillais par les pirates barbaresques. Ces démarches, ces négociations multiples, dont on retrouvera le détail dans l'historique publié en appendice, coûtaient beaucoup aux armateurs marseillais sans sortir presque aucun effet.

Aussi « le public murmuroit » et réclamait le châtiment des bandits tunisiens. Un gentilhomme anglais, Robert Élia ou Éliot, avait même quitté Marseille en 1608, avec l'intention d'entrer de nuit au port de La Goulette, où reposaient les vaisseaux des pirates, et de les revêtir d'une chemise soufrée, comme d'une tunique de Nessus. Mais Kara-Osman le prévint, en le faisant envelopper lui-même et capturer par trois vaisseaux de guerre[2]. Ce hardi coup de main avait été préconisé dès l'année 1600 par un capitaine provençal qui le déclarait possible avec quelques chaloupes et

---

1. En 1603, Antoine Bérengier, Antoine Lovic, consul à Tunis, et Soubeyran se font concéder par le dey le fortin de Caudegrand (Bibl. nationale, ms. fr. 5809, fol. 9, 149).

2. Lettre de Guillaume Foucques à Henri IV. Tunis, 24 mai 1609 (Bibl. nationale, ms. fr. 16146, fol. 249; publié ci-dessous dans l'appendice VI).

huit galères de soutien[1]. Et l'amiral duc de Guise l'aurait exécuté de concert avec le général des galères, si la faction de Bérengier et de la Compagnie du Corail n'avait traversé leurs desseins. Deux autres Marseillais, Gérenton et Bettandier, hostiles à cette faction, pressèrent Beaulieu d'y donner suite[2].

Bien qu'il n'eût que son vaisseau, une patache et une tartane légère, Beaulieu-Persac ne crut point l'entreprise au-dessus de ses forces. Quand il s'en ouvrit à ses officiers le 23 juin, à l'escale de Cagliari, tous lui donnèrent leur assentiment. Mais il n'avait pas de drapeau. Les chevaliers de Malte lui refusaient l'octroi de leur pavillon. Et Beaulieu-Persac n'avait d'autres couleurs que « les livrées de sa bonne ou mauvaise fortune », lorsqu'il fit la rencontre des douze vaisseaux de Don Luis Fajardo, général de la flotte espagnole, dite de l'Océan, lancée également à la poursuite des Barbaresques. Mis au fait de notre dessein, les Espagnols hésitaient, lorsque Don Juan Fajardo, fils de Don Luis, se déclara prêt à résigner sa charge de vice-amiral pour être de moitié dans notre exploit. « Vamos de camarade », s'écrièrent alors les hidalgos en acclamant Beaulieu : et l'on convint qu'il mènerait l'avant-garde.

Comme la *Lune* doublait le cap de Carthage le 29 juillet 1609, en serrant de si près la falaise que les vergues touchaient terre, elle eut avis des éclaireurs espagnols que c'était folie d'attaquer. Vingt-trois bâtiments de guerre

1. Eugène Plantet, *Correspondance des beys de Tunis et des consuls de France avec la Cour (1577-1580)*. Paris, 1893, in-8°, t. I, p. 4; et ci-dessous, p. 35, note 2.
2. Historique des relations franco-tunisiennes. Lyon, 26 août 1610 (appendice XIV). — Lettre de Baretti au duc de Savoie (Arch. de Reims, collection Tarbé, carton XII, pièce 112).

reposaient à l'ancre sous la forteresse de La Goulette : comme s'il n'avait pas suffi, pour les protéger, de cinquante pièces en batterie sur les bastions et sur un cavalier voisin, ils alignaient eux-mêmes le chiffre formidable de cinq cent trente-huit bouches à feu. Beaulieu, sans sourciller, organisa l'attaque, et avec quels faibles moyens[1] !

Ouvrant le feu contre la forteresse, il lança de l'avant sa grande barque avec une centaine d'hommes que tous les canots du bord suivaient en peloton. « Il y avoit soubs la forteresse une galère arrivée d'Alger ceste nuict-là ; je dis à M. de Chanteloube qu'il faloit la brusler à quelque prix que ce fust ; de là dépendoit toute l'exécution de nostre entreprise. » Chanteloube, le futur Père de l'Oratoire, était un homme énergique, dont un seul fait dénotera le caractère : presque seul, au moment de la disgrâce de Marie de Médicis, il devait tenir tête à Richelieu.

L'héroïque lieutenant, fidèle à sa consigne, avançait sous un ouragan de boulets, « à la miséricorde de coups de pierre, mousquetades, canonades et potz à feu », qui ne l'empêchèrent pas d'arriver au but : la galère ennemie en un instant fut en flammes ; le vaisseau de grand'garde prit feu à son tour. Le vent propageait l'incendie parmi les navires voisins que nos canots, par escouades, assaillaient de feux d'artifices. Les Espagnols, restés à une lieue de la côte, se décidèrent alors à partager notre danger ; avec trois chaloupes pourvues au passage des lances à feu de la *Lune*, ils entraient dans la fournaise, sous la mitraille crachée par les centaines de canons d'une escadre en flammes.

Il y avait là six vaisseaux du vice-roi Kara-Osman,

---

[1]. Le récit de Beaulieu-Persac se trouve corroboré par les relations espagnole et hollandaise publiées en appendices VII-VIII.

entre autres la *Perle* volée aux Malouins, les trois vaisseaux du pacha de Tunis, commandés par le renégat Saphan raïs, les deux divisions navales de Mourad raïs et Mohammed raïs; enfin, un magnifique transport de Constantinople à destination d'Alger. Et plus d'un vaisseau de guerre, le *Comte Maurice*, le *Faucon de Portugal*..., avait le tonnage et l'artillerie puissante du bâtiment de Beaulieu. Rien n'échappa, pas même un navire qui tentait de se sauver à la remorque de deux brigantins tunisiens : un de nos plus braves soldats, Durbal, l'accrocha et le fit sauter. De toute l'escadre barbaresque, il ne restait plus que des carcasses fumantes. Le lendemain, Kara-Osman, ce bandit qui prétendait dévaster à son gré nos côtes provençales, envoya un message comminatoire[1] où il menaçait de se faire rendre raison d'un attentat commis par un Français : « Je me mocque de tout cela, répondit Beaulieu; je n'ai point de maistre en ceste occasion que Dieu. » Et il repoussa toute idée d'entrevue avec le pirate ailleurs qu'à son bord : ce qui mit fin à tous pourparlers. La piraterie barbaresque était écrasée.

Au bout de huit jours, Beaulieu gagna Malte, après avoir pris congé de Fajardo. Quel contraste alors entre la réception triomphale du grand maître et la dédaigneuse indifférence du précédent accueil ! Émerveillés de l'incroyable aventure qui les délivrait de redoutables adversaires, les chevaliers ne savaient « quel honneur et bonne chaire » faire au vainqueur. Ils le supplièrent, « si sa femme faisoit un fils », de le donner à Saint-Jean. Que dis-je! A la

---

1. On lira, aux appendices IX-X, les messages échangés entre Don Luis Fajardo, le 1er août 1609, et le gouverneur de la Goulette.

requête d'un grand-croix espagnol, l'enfant à naître fut reçu chevalier « dans le ventre de sa mère » et d'avance baptisé Alof du prénom du grand maître Alof de Wignacourt.

Mais qu'il faut peu de chose pour ébranler le moral des plus braves! Durant une relâche près de Reggio, le lieutenant François de Hautefort, persuadé que personne ne reviendrait du Levant, « emporta toutes ses hardes à Messine », non sans un constat préalable, signé des écrivains, maître d'équipage et autres officiers, que le congé lui était délivré à son instante prière. « La lascheté de cet homme de lie » fut le signal de la débâcle. 470 hommes sur 500 désertèrent. Beaulieu les suivit à Messine. L'appel à l'honneur ramena le plus grand nombre dans le devoir; pour les autres, la menace d'être pendus, bannis partout par le vice-roi de Sicile, opéra ce miracle qu'au lieu de perdre des matelots, Beaulieu en recruta une centaine de nouveaux. Hautefort lui-même mendia son pardon. Les nouvelles du Levant, dont il s'effrayait, étaient, à la vérité, des plus alarmantes.

Au moment où l'escadrille doublait Malte, une patache rapporta que la division du chevalier de Fraissinet venait de succomber dans une rencontre avec les Turcs, près de Chypre. Un jour entier, le galion de Fraissinet, secondé par le vaisseau marseillais de Glandevès de Cuges, avait soutenu le choc de cinquante galères du capoudan-pacha Khalil de Césarée, et les Turcs n'avaient eu raison de l'*Enfer Noir* qu'à la suite d'une fougueuse attaque à l'abordage menée par un Marseillais renégat, Mourad raïs. Ailleurs, près de Rhodes, le chevalier d'Aubusson de La Feuillade livrait bataille avec deux bâtiments rochelais aux douze galères du renégat grec Mustapha : là aussi, après une lutte acharnée, la victoire était restée au nombre[1].

Loin de se laisser abattre par l'appréhension d'une pareille infortune, Beaulieu ne vit que la revanche à prendre. De fait, par le travers de Chypre, sur le théâtre même de la défaite de Fraissinet, il coula l'amiral de six vaisseaux qui arrivaient d'Alexandrie : le reste de l'escadre s'enfuit éperdu, faisant « conserve marseillage, c'est-à-dire sauve qui peust ».

Mais le lendemain, la *Lune* tombait au milieu de sept grands vaisseaux, dont la formation en croissant indiquait nettement qu'ils s'apprêtaient à l'envelopper. « Asseurément, cela est Danse qui vous cherche pour avoir raison du bruslement des vaisseaux de Tunis, gémissait Hautefort : quittés-leur cette prise que vous remorquez au cul de vostre vaisseau; quittés-leur, Monsieur! vaut mieux perdre un bras que tout le corps. — Ny le bras, ny le corps répliqua Beaulieu. Qui a peur se cache! Allons à eux! » Et canonniers à leurs pièces, feux d'artifice aux hunes, pétards au bout des vergues, le brave pilote Emmanuel gouvernait droit sur l'amiral adverse, au centre de la ligne, quand, ô stupeur! toute l'escadre abattit ses voiles, salua de la trompette et envoya à notre bord tous ses capitaines et écrivains. Ce n'étaient point les corsaires de Dansa, mais des vaisseaux hollandais expédiés au-devant du convoi de Chypre. Et l'alerte finit par de mutuels toasts au roi de France et au comte de Nassau. « Fâcheuse maladie que la peur! » conclut sentencieusement Beaulieu, marri de signaler la nouvelle défaillance de son lieutenant.

« A l'ouverture de Rhodes un matin, nous aperceusmes

---

1. Cf. ci-dessous, p. 79, note.

deux grands vaisseaux avec leurs barques derrière, lesquels faisoient chasse sur nous. Nous les attendismes et mismes le vent à la pane avec nostre bannière de combat hors, laquelle fust recogneu. » C'était un ami qui arrivait, Guillaume de Beauregard, général des galions du grand-duc de Toscane; il avait à bord Chanteloube, le héros de La Goulette. Nombre de Français servaient dans la phalange des chevaliers de Saint-Étienne, qui portait alors à un si haut degré la renommée de la marine florentine. Après Guillaume de Beauregard, Beaulieu allait à son tour se ranger sous l'étendard, « à croix d'or enchâssée d'or », que le duc Cosme de Médicis avait donné à sa milice.

Le général des galions de Toscane avait battu l'année précédente, avec huit vaisseaux contre quarante-deux, un amiral turc. Neuf bâtiments de guerre, douze cents hommes, un million de ducats étaient tombés entre ses mains[1]. L'opération était trop fructueuse pour ne pas prêter à récidive en 1609. Elle se doublait, par surcroît, « d'une grande entreprinse en Sirie, de telle importance que toute la chrétienté y prenoit part ». L'émir des Druses, Fakhreddin, et l'émir de Saïda s'étaient révoltés contre le sultan; et il s'agissait de présenter aux rebelles de Syrie un chef. Traqué par le sultan, son frère, sa tête mise à prix, Jachya avait quêté l'appui de l'empereur, du pape, du grand-duc de Toscane, pour tenter de renverser son bourreau et de monter sur le trône de Stamboul. C'était une occasion inespérée d'affaiblir l'Islam en armant les musulmans les uns contre les autres.

Le mauvais temps malheureusement desservit les projets de Beaulieu et de Beauregard. Il tint l'escadre tout l'hiver

---

1. Cf. ci-dessous, p. 92, note.

enfermée dans « le cul-de-sac de la mer du Levant », dans le golfe d'Alexandrette. Pour passer le temps, on échangea d'un bord à l'autre des invitations à dîner, où le sultan *in partibus* trouva mesquine la salve de trois coups dont on l'honorait, alors qu'on en tirait cinquante pour le roi de France. L'équipage de la *Lune* jouait des comédies dans les entr'actes des combats : car il y eut plusieurs descentes à terre; l'une eut pour témoins ou acteurs de nombreux gentilshommes qui commandèrent plus tard avec éclat les vaisseaux du roi, les chevaliers de Rhodes, de Miraumont, d'Arrérac et de l'Écluse, Beaumont de Castellane et Rigault. Trente mousquetaires et quinze piquiers de Beaulieu, abandonnés par un gros détachement italien qui détala, s'ouvrirent un passage, piques basses et les mousquetaires tirant un par un, au travers de huit cents Turcs.

Lorsque Beaulieu, las de l'hivernage, prit congé, le faux sultan « Jachya déboutonna son porpoint en lui disant adieu. Il osta de dessus son estomach une grande pièce d'escarlate faicte en cœur, en broderie d'or, et la donna au capitaine, en disant que c'estoit la pièce de son cœur ».

« Prendre les galères de Bizerte et la forteresse de la Goulette avec tous les navires qui se rencontreront dessoubz », tel est le nouveau projet de Beaulieu. Mais, n'ayant plus que trois cents hommes, il en vint demander deux cents autres au grand maître de Malte : « Je donneray à la forteresse avec pétards et eschelles », disait-il à Wignacourt, pendant que vos galères garderont les deux avenues qui mènent de Carthage et de Tunis à la Goulette. Mais que ne peut la jalousie! Dans la crainte de rehausser la gloire de leur rival, les chevaliers de Malte décidèrent, en conseil, de lui refuser leur concours.

Beaulieu se résigna donc à regagner la France. Le 14 mai

1610, il était en vue de Marseille : assez peu d'humeur à subir la quarantaine, il força et rompit la chaîne du port; et la bordée de cinquante coups, dont il salua la terre, « estonna tellement les maisons que toutes les vitres se mirent en pièces ». Loin de lui tenir rancune de son acte d'indiscipline, le 18 mai, le premier président Du Vair le supplia de rassembler ses hommes, afin d'organiser la défense du port. Un exprès venait d'apporter la nouvelle de l'assassinat de Henri IV, dans l'instant où une flotte se réunissait à Barcelone pour surprendre Marseille. Beaulieu débarqua vingt coulevrines, six cents mousquets, cinq cents grenades, qu'il prêta aux consuls; et il ne prit la poste pour Paris que tout péril conjuré. Mais la mort du roi, en lui enlevant tout appui, le frustra de la récompense bien légitime de ses exploits. Le glorieux engagement des Dunes, la prodigieuse victoire navale de la Goulette étaient déjà ensevelis dans l'oubli.

Là s'arrête la première partie des Mémoires de notre héros.

II.

Sur les événements de sa vie privée, Beaulieu-Persac s'est tu. Nous savons seulement qu'il rentra au manoir paternel et qu'en 1612, il prêtait hommage, comme fils aîné d'Antoine Prévost, au seigneur de Lussac, qui était à ce moment-là Gaspard de Rochechouart, marquis de Mortemart et prince de Tonnay-Charente. Alors entouré de murailles et de fossés, le château de Beaulieu a complètement disparu aujourd'hui. Quelques maisons, construites sur ses fondations, non loin de la chapelle Saint-Honorat, en perpétuent le nom et le souvenir[1].

1. Baron d'Huart, p. 285, 300.

Notre héros n'a point jugé utile de nous initier aux luttes intestines qui déchiraient alors la paroisse de Persac. Dans cette jolie petite église, dont certaines parties remontent à l'époque romane, deux seigneurs se disputaient la préséance, Feydeau et Pierre de Nuchèze, gouverneur de Montmorillon[1]. Nous ne voyons pas que Philippe Prévost ait pris parti, bien que ses sympathies fussent pour le second. En 1618, il succédait à Nuchèze comme capitaine des château et ville de Montmorillon, avec les qualités de chevalier de l'Ordre du Roi et gentilhomme de la Chambre[2], et ses exploits déterminèrent sans doute la vocation maritime du jeune fils de son prédécesseur, François de Nuchèze, qui entrait dans l'Ordre de Malte, en 1623, et, après quarante années de navigation, achevait sa carrière comme vice-amiral de France[3].

La discrétion de Beaulieu-Persac sur ses affaires privées nous met dans un singulier embarras. Nous avons la plus grande peine à retracer son *curriculum vitae* et à le discerner de nombreux homonymes, des marins comme lui, et qui ne sont désignés comme lui que sous le nom de Beaulieu. Tel, Augustin de Beaulieu, un Normand, connu pour deux expéditions successives aux îles de la Sonde, de 1616 à 1622[4],

1. Baron d'Huart, p. 198.
2. Baron d'Huart, p. 300.
3. Baron d'Huart, p. 202. — Ch. de Chergé, *François de Nuchèze, vice-amiral, intendant général de la marine de France*. Poitiers, 1854, in-8°.
4. Rapport d'Augustin de Beaulieu, capitaine de *la Marguerite*, aux directeurs de la Compagnie des Indes de Dieppe. Bantam (île de Sumatra), 5 mars 1617 (Bibl. nationale, ms. fr. 9670, fol. 67). — *Mémoires du voyage aux Indes orientales du général Beaulieu dressés par luy mesme*, dans Thévenot, *Collection des voyages*. Paris, 1644, in-folio; c'est le récit du second voyage d'Augustin de Beaulieu, de 1619 à 1622.

et appelé depuis lors le général Beaulieu. Tel, Beaulieu-Bouju, qui organisait en 1614 le départ d'une expédition coloniale pour le Maranhão au Brésil[1]. Et je ne parle point de la prolifique famille provençale des Beaulieu de Razac : Pierre-Paul de Beaulieu de Razac, gouverneur de Toulon, appartenait à une famille de trente-deux enfants, dont onze fils furent tués à l'ennemi, entre autres un lieutenant de galère, qui repoussa par trois fois, en 1597, l'attaque des Florentins contre le château d'If. Il eut lui-même, dans sa nombreuse progéniture, quatre officiers de marine, tous tués à bord des vaisseaux de Louis XIII[2].

Pour un dernier personnage enfin, le problème est encore plus ardu. Un officier de marine, dont une relation de l'année 1621 a relevé les exploits, est désigné par Ruffi, l'historien de Marseille, sous le nom de Louis Prévost de Beaulieu[3]. Mais, l'auteur de la généalogie des Beaulieu prétend que le prénom est erroné, qu'il n'y a pas eu de Louis[4]. A cette époque, le seul marin de la famille des Prévost de Beaulieu était Philippe. C'est donc à notre héros qu'il faut attribuer la belle campagne navale qui suit.

Plus que jamais, en 1621, les pirates algériens infestaient les côtes de Provence. On estimait le nombre des bandits qui appareillèrent cette année-là, sur les sept galères et les cent

---

1. Sa lettre au lieutenant général de Razilly est simplement signée : Beaulieu (Marquis de Rasilly, *Généalogie de la famille de Rasilly*. Laval, 1903, in-4°, p. 296).

2. Bibl. nationale, Pièces originales 244, dossier 5392, fol. 8 : ces quatre fils avaient pour prénoms Louis, François, Antoine et Jacques.

3. Ruffi, *Histoire de Marseille*, 2ᵉ éd. Marseille, 1696, in-fol., t. I, p. 463.

4. Baron G. d'Huart, *Persac*, dans les *Mémoires de la Société des Antiquaires de l'Ouest* (1887), p. 299, note 1.

navires de guerre d'Alger, à sept mille cinq cents hommes[1], conduits par de nombreux renégats, qui ne parlaient de rien moins que « de saccager la Ciotat, Cassis et toute la Provence »[2]. Or, à ce moment-là, le général des galères, Philippe-Emmanuel de Gondy, était mandé dans le Ponant pour tenir tête à la flotte des protestants insurgés.

Les Marseillais supplièrent Prévost de Beaulieu de protéger leurs convois. Il était alors capitaine de la galère de l'amiral-duc de Guise. Comme il longeait l'île de Port-Cros, le 25 février 1621, Beaulieu vit surgir d'une embuscade un navire armé de douze pièces. Il le rattrapa après une vigoureuse poursuite, et le capitaine de la prise, un Français, renégat de l'île de Ré, fut exposé « en perspective à l'hostel de ville » de Marseille. Un autre pirate, Arlésien celui-là! forcé à la course, s'échoua sur le rivage de Cavalaire. Pensant venger ses camarades, le raïs andalou Ali, dont les vingt canons avaient jadis fait reculer quatre galères espagnoles, présenta la bataille par le travers de Saint-Tropez : un de ses Turcs afficha son dédain par un geste méprisant. Il fut aussitôt frappé d'une balle ; cependant que Beaulieu pointait lui-même la grosse pièce braquée à l'avant, le canon de coursie, jetait bas le grand mât de l'Algérien, brisait une pièce de chasse, en démontait une autre et, au soixante-dix-septième coup, envoyait dans l'abîme son adversaire. En quelques semaines, Beaulieu, à lui seul, avait « diminué les forces d'Argers de cinq cens trente Turcs prins, tués ou noyés »[3].

1. La population d'Alger atteignait alors 200,000 âmes (Bibl. de Carpentras, ms. 1777, fol. 60).
2. Lettre du consul Chain aux consuls de Marseille (Arch. de la Chambre de commerce de Marseille, AA 462. — Paul Masson, *Histoire du commerce français dans le Levant, au XVIIe siècle*, p. 31).
3. *La deffaicte de cinq cens hommes et de quatre vaisseaux de*

Pareil exploit lui fit conserver, l'année suivante, son commandement avec un équipage renforcé[1]. Et, en 1625, Philippe de Beaulieu-Persac se fixait dans le Midi comme gouverneur d'Orgon[2], petit château fort situé sur la Durance, à une lieue en amont de Cavaillon[3].

III.

En juillet 1627, la France était en danger. Le grand amiral d'Angleterre, Georges Villiers de Buckingham, avait débarqué dans l'île de Ré toute une armée, comptant sur la connivence des protestants pour prendre pied en Guyenne. De vagues alliances, un patriotisme faussé et comme détendu par nos discordes, une flotte encore en chantier, la marine dans le désarroi d'une organisation hâtive, un roi malade, telles étaient les conditions dans lesquelles nous devions engager la lutte. Mais à la tête du gouvernement comme « principal ministre » et grand maître de la navigation, se trouvait un grand homme d'État, le cardinal Armand du Plessis de Richelieu. Et une guerre acharnée commença.

Les Anglais étaient arrêtés devant la citadelle de Saint-Martin-de-Ré par la résistance imprévue de Jean de Saint-Bonnet de Toiras. Les bastions n'avaient pas de parapet;

---

guerre par le sieur de Beaulieu, capitaine d'une des gallères du Roy. Paris, 1621, in-8°; réimprimée par H. Ternaux-Compans, *Archives des voyages.* Paris, s. d., in-8°, t. III, p. 402, et rééditée ci-dessous dans l'appendice XV.

1. « Au sieur de Beaulieu, pour l'entretien de LX hommes de guerre » sur sa galère (« Estat des officiers des gallères de la marine de Levant, transcrit du camp de l'année 1622. » Bibl. nationale, ms. fr. 24917, fol. 132 v°).

2. Baron d'Huart, p. 300.

3. Orgon, ch.-l. de cant. des Bouches-du-Rhône, arr. d'Arles.

trente hommes pouvaient entrer de front par la porte; et sur ce réduit mal pourvu, mal armé, défendu par une poignée de braves, le léopard britannique allait user ses griffes[1].

A une condition pourtant. C'est que les défenseurs eussent du pain et des balles. Les secourir était d'une difficulté inouïe : les croiseurs britanniques couvraient la mer. Pour franchir le blocus, il fallait un héros. Beaulieu s'offrit. Ici, reprennent ses Mémoires; car le brave marin, avec sa modestie ordinaire, a jugé inutile de nous parler de tout ce qui n'était pas du service de l'État.

Richelieu l'avait mandé par exprès pour aviser aux moyens les plus prompts de porter secours à Saint-Martin-de-Ré; et Beaulieu, parcourant soigneusement la côte saintongeaise, cherchait comment forcer le blocus. Mais partout, à portée de mousquet, des pataches britanniques veillaient, sans qu'il se trouvât au Plomb une batterie pour les tenir en respect, à Marans une chaloupe pour brûler leur grand croiseur en vigie. Brouage, un port de guerre! ne put fournir que des bateaux de pêche comme transports. Quant aux matelots, « quasi tous huguenots, il fallut les amener à coups de baston et les garder dans les prisons de Brouage ». Beaulieu, malgré tout, finit par former une flottille, dont les commandants, Launay-Razilly, L'Isle-d'Autry, Cahusac et Roquemont, tous officiers d'élite, devaient se signaler plus tard à la tête des escadres de Bretagne, de Provence, des Antilles et du Canada. Passer à tout prix, tel est le mot d'ordre. Cerné dans le courau de Brouage par quatorze vaisseaux de guerre, Beaulieu offre de renouveler contre

---

1. Pour tous les détails de la défense de Ré, je renvoie au t. IV de mon *Histoire de la marine française*. Tout un chapitre (p. 506-534) y est consacré.

eux l'exploit de la Goulette. Mais ses capitaines de brûlots refusent de marcher; promesses, menaces, rien n'y fait. Péniblement, par la mer Sauvage, après une poursuite mouvementée de jour et de nuit, sa flottille s'esquiva et gagna les Sables-d'Olonne, sans avoir pu toucher à Saint-Martin-de-Ré.

A peine en sûreté, les équipages furent saisis de panique en apprenant la destruction d'un autre convoi de secours. Il y eut un sauve-qui-peut général : les déserteurs furent repris, condamnés à mort et remis garrottés à Beaulieu. Grâce, gémissaient-ils! nous réparerons notre faute. Et, de fait, ils allaient acheter noblement leur pardon. Mais Beaulieu faillit porter la responsabilité de leur fuite. Menacé d'être dépossédé de son commandement au profit du jeune Richardière-Maupas : « Soit! je serai son soldat, si les commissaires du roi le jugent à propos », avait dit simplement le vieux brave. Tant d'abnégation désarma l'engouement paternel du bonhomme Richardière, l'organisateur du convoi des Sables, qui finit par se contenter pour son fils de la direction de l'avant-garde. Mais le temps passait. On était au 7 octobre : malade et si faible qu'il dut se pendre au cou d'un ami pour aller à bord, Beaulieu arbora ce jour-là l'étendard amiral sur un bateau de pêche; l'évêque de Nîmes, Claude de Toiras, lui donna en pleurant sa bénédiction. Une lettre désespérée de Jean de Toiras, son frère, qu'un nageur avait apportée cachée dans une balle de fusil, ne disait-elle pas : « Si vous voulez sauver cette place, envoyez-moi les pinasses le huict du mois d'octobre pour le plus tard : car le soir du huict, je ne seray plus dans la place, faulte de pain[1]? »

1. « La Madeleine, gentilhomme saintongeais, véritable recueil

La dernière nuit était arrivée. La citadelle de Saint-Martin devait capituler « incontinant qu'il seroit jour », lorsqu'un bruit insolite, deux heures avant l'aube, réveilla la garnison. C'est le convoi de secours, traversiers-pêcheurs de Brouage, chattes vendéennes, pinasses bayonnaises, quarante-six bâtiments, sept cent soixante hommes. Le mot d'ordre est : « Vive le Roy, passer ou mourir ! » On gouverne droit sur le fanal allumé au sommet de la citadelle, droit sur les gros vaisseaux du blocus, parce que leurs canonnades auront moins de prise sur les légers bateaux de la flottille que les grappins des chaloupes de grand'garde. C'est le capitaine des pinasses bayonnaises, Étienne d'Andouins, le frère de la belle Corisande, qui en a fait décider ainsi. Les vigies laissent passer sans souffler mot le convoi, pour se rabattre ensuite sur ses derrières et l'enfermer, tandis que les gigantesques ramberges lui barreront la route : et voilà nos gens enveloppés par cent cinquante bâtiments de guerre.

« Allons ! faites force de voiles ! » commande Beaulieu. Or, à sa gauche, Maupas, qui mène l'avant-garde, est cerné par cinq chaloupes : le chirurgien est emporté par un boulet, le mât de misaine s'écroule sur le marquis d'Esplan de Grimaud, la barque fait eau. Maupas est à l'avant, pistolet au poing, les chevaliers de Montenac et de Villiers à bâbord et à tribord, un sergent à l'arrière : mousquetaires, canonniers, artificiers, cinquante hommes attendent silencieux à leur poste qu'au cri des Anglais : « Amène ! Amène ! » riposte le commandement : « Tire ! » Et une salve terrible trace un sanglant sillon au milieu des Anglais. D'un coup

des choses plus remarquables arrivées à la descente et siège de Ré » (Affaires étrangères 787, *France* 44, fol. 109), etc. Cf. Ch. de La Roncière, *Histoire de la marine française*, t. IV, p. 519.

de hache qui tranche un gros câble, le contremaître Coussage a ouvert un passage dans l'estacade du blocus : *la Marguerite* de Maupas vogue en route libre vers Saint-Martin.

Mais le bout du câble de l'estacade est tombé sur le bateau amiral de Beaulieu : il accroche le gouvernail et, par une forte houle, entraîne le tout contre un grand navire. Aussitôt les Anglais passent une chaîne autour du mât, coupent les haubans et maintiennent si solidement le petit bateau qu'il ne peut se dégager. Launay-Razilly, le collègue de Beaulieu dans le commandement, se tient à la proue, Beaulieu au gouvernail : « Les pierres nous tumboient de toutes parts, coups de pique et coups de mousquets. Trois soldats vinrent jusqu'à moy, écrit notre héros : le premier me portast un coup d'espée, lequel je parey, et luy donnay un coup de pistolet dans la teste à bout touchant; il tumbast sur moy, mort. Son compagnon vint après luy avec une demye pique, lequel me manquast aussy. Je luy donnay un coup de pistolet dans l'estomach; il tumbast roide mort. Aiant tiré mes deux pistolets, je voulus mettre l'espée à la main, mais je ne trouvay que le fourreau. » Le commissaire du bord l'avait prise pour fendre le crâne d'un assaillant.

A la proue, le commissaire d'artillerie Calottis parle de capituler. Mais l'héroïque Beaulieu ne veut rien entendre. Il ne veut point non plus sacrifier à son salut celui de la citadelle et ordonne au commandant de la deuxième division, à Étienne d'Andouins, qui propose son appui, de continuer sa route. Mais à Gabareul le Flibot d'Oléron et aux vingt-quatre hommes de la chaloupe amirale, il crie d'accoster, afin d'enlever son adversaire à l'abordage. Qu'elle ait été ou non hors de portée de la voix, la chaloupe passe outre sans s'arrêter. Le boutefeu à la main, Beaulieu déclare alors à son adversaire, au capitaine Green : « Autant être rôti que bouilli, je sais trop de quelle sorte vous avez traité les nôtres depuis quelques jours », et il va mettre le feu aux poudres. Green jure de leur laisser la vie; Beaulieu se laisse convaincre. Il jette épée et pistolets par-dessus bord, afin d'enlever à l'ennemi tout trophée. Dès lors prisonniers, les deux commandants en chef, le sergent-major la Liberté, les commissaires Calottis, d'Ennery, le gentilhomme parisien de Roquemont et tout l'équipage sont transbordés sur la ramberge *Nonsuch* qui bat pavillon vice-amiral d'Angleterre, et sur les navires voisins.

Mais leur sacrifice a porté ses fruits. Il a créé une diversion que seconde le feu très vif de la citadelle. Vingt-neuf barques franchissent le cordon du blocus. Au qui-vive des assiégés, une foule de voix joyeuses répondent : Vive le Roi!... A huit heures du matin, moment fixé pour la capitulation, lorsque les Anglais s'avancèrent, les canons, muets depuis quelques jours faute de poudre, leur crachèrent la mitraille. Au lieu des visages blêmes de soldats vaincus, et vaincus par la faim, quelle ne fut pas leur stupeur de voir une armée en fête! dindons, chapons et victuailles dansaient au bout des piques, au son du canon et du crépitement de la fusillade.

Saint-Martin-de-Ré était sauvé. Du pont de la *Nonsuch* où il était prisonnier, Beaulieu-Persac eut la douce satisfaction d'assister à la déroute de l'armée anglaise. Il devint même le confident du vaincu. Buckingham attribuait son malheur à la ténacité de Toiras et aux stratagèmes employés par lui pour tirer le siège en longueur; mais le grand homme qui a dominé les événements, ajoutait l'amiral anglais, c'est le cardinal de Richelieu. Et comme l'amiral relâcha sur parole son prisonnier en le gratifiant de son épée, Beaulieu-Persac se hâta d'aller porter à Richelieu la flatteuse appréciation de l'adversaire vaincu. Non seulement le cardinal, mais le roi lui-même tinrent à féliciter le brave soldat qui, dans cette distribution d'éloges, s'était seul oublié, et dont le convoi avait, en définitive, assuré le salut de Saint-Martin-de-Ré.

Les *Mémoires de Beaulieu-Persac* s'achèvent ainsi sur son entrevue avec Louis XIII, comme ils avaient commencé par ses entretiens avec Henri IV. Mais la carrière du héros n'était point finie : et il eût pu ajouter à ses exploits plus d'une belle page. On va en juger.

IV.

Richelieu lui manifesta sa confiance en le chargeant de mission : le 27 novembre, Beaulieu passait dans l'île de Ré[1], sur ordre exprès du cardinal. La flotte anglaise avait battu en retraite depuis dix jours. Beaulieu la suivit de près. Prisonnier sur parole, il s'acheminait aussi vers l'Angleterre. Le 3 janvier 1628, on signalait son arrivée à Douvres en compagnie du colonel Gray[2]. Il devait être présenté à la reine Henriette-Marie « par un nommé Dorbières ; mais sur ce que les Anglois estimèrent que l'on avoit découvert deçà quelque chose de luy, ilz donnèrent cette commission à un nommé Aquin ». En l'absence de tout ambassadeur français à Londres, conséquence naturelle de l'état de guerre, Beaulieu-Persac fit quelque peu figure de diplomate :

1. *Journal de ma vie. Mémoires du maréchal de Bassompierre*, éd. du marquis de Chantérac pour la Société de l'Histoire de France. Paris, 1875, in-8º, t. III, p. 337.

2. John Bruce, *Calendar of State papers, Domestic series of the reign of Charles (1627-1628)*, p. 502.

et l'on sut, par Launay-Razilly, son compagnon d'armes, parti d'Angleterre le 1er février, qu'il proposait Achille de Valençay comme négociateur des premiers pourparlers de paix[1].

La paix? Ce fut encore la guerre. Dès qu'il fut libéré, Beaulieu-Persac se hâta de revenir prendre son poste de combat. Le 18 octobre 1628, au moment où la flotte anglaise bloquait La Rochelle, le crépitement de la fusillade et le bruit du canon donna partout l'alarme. C'était Beaulieu-Persac qui venait de Ré se ranger aux côtés de l'amiral Achille de Valençay, en se faisant jour à travers l'énorme flotte de l'amiral Lindsey[2]. Il commanda le navire *le Château* jusqu'au jour, le 12 novembre, où la capitulation de La Rochelle permit de procéder au désarmement général de la flotte[3].

L'ennemi chassé de France, le pays sauf, sa rançon payée, Beaulieu s'achemina vers son manoir poitevin, où il reprit la vie calme et féconde de ces gentilshommes campagnards, toujours soldats et jamais courtisans, qui firent la force de l'ancienne France. Le roi, comme récompense, l'avait nommé chevalier de son Ordre. Mais, en 1635, on fit l'appel du ban et de l'arrière-ban de la Basse-Marche, dont faisait partie notre marin[4].

---

1. Affaires étrangères, *Angleterre* 42 : publié par le marquis de Rasilly, *Généalogie de la famille de Rasilly*. Laval, 1903, in-4°, p. 352.

2. *Journal de ma vie. Mémoires du maréchal de Bassompierre*, t. III, p. 409.

3. Affaires étrangères 792, *France* 49, fol. 67.

4. Le baron G. d'Huart, *Persac et la châtellenie de Calais*, dans les *Mémoires de la Société des Antiquaires de l'Ouest*, t. X (1887), p. 300.

L'invasion, une fois de plus, était à nos portes. Le 13 septembre 1635, une flotte et une armée espagnoles, commandées par le marquis de Santa-Cruz et le duc de Ferrandina, s'étaient emparées des îles de Lérins. Sainte-Marguerite, « la perle » du littoral, était sertie désormais de redoutes espagnoles, de même que l'île de Saint-Honorat. Pour empêcher l'invasion de gagner du terrain, Louis XIII, mobilisant toute sa flotte du Ponant, ordonna au comte d'Harcourt, Henri de Lorraine, de la mener sur les côtes provençales.

Beaulieu-Persac avait aussitôt repris du service à bord[1]. On lui avait confié un vaisseau de 300 tonneaux, le Lion-d'Or, qui servait de matelot, c'est-à-dire d'acolyte, au chef d'escadre de Guyenne, Théodore de Mantin. Ses homonymes, le général Augustin de Beaulieu et David de Beaulieu, avaient des commandements dans l'escadre de Bretagne[2]. Tous allaient combattre encore une fois aux côtés les uns des autres. Il s'agissait de « bouter » les Espagnols hors des îles Lérins. « J'entends, écrivait Louis XIII, que toutes les forces de mon armée navale et tous les gens de guerre qui se pourront tirer de mon pays de Provence y soient employés[3]. » Les préparatifs tardaient : le 3 décembre 1636 enfin, les trois Beaulieu

---

1. Honoré Bouché, *Histoire chronologique de Provence*. Aix, 1664, in-fol., t. II, p. 907. — Henri Moris, *L'abbaye de Lérins. Histoire et monuments*. Paris, 1909, in-8º, p. 265.

2. *Recueil des Gazettes (de France)*, extraordinaire du 29 septembre 1636.

3. Lettre du 12 octobre 1636 à Sourdis (E. Sue, *Correspondance d'Escoubleau de Sourdis*, t. I, p. 53, dans la Collection de Documents inédits). — Le registre du conseil de l'armée navale (17 juin-17 décembre) est conservé aux Arch. nationales, Marine B⁴ 1, fol. 85.

et les autres capitaines de vaisseau en rade de Théoulle eurent ordre de détacher des officiers au commandement des trente-six tartanes qui prêteraient appui à nos douze galères, tandis que se dessinerait l'attaque des îles Lérins[1]. Mais la discorde était au camp : les chefs de l'armée de terre ne s'entendaient point avec les chefs de l'armée navale, ni les chefs de l'armée navale entre eux. Au conseil de guerre tenu le 8 décembre à Cannes, le maréchal de Vitry s'emporta jusqu'à frapper de sa canne l'archevêque Henri de Sourdis, chef des conseils de l'armée navale. En vain, le jeune général des galères François de Vignerot du Pont-Courlay avait-il tenté de les mettre d'accord, avec un désintéressement qui lui attira les éloges de Beaulieu-Persac ; et l'on attachait tant de prix à l'opinion du vieux brave que Pont-Courlay s'en fit gloire[2]. Le désaccord entre les généraux entraîna le désordre dans l'armée. De tout l'hiver, il fallut renoncer à reprendre les îles. Les 13 et 15 mai 1637 seulement, les Espagnols furent délogés de Sainte-Marguerite, puis de Saint-Honorat, par l'effort combiné des troupes de terre et de mer.

Une dernière fois, avant de disparaître de la scène de l'histoire, notre héros se signala par sa bravoure. Le 1er septembre 1638 s'était livré à Vado, près de Savone, un combat furieux entre les quinze galères du marquis de Pont-Courlay et les quinze galères hispano-siciliennes de Rodrigo Gutiérrez de Velasco et Juan de Orellana. Pour trois galères que nous perdions, nous en enlevions six, dont la Patronne

---

[1]. Ordre du comte d'Harcourt, lieutenant général de l'armée navale. A bord de l'amiral en rade de Théoulle, 3 décembre 1636 (Affaires étrangères, *Mémoires et documents* 825, fol. 149).

[2]. Du Pont-Courlay à Du Plessis (*Ibid.*, 824, fol. 260).

réale d'Espagne[1]. Mais celle-ci, après être demeurée plus de vingt-quatre heures en notre pouvoir, parvint à se dégager et à gagner Gênes. Le lieutenant général comte d'Harcourt résolut de l'aller reprendre à la tête de dix-sept vaisseaux de ligne : c'est à Beaulieu-Persac, assisté de six autres capitaines, qu'il confia la périlleuse mission de mouiller au milieu du port de Gênes, pour empêcher les débris de la flotte espagnole de sortir en emmenant leur Patronne. Nous ne quittâmes la place, le 4 septembre, qu'après avoir obtenu des Génois satisfaction[2].

Ce fut le dernier exploit de Beaulieu-Persac. En 1639, il ne figurait plus sur les contrôles de la flotte[3]. En 1646, Persac avait un nouveau seigneur[4].

Si nous ne pouvons indiquer la date exacte de son décès, nous ne savons point davantage où il mourut. Mais il est vraisemblable que ce fut à Beaulieu et qu'il fut inhumé où il était d'usage « que les seigneurs de Beaulieu fissent leur sépulture, dessoubs l'autel Saint-Sébastien » de Persac. C'est là qu'au siècle précédent, en 1574, avait été enterré son grand-père Joseph Prévost de Beaulieu ; suivant la prérogative réservée aux seigneurs haut justiciers, on avait alors laissé pendant un an un drap de deuil sur la tombe du défunt[5].

1. « L'ordre que debvoient tenir les quinze gallères de France au combat faict contre les quinze d'Espagne » (Bibl. nationale, ms. fr. 15483, fol. 40).
2. Nouvelles de Gênes, 5 septembre 1638 (Recueil des Gazettes (de France), 9 octobre 1638).
3. Bibl. nationale, collection des Cinq-Cents de Colbert 45, fol. 23 : le Beaulieu, qui commande le Saint-Jean, est un des Beaulieu de Normandie, Augustin ou David.
4. Baron G. d'Huart, p. 300.
5. Baron G. d'Huart, p. 297.

V.

Les *Mémoires de Philippe Prévost de Beaulieu-Persac* comprennent, ainsi qu'on a pu le voir, deux parties fort tranchées : d'abord, le « Discours du voyage faict en Levant », de 1608 à 1610; puis l' « Histoire du secours mené en l'isle de Ré », en 1627. Le « Discours » ne nous est connu que par un volume de la bibliothèque de Carpentras, le manuscrit 1777, qui forme le numéro VIII de la collection Peiresc. L'écriture est de la première moitié du xviie siècle. Quant à l' « Histoire du secours mené en l'isle de Ré », nous en possédons deux exemplaires, de la même époque que le texte précédent : l'un à Carpentras, dans le manuscrit 1827 (Peiresc LVIII, tome II), l'autre à la Bibliothèque nationale dans le volume 2 de la collection des Cinq-Cents de Colbert.

Ces deux parties, maintenant disjointes, formaient un tout, et il semble que Beaulieu-Persac comptait les éditer. « Je donne au public, disait-il, la nouvelle d'un voyage en Levant, bien qu'elle ne semble plus nouvelle, joincte avec le véritable récit de la plus importante deffence de l'isle de Ré, que je fais suivre à la fin de ce discours. » De cette dernière phrase, il résulte que les *Mémoires* furent rédigés tout d'une pièce après l'expédition de Ré, longtemps après le voyage en Levant, dont la relation contient du reste ces mentions significatives : « Ceux qui estoyent avec moy, dont il y en a encore quantité de vivans »; « je me sépara de luy et ne l'ay veu du despuis. » Le fait qu'il écrivait une vingtaine d'années après sa campagne du Levant explique assez la rareté des dates précises qu'on relève dans son récit.

Est-ce à dire qu'il faille mettre en doute sa véracité et croire qu'avec le temps, une certaine déformation des faits se soit produite dans sa mémoire? Nullement. Les documents publiés en appendice, émanant des sources les plus diverses, confirment la réalité de ses exploits, la destruction de toute la flotte tunisienne notamment. Et comme nous n'avons encore aucune histoire de nos premières relations avec un pays qui est devenu nôtre, avec la Tunisie, je publie, en appendice, un document des plus curieux et jusqu'ici inutilisé, un historique des relations franco-tunisiennes, écrit à Lyon en 1610, au lendemain du magnifique exploit de Beaulieu-Persac, qu'il relate sommairement. C'est le complément obligé des *Mémoires* de notre héros.

MÉMOIRES
DE
PHILIPPE PRÉVOST
DE
BEAULIEU-PERSAC

CAPITAINE DE VAISSEAU

DISCOURS DU VOYAGE FAICT EN LEVANT

PAR LE SIEUR DE BEAULIEU DE PAIRSAC[1].

Chose du monde ne contente si fort l'esprit des gens d'honneur et de mérite, et qui, d'autre part, ont le cœur purement françois, que de voir la gloire de leur nation porter les marques de son pouvoir jusques au fonds des plus estranges contrées et arborer les fleurs des lys sur les plus esloignés rempars des ennemis. C'est ce qui faict que je donne au public la nouvelle d'un voyage en Levant qui, bien qu'elle ne semble plus nouvelle, joincte avec le véritable récit de la plus importante deffence de l'isle de Ré, que je fais suivre à la fin de ce discours, en aura d'aultant plus de grâce que l'un et l'aultre n'ont d'autre but que l'honneur du

1. Bibliothèque de Carpentras, manuscrit 1777 (Peiresc VIII), fol. 277-307. A la suite du titre, se trouvent ces mots qui ont été raturés : « Et du secours par luy mené à l'isle de Ré. »

prince et la gloire de la nation, qui ne commence pas aujourd'huy d'estendre ses victoires par tous les coings de la terre[1].

Chapitre I.

Achat en Hollande d'un vaisseau de ligne.

Je fis le voyage de Levant par le commandement du feu roy Henry le Grand, lequel m'ordonna de prendre la charge de commander à quelques navires que Sa Majesté avoit ordonné au sieur de Moisset[2], lors fermier du grand party du sel[2], d'équiper en guerre et me mettre entre les mains[3]. Suyvant ce commandement et par l'ordre du dict de Moisset, il fust déli-

---

1. Pour la commodité de la lecture, la relation de Beaulieu a été coupée en plusieurs chapitres, dont l'en-tête indique le contenu.

2. Jean de Moisset était un gros « partisan » que de multiples affaires avaient enrichi. Henri IV proclamait « la fidélité, preudhomie, intelligence, expérience et affection de Jehan de Moisset, contrôleur de l'argenterie, et autres menues affaires de sa chambre », et, par l'édit d'août 1603, il le préposait « à l'establissement et entreprise, en la ville de Paris, des manufactures d'or, d'argent et soye, pour les batre, couper et filer à la façon de Milan » (Bibl. nationale, ms. fr. 5809, fol. 73). — La sœur de Gabrielle d'Estrées, Julienne-Hippolyte, duchesse de Villars, distingua aussi Moisset : « Faute d'argent, elle souffrit les galanteries du partisan : c'étoit le Montauron de ce temps-là; c'est celui qui a bâti Ruel » (*Historiettes de Tallemant des Réaux*, éd. Monmerqué. Paris, 1840, in-18, t. I, p. 204).

3. Il y avait quatre ans que le contrôleur général réclamait l'armement de quatre vaisseaux de guerre pour la protection de nos marchands. Le 25 juin 1604, il avait obtenu l'assenti-

vré au sieur Goyer dix mille escus d'or par le sieur de La Basinère, lors principal commis du dict de Moisset à la recepte généralle de Normandie, pour venir en Holande avec moy et là faire le choix d'un grand navire, selon ce que j'adviserois et le jugerois le plus propre pour la guerre[1]; ne m'estant voulu charger d'autre chose envers le Roy ny le dict de Moisset que de prendre le soin de l'achapt du dict vaisseau et de ce qu'il conviendroit avoir pour l'armement et équipage d'iceluy, comme canons, poudres, bales, mousquetz et autres armes à ce nécessaires. Où je n'oublia rien, suyvant le commandement que j'en avois de Sa Majesté, après qu'elle m'eust ordonné que toutes les despeches qui me seroient nécessaires tant envers Messieurs des Estatz généraux de Holande que

---

ment de « la commission consultative instituée à Paris sur le faict du commerce général »; mais les choses étaient restées en suspens (Champollion-Figeac, *Documents historiques tirés des collections manuscrites de la Bibliothèque nationale*. Paris, 1848, in-4°, dans la Collection de documents inédits sur l'histoire de France, t. IV, p. 202).

1. Avec le prestige, les victoires de la marine hollandaise sur les Espagnols lui assurèrent d'autres profits. Nous nous prîmes d'un véritable engouement pour elle. Presque tous nos vaisseaux de ligne sortirent, pendant un demi-siècle, des chantiers des Pays-Bas. Citerai-je *la Notre-Dame-de-Liesse* commandée en 1618 par l'amiral Charles de Lorraine, duc de Guise; les cinq vaisseaux achetés en 1620 par Charles de Gonzague, duc de Nevers, pour l'Ordre de la Milice chrétienne; les beaux navires hollandais retenus en 1625 à notre service par l'amiral Henri de Montmorency; les vaisseaux du Roi et de la Reine sortis en 1627 du Texel; le navire amiral du temps de Mazarin, etc. (Ch. de La Roncière, *Histoire de la marine française*, t. IV (Paris, Plon, 1910, in-8°), p. 592; Bibl. nationale, Mélanges Colbert, ms. 62, fol. 511).

le comte Maurice[1] me feussent délivrées pour faciliter l'achapt du vaisseau que je trouverois propre.

Ayant donc mes despeches, je fus à Dieppe où je m'embarqua avec le dict Goyer, porteur des dix mille escus et lettres de crédit. Nous partismes du dict Dieppe l'année 1608 environ la Saint Jean[2], et nous en allasmes à Flesingue[3], ville de Zélande : où estans arrivés, je visita tous les navires de guerre qui estoient dans le port; et n'y en trouvant aucun de propre, je passa à Mildebourg[4], ville capitalle du dict pays, où je ne trouva que des navires marchandz. Ce qui me fist donner jusques à Rotredan[5] en Holande, où je ne trouva rien qui me pust contenter.

Je fus à La Haye trouver Messieurs les Estatz et Son Excellence, ausquels je rendis mes despesches comme aussi à M. le président Janin, lors ambassadeur extraordinaire en Holande[6], à qui le Roy escrivoit pour favoriser mon achapt. Il s'y employa et me fist donner

1. De Nassau.
2. 24 juin 1608.
3. Flessingue, ou Vlissingen, en Zélande, sur la côte méridionale de l'île de Walcheren.
4. Middelbourg, à 7 kilomètres de Flessingue.
5. Rotterdam.
6. La correspondance du président Jeannin porte la trace du passage de Beaulieu à La Haye. A ce propos, il s'est glissé dans les éditions qui en ont été données une curieuse coquille : « Je vous ai mandé, écrit le président dans une lettre adressée le 20 septembre 1608 à Villeroy, je vous ai mandé par un gentilhomme que M. de Beaulieu m'adressa, lequel alloit à Paris pour avoir l'argent d'un Maure qu'il a acheté ici... » Au lieu de *Maure*, ai-je besoin de dire qu'il faut lire *navire* (*Négociations du président Jeannin*, dans la *Nouvelle Collection des mémoires pour servir à l'histoire de France*, de Michaud et Poujoulat, 2ᵉ série, t. IV, p. 421).

ordre des Messieurs les Estatz et de Son Excellence à Messieurs de l'admirauté de Amstredan de me faire voir tous les navires qui seroient dans les havres et ports, tant dans Amstredan que dans Orne[1] et Incuse[2]. Je les visita tous, et n'en rencontra aucun qui me fust propre qu'un seul qui estoit à Amstredan tiré en terre, nommé *la Lune,* navire qui avoit faict un voyage aux Indes, du port de cinq à six cens tonneaux[3] : lequel j'achepta de Messieurs de l'admirauté trente-neuf mille livres, le corps du navire seulement, avec ses mas, entenes, voiles, cables et hancres doubles, sans aucun canon n'y artillerie.

L'achapt estant faict et ses Messieurs de l'admirauté bien festinés et leurs argent touché, ilz me délivrèrent le vaisseau : lequel estant à mon pouvoir ne me contenta pas, le trouvant trop court pour sa largeur. Ce qui m'obligea d'assembler tous les maistres d'ache et charpentiers de l'admirauté et particulliers de la ville pour donner leur advis sur la résolution que je pris de faire alonger le dict navire. Ce qu'estant résolu entre eux et moy, je le fis couper et scier en deux et le fis alonger par le milieu de vingt huict à trente pieds[4],

1. Hoorn, au nord d'Amsterdam, sur le Zuiderzée.
2. Enkhuizen, sur le Zuiderzée.
3. Un long-courrier hollandais de ce tonnage avait 80 pieds de quille, 32 pieds de large au maître bau, 30 pieds de creux, trois tillacs et un gaillard d'avant (« Déclaration de la forme, grandeur et hauteur de trente navires entreprins pour le service de Sa Majesté » Henri IV : Bibl. nationale, ms. Brienne 319, fol. 33).
4. Cette façon d'augmenter le tonnage du navire se faisait couramment en Hollande. Mais l'opération était trop délicate pour être toujours couronnée de succès. En 1619, les administrateurs de la Compagnie des Indes orientales de France réfor-

tellement bien accommodé et le tout bien joinct et lié ensemble que le navire s'en trouva beaucoup meilleur et plus beau, estant très bon voilier et aussi régent à la mer qui s'en soit jamais veu. Je le fis percer et accommoder ses batteries en telle sorte qu'il n'y avoit rien à redire[1].

Ce fust à moy de faire mes diligences à chercher de l'artillerie la plus belle qui se peust rencontrer. Il arriva en ce temps là [qu']un navire du roy de Danemarc qui venoit d'Angleterre donna à travers et fist naufrage à l'emboiuscheure du Tessel[2], où il se perdit. Mais on trouva moyen de sauver l'artillerie et canons, lesquels furent amenés à Amstredan, ce qui m'en fist traicter avec l'agent du roy de Danemarc résidant au dict Amstredan. J'achepta de luy vingt coulevrines toutes d'un mesme poids et calibre, pesantes quatre mille cinq à six cens, le calibre de vingt deux livres

---

maient un gros bâtiment qu'on leur amenait de Middelbourg, « pour estre ledit navire *l'Ours blanc*, un vieil navire coupé et rallongé par le parmy : iceluy navire lâchait grande eau et jusques à cinq ou six cents bastonnées en vingt quatre heures » (Charles et Paul Bréard, *Documents relatifs à la marine normande et à ses armements aux XVIe et XVIIe siècles pour le Canada, l'Afrique, les Antilles, le Brésil et les Indes*. Rouen, 1889, in-8°, p. 222).

1. Ainsi agrandie, *la Lune* avait un tonnage approximatif d'un millier de tonnes et pouvait être considérée, avec ses cinquante pièces de gros calibre, pour le plus beau vaisseau de guerre de l'époque. — Dix ans plus tard, le 29 mars 1618, Louis XIII commandait à la Hollande une division homogène de quatre vaisseaux de ligne un peu moins grands que *la Lune* : le coût de ces quatre bâtiments de 800 tonnes était évalué à 350,000 livres (Bibl. nationale, ms. fr. 17329, fol. 198 v°).

2. C'est-à-dire au détroit du Helder, qui sépare de la péninsule de Nord-Hollande l'île du Tessel ou du Texel.

de bale. C'estoit la plus belle artillerie qui se soit jamais fondue en Angleterre pour pièce de fer. J'achepta vingt bastardes[1] d'un mesme poids et mesme calibre, et dix demy canons, de sorte que je garnis mes trois batteries tout autant bien qu'il se pouvoit[2]. Je fus à Utrech achepter douze cens mousquetz et quarante milliers de poudre fine, tant pour servir au canon que mousqueterie toute semblable et de mesme prix. Je fis conduire le tout à Amstredan, et je donna l'ordre de me faire dépescher tout ce qui estoit nécessaire pour mon artillerie, tant à fus que autre chose convenable au service du dict canon, et toutes sortes d'ustenciles pour l'équipage du vaisseau[3].

1. La bâtarde avait un calibre inférieur à celui de la grande coulevrine.

2. La coulevrine avait une portée de « deux mil pas » en tirant de plein fouet « par le plain de l'ame » et de « huit mil pas » en sa « plus grande élévation », sous un angle de 45°. Sur les pièces d'artillerie du temps, « esmerille, fauconneau, sacre, demy sacre, passe volant, moienne », cf. Jacques de Fumée, chevalier de l'Ordre Saint-Jean de Jérusalem, *l'Arcenac de la milice françoise, où est représentée la réformation et graduation de la carte marine du Levant, avec plusieurs belles et notables instructions aux chefs et conducteurs d'armées, pour faire la guerre tant sur mer que sur terre.* Paris, 1607, in-8°, p. 94.

3. Voici une liste des victuailles et ustensiles qu'on jugeait indispensables pour un voyage au long cours, à l'époque de Henri IV : pain, lard, bœuf sec, langues de bœuf, jambon de Mayence, morue, hareng, fèves, graisse, beurre, huile, moutarde, sucre, confitures sèches, amandes, limons confits, « une barrique de percepierre », œufs, ail et oignons, olives, cidre, vin, verjus, vinaigre, « deux chappelles et allambics de plomb pour faire eaue de vie, trois ou quatre petites cisternes qui seront faictes et couvertes de plomb pour mettre dix ou douze tonneaux d'eaue, quatre poisles de fer à sécher les soutes, plomb plat pour boucher les trous » (Bibl. nationale, ms. Brienne 319, fol. 41).

Je fis telle dilligence [qu'à] la fin d'octobre je mis mon navire en rade prest à s'en aller à Tessel, où je fis conduire par des barques toute mon artillerie, afin de ne point charger mon vaisseau, de la crainte que j'avois de cheoir dans le canal qui est assez difficile : et n'y avoit dans le navire que les poudres et vivres. Estant arrivé au dict Tessel, j'embarqua mon artillerie et mis mon navire en estat de bien servir et de ne rien craindre que le feu et la terre. Je fus quelques jours à Tessel, qui est le lieu où les navires font despartement, tant de Amstredan que des autres villes de Holande, pour aller aux Indes et autres lieux de la mer Océane, estant l'embouchure de la grande mer.

Durant le temps que séjourna au dict Tessel à attendre le vent pour sortir, il m'arriva un inconvénient par la gourmandise des Flamans qui estoient dans mon vaisseau : lesquelz, en fricassant du poisson, mirent le feu dans la cuisine, qui estoit encore à la mode de Holande à l'arrière du navire et en bas[1], par conséquent fort près de nos poudres[2] : lesquelles j'avois faict mettre dedans la panatique[3], qui n'estoit pas à trois pieds de la cuisine où le feu s'alluma de telle sorte qu'il paroissoit de la hauteur d'une demy-pique par dessus le teillac du vaisseau. Cela donna une telle espouvante à tout l'équipage que chascun songeoit à se sauver et gaigner la terre, qui avec les barques, qui à la nage : de sorte que je demeura seul

---

1. A bord des vaisseaux français, la cuisine ou fougon se trouvait au contraire placée à l'avant, vers le mât de misaine (A. Jal, *Glossaire nautique*. Paris, 1848, in-4°, p. 715, art. Fougon).

2. La sainte-barbe était toujours à l'arrière.

3. La soute au pain et au biscuit.

avec quatre soldatz, qui méritent pour l'honneur qu'ilz s'acquirent de demeurer avec moy, que l'on sçache qu'ilz se nommoient Bidaches, Mombrun, Pigeolas, Reiges, avec lesquelz je me résolus de mourir ou d'esteindre le feu. Ilz descendirent avec moy entre les deux tillacz du navire où estoit la cuisine, tellement proche du feu qu'il ne se pouvoit dire davantage. Et eusmes recours à tremper dans la mer par les sabords des canons de grandes robbes faictes à la flamande, qui ont le poil fort long et de grands capuchons; lesquelles robbes nous mismes sur nous ainsi trempées, et nous envelopasmes tous cinq chascun dans sa robbe, et entrasmes dans la dicte cuisine, nous frottans contre le rempart avec nos dittes robbes, que l'on nomme en ce pais *la ferline*. Et fismes tant par plusieurs fois que nous remouillasmes nos robbes, rentrans tousjours dans la cuisine, que nous esteignismes le feu. Ce ne fust sans nous bien brusler les pieds et les mains. Mais nous sauvasmes le navire : ce qui m'obligea à l'heure mesme de faire rompre la cuisine et la mettre à la proue du navire.

Tous mes gens revindrent à bord, et fis rendre graces à Dieu, deffendant à ceux qui estoient demeurés avec moy de ne rien dire aux autres et ne leur faire aucun reproche d'estre sortis du vaisseau, craignant de les perdre, outre que le péril estoit si manifeste que je les excusois : et crois que j'en eusse pas faict moins qu'eux, si je n'eusse esté attaché par honneur à ne point survivre à la perte du vaisseau, lequel enfin Dieu conserva.

Je partis trois jours après du dict Tessel, et me mis à la mer, et fis ma routte droict au Havre de Grace.

Je fus chargé au travers du cap de Bouloigne en Picardie[1] d'un grand coup de vent qui me dématast du mas et du trinquet[2], ce qui me contraignit de relascher à la Dune d'Angleterre[3], où arriva sur les quatre heures du soir. Je mouilla l'ancre auprès d'une remberge[4] d'Angleterre, nommée *l'Advangarde*[5], qui estoit pour lors à la dicte rade, accompagnée de son vice admiral : lesquelz vaisseaux estoient si près de moy que je donna sonde sur l'une de leurs ancres.

Chapitre II.

L'incident des Dunes d'Angleterre.

Lorsque j'eus pris toutes mes voiles, ayant mis la proue de mon navire au vent, j'avois la bandière de France au grand mas de mon vaisseau : laquelle estant arborée et ne la mettant pas bas, les dictz navires

---

1. Le cap Griz-Nez, au nord de Boulogne-sur-Mer.
2. Le trinquet était le mât de misaine.
3. Les Dunes, *the Downs*, au sud de l'estuaire de la Tamise, sont encore le lieu de rassemblement habituel de la flotte anglaise.
4. Les ramberges ou mieux roberges, de l'anglais *row-barge*, étaient des vaisseaux mixtes, à rames et à voiles, aussi redoutables que des galéasses. Elles avaient à l'avant « deux bastardes sur des roulleaux, accommodées de telle industrie que, tirant, le recul de l'une poussait l'autre dans la canonnière » (Discours baillé à M. de Nevers par La Treille, commissaire de l'artillerie, 1567 : Bibl. nationale, ms. fr. 16691, fol. 103).
5. Construite en 1586, refondue en 1599, la ramberge *Vanguard*, l'un des plus grands vaisseaux de la flotte britannique, avait 560 tonneaux, 40 canons et 250 hommes d'équipage (M. Oppenheim, *A history of the administration of the royal Navy and of merchant shipping in relation to the Navy*. London, 1896, in-8°, t. I, p. 121, 124).

anglois me tirèrent quatre coups de canon à bale. De quoy je demeura estonné, ayant donné dedans les cordages de mon vaisseau. Je fis demander à mes Flamands pourquoy ces vaisseaux me tiroient de la sorte, n'estant point ennemis. Ilz me dirent que si je n'abbattois ma bannière, on ne cesseroit de tirer et que c'estoient les mesmes vaisseaux qui avoient faict plier la bannière de France à M. le duc de Seuilly[1], au party de Calais, s'en allant ambassadeur extraordinaire en Angleterre, qui fust accompagné de M. de Vic, gouverneur de Calais[2], avec son vaisseau. Lequel ayant la bannière de France haut au grand mas, les Anglois qui avoient M. de Seuilly dedans leur bord tirèrent quantité de canonades à M. de Vic et à son navire, et contraignirent M. de Seuilly à commander à M. de Vic de mettre la bannière bas[3] : et receut ce desplaisir.

1. Maximilien de Béthune, duc de Sully, le grand Sully.
2. Dominique de Vic, vice-amiral de France, « étoit d'assez basse naissance, mais d'une haute valeur, et qui, par la noblesse de son courage, releva glorieusement celle de son extraction » (*Mémoires du cardinal de Richelieu*, publiés... pour la Société de l'histoire de France. Paris, 1907, in-8°, t. I, p. 97).
3. Le récit de Beaulieu est tout à fait exact. Voici ce qui se passa en juin 1603. Chargé d'aller complimenter à Londres le nouveau roi Jacques 1er, Maximilien de Béthune, duc de Sully, avait pris passage à bord d'une ramberge britannique venue au-devant de lui. Comme le vice-amiral Dominique de Vic sortait de Calais pour escorter l'ambassadeur et gagnait la pleine mer, pavillon de France au grand mât, un coup de canon de semonce lui intima l'ordre de l'amener : en même temps, la ramberge *Vanguard* pointait sur lui ses nombreuses pièces. Pour toute réponse, Dominique de Vic sonna le branle-bas, bien résolu à ne point se soumettre aux prétentions britanniques qui n'admettaient sur la Manche d'autre drapeau que la bannière anglaise. La rencontre paraissait inévitable, lorsque

Dont le souvenir et ce que j'en avois ouy dire au Roy, m'obligea à faire risposte aux dictz Anglois, qui ne m'espargnèrent point tant que le jour dura, non plus que moy eux. La nuict venue, ilz cessèrent et moy aussi. Mais le lendemain, voyant tousjours ma bannière hault, ilz m'envoyèrent une barque me faire commandement de mettre ma bannière bas, ou qu'ilz me couleroient à fondz[1]. Je leurs fis responce que

Sully eut « la dextérité », — disons plutôt la faiblesse, — de faire au vice-amiral le signal de céder. L'outrage était d'autant plus sanglant qu'il avait comme témoin une tierce nation : et ce témoin, le commandant d'une escadre hollandaise, revendiquait énergiquement le droit de hisser ses couleurs sans dépendre d'autrui (Lettres de Sully à Henri IV. Calais, 14 juin; Londres, 20 juin 1603, dans Sully, *Mémoires des sages et royales Oeconomies d'Estat de Henry le Grand*, t. I, p. 443 (*Collection des Mémoires* publiée par Michaud et Poujoulat, t. XIV); Palma Cayet, *Chronologie septenaire*, t. II, p. 259 (même collection); Ch. de La Roncière, *Histoire de la marine française*, t. IV, p. 364).

1. Henri IV avait vainement tenté de sauvegarder par un règlement international l'honneur du pavillon. « La volonté du Roy sur les articles du règlement de la mer proposéz et traictéz en Angleterre » n'avait pu fléchir en 1599 l'obstination des Anglais à pratiquer le droit de visite (Bibl. nationale, ms. fr. 15980, fol. 25; cf. fol. 195, 199). — Voici comment on opérait :

Le vaisseau de guerre, « l'armateur, qui apperçoit en mer un vaisseau, quelque pavillon qu'il porte, luy tire un coup de canon sans balle. Ce coup s'appelle *semonce* : et aussy tost le maistre du vaisseau est obligé d'amener ses voilles, de mettre sa chalouppe en mer et de venir à bord de celuy qui a tiré, avec tous les papiers qui peuvent justiffier de quelle nation est le vaisseau et à qui appartiennent les marchandises dont il est chargé. S'il refuse d'amener ses voilles après la semonce, l'armateur est en droit de l'y contraindre par artillerie ou autrement; et au cas qu'il soit pris dans le combat, il est déclaré de bonne prise, de quelque nation qu'il puisse estre.

ceste bannière ne partiroit pas de là et que j'avois de quoy la deffendre, et que, s'ils commançoient à tirer, je ne serois pas paresseux à leur rendre l'honneur qu'ilz me fairoient de me saluer de la sorte[1].

Dès que leur barque fust à leur bord, ils me tirèrent plus de vingt canonades, et moy de mesme à eux : et nous escarmouchasmes de la sorte jusques sur les dix heures du matin. Ils me tuèrent un homme. Je ne sçay pas quel débris firent nos canonades dans leurs vaisseaux. Mais bien feurent-ilz constrainctz de renvoyer devers moy leur barque avec la bannière blanche qui signiffie paix. Ils me vindrent encor commander de mettre bas ma bannière, et sçavoir si j'estois navire du roy de France, et si j'estois équippé en guerre asseurément[2]. Ils me tindrent force discours, me con-

« Cette maxime du droit de visitte n'est pas universellement receüe. Elle fust establie par l'ordonnance de 1584, article 65. Mais on voit que, huit ans après, c'est-à-dire en 1592, elle n'estoit pas encore regardée en France comme fort assurée, ny au parlement de Paris, ny à celuy de Bordeaux » (« Des prises qui se font en mer », par Morisot : Bibl. nationale, ms. fr. 19466, fol. 15). L'ouvrage de Morisot traite également de l'empire de la mer et réfute les prétentions de l'Angleterre exposées par Selden dans le *Mare clausum*, en 1636.

1. Richelieu n'avait pas oublié non plus l'affront fait à Sully, ces « trois coups de canon qui, perçant le navire, percèrent en même temps le cœur de tout bon Français. La force contraignit le duc à céder devant cette violation du droit ». Si mon devoir m'oblige à honorer le rang d'ambassadeur, déclarait le capitaine anglais en guise d'excuse, il m'oblige aussi à exiger l'honneur dû au pavillon de mon maître comme souverain des mers.

2. Il résulte de là que *la Lune* n'avait point en poupe le pavillon de guerre. « C'est une enseigne rouge, portant un bras nud au milieu qui tient un coutelas, disait un contemporain. On ne la met qu'à la rencontre de quelques vaisseaux » (*Rela-*

vians à ne les plus obliger de tirer et à mettre ma bannière à bas. Je leur dis que s'ilz n'avoient autre chose à dire, ilz s'en pouvoient bien retourner : ce qu'ilz firent.

Mais ilz ne tardèrent guères à revenir et me faire des excuses de la part de leur capitaine, me disans qu'ils ne croyoient pas que le navire fust au roy de France, et qu'il fust navire de guerre, et que leur capitaine me viendroit voir après disner. Ce qu'il fist. Je le receus comme il méritoit et le traictay à mémoire de ce qu'il fist à M. de Sueilly sans luy rendre aucun compliment. Je luy fis néantmoins voir l'estat auquel mon navire estoit : ce qui l'estonna, voyant les hommes que j'avois et la quantité de canons. Il demeura trois heures dans mon vaisseau, me conviant fort d'aller disner le lendemain dans le navire du roy, son maistre, dont je le pria de me dispenser. Je séjourna là six ou sept jours, attendant le temps propre pour m'en aller au Havre de Grâce. Lequel venu, je fis soudain lever et serper mes anchres, dont l'une se trouva embarrassée avec le maistre anchre de la remberge, qui nous donna grand peine à lever la nostre, amenant le leur avec, et les eusmes toutes deux, et emporta la leur.

Chapitre III.

Entrevue avec Henri IV.

Je me sépara d'eux de la sorte sans aucun salut, et

tion du voyage que François Cauche de Rouen a fait à Madagascar, isles adjacentes et coste d'Afrique (1638-1644), recueilly par le sieur Morisot. Paris, 1651, in-4°, p. 4).

[Novembre 1608]   DE BEAULIEU-PERSAC.   15

m'en alla au Havre de Grace, où je fis entrer mon navire dans le port. De là, m'en vins faire la relation de mon voyage au Roy : dont Sa Majesté me tesmoigna sçavoir gré d'avoir traité avec ces Anglois de la sorte[1] : et me demanda l'estat du vaisseau, lequel je luy raconta. Il voulust sçavoir le temps que je pourrois partir pour passer en Levant. Je respondis que cela despendroit des commandemens de Sa Majesté.

Mais comme l'ambassadeur de Venise eust advis que ce navire devoit passer en Levant et prendre la bannière de Savoye[2], ennemie pour lors des Vénitiens, il

---

1. « Ah! si j'étais amiral de France, s'écriait alors Sully, je relèverais la marine royale, et nous pourrions être de mauvais voisins, Messieurs les Anglais » (Sir George Carew, *A relation of the state of France with the characters of Henry IV (1609)*, publié par Thomas Birch, *An historical view of the negotiations between the courts of France, England and Brussels (1592-1617)*. London, 1749, in-12, p. 428).

2. Les capitulations signées avec la Porte empêchaient nos marins de combattre les Turcs sous pavillon français : « Aussy y a-t-il encore tant de bons mariniers et de bons soldats en vostre royaume que toutes les entreprises, courses et progrès sur les Turcs se font par vos subjects, qui à la solde du grand duc de Florence, qui de la Religion de Malte, qui du vice-roy de Naples. Mesme il se trouve beaucoup de vos subjects (n'estans enclins au négoce) qui ont recours à ces princes estrangers pour obtenir la permission de faire la guerre aux subjects de l'empereur des Turcs : pourquoy, il leur faut payer le droit de bandière qui reviendroit à Vostre Majesté. Sire, si le grand duc de Florence, avec 8 galères et quelques vaisseaux ronds *arméz et conduits de vos subjects,* a en dessein et fait faire effort sur le royaume de Chippre, quelles entreprises ne pourra-on faire avec 13 galères qui sont à vostre solde » (*Advis au Roy des moyens... de faire par an un fonds asseuré qui pourra estre destiné à des armemens de mer (1614)*, dans Cimber et Danjou, *Archives curieuses de l'histoire de France*, 2ᵉ série, t. I, p. 449).

en fist grand bruit et instance, suppliant le Roy que ce navire ne passast point le destroict : d'autant que, passant comme François, ce seroit rompre l'aliance avec le Grand Seigneur, ou prenant la bannière de Savoye, cela ruineroit le commerce[1]. De sorte que cest ambassadeur fist quasi résoudre le roy à m'interdire d'aller en Levant.

Néantmoins, par la persévérance et les continuelles prières que nous fismes à Sa Majesté et soubz les ouvertures que nous fismes de prendre la bannière de Malte, affin que les Vénitiens n'eussent point de crainte de leur commerce, le Roy nous accorda passer en Levant, et partis du Havre de Grace le 20 mars 1609. Je pris congé du Roy à Paris dès le premier jour de febvrier. Je fis toutes mes dilligences d'embarquer tout mon équipage, afin de sortir le plus promptement que faire se pourroit et me mettre à la mer et observer les commandemens que me fis le Roy, prenant congé de Sa Majesté que, si je pouvois prendre des Anglois corsaires et forbans, que Sa Majesté l'auroit très agréable, comme gens de qui les plaintes luy estoient continuelles, et que j'advisasse à ne perdre poinct l'occasion de prendre s'il se pouvoit. Dont j'asseura Sa Majesté, puis qu'elle m'ordonnoit, que je ne passerois point le destroit de Gilbartat que je n'en attrapasse.

Chapitre IV.

Combat naval du cap Saint-Vincent.

Ce que je fis sur le cap de Saint-Vincent en Espagne : où, sur le poinct du jour, aperceusmes deux navires

---

1. Les lettres d'Antonio Foscarini, ambassadeur de Venise à

qui faisoient chasse sur nous et qui tenoient le vent. Ilz nous avoient levé à l'esguille[1] dès le soir et firent chasse sur nous toute la nuict : ce qui fist que, le matin, ils se trouvèrent fort près de nous et sur le vent, et continuèrent leur dessein, qui estoit de nous prendre s'ilz eussent peu. Je commanda que l'on les laissast approcher et que personne ne parust que trois ou quatre Flamans, et que l'on ne fist que paroistre quatre pièces des moindres, afin de ne leur donner cognoissance que feussions navire de guerre, ce qu'ilz ne croyoient pas aussi.

L'admiral[2] commanda à son vice-admiral de nous

Paris, que nous publions en appendice (I-IV), confirment de point en point le récit de Beaulieu-Persac.

1. Repéré à la boussole.
2. Ce n'est pas l'officier général pourvu d'un brevet par le roi, mais le capitaine de navire que ses collègues reconnaissaient comme chef au moment d'appareiller. Voici un spécimen du contrat qui était alors passé : « Jehan Faroult, dit Placidas, Jehan Auber, Jehan Geffroy, capitaines de *la Licorne*, *la Pucelle* et *la Madeleine*, s'engagent d'un mutuel consentement à se défendre contre les mauvais navires. Lesquels ont esleu pour admyral le sieur Placidas et pour vis-admyral ledict Auber, puys ont juré de bonne foy l'un à l'aultre de suivre ledict Placidas comme admyral faisant ledict voiage, de ne le quitter ni abandonner pour quelque cause, inconvénient, tempeste de temps, ny rencontre d'aulcuns mauvais navires jusques à l'extrémité de eulx et de leurs hommes, promettant l'un à l'aultre eulx entredeffendre jusques à la dernière extrémité, s'il estoit arrivé qu'ils fussent rencontrés de aulcuns mauvais navires qui les voulsissent aborder. Et ont tous promis tenyr et accomplir ce que dessus, sur peine de respondre de tous inthérests et dommages qui pourroyent advenir auxdicts navires, s'ils estoient rencontrés estant ensemble de compaignie et que l'un d'eulx fust prins par pirattes de mer, faulte de secourir et deffendre l'un l'aultre. » Honfleur, 26 février 1575

venir recognoistre et nous faire commandement d'amener nos voiles. Nous l'escoutasmes et luy dismes que nous faisions nostre routte, le prians qu'il nous laissast aller, que nous estions Flamans, qu'allions à Venise et qu'ilz fissent leur chemin. Ce qui les obligea davantage à nous presser, et nous tira le vice-admiral trois canonades, disant : « Amène. » Et faisant signe à son admiral de venir à bord du grand navire, il fist chasse sur mon patache, lequel fuyoit à dessein devant luy, pour le mettre soubz le vent de moy : ce qu'il fist. Et l'admiral vint à moy, mais plus advisé que son vice-admiral ; car il se contenta de me recognoistre, et tenir le vent, et me tirer des canonades à bon escient, auquel je tarda plus que je peus à faire riposte, désirant qu'il vint à bord de moy, où il n'eust guères duré.

Mais il se doubta de ce que luy arriva : qui fut que, tout en [un] instant, ilz virent sortir grande quantité de canons et paroistre plus de 400 hommes. Ce qui les estonna de telle sorte, avec la quantité de canonades dont ilz feurent servis qu'ilz changèrent bien d'opinion et commancèrent à rendre le bord à la mer, et s'enfuirent, abandonnans leur vice-admiral, lequel fust tost pris, estant soubz le vent de moy, qui l'aprochois de la longueur de mon navire. Et le fis venir tous à mon bord sans coup frapper, et le pris de ce vaisseau-là cent en vie. Il ne se pouvoit qu'il n'y eust quantité de tués en l'autre qui se sauva, car ilz eurent dix ou douze très dangereuses canonades dans leur bord. Il se treuva bien cinquante, tant Portugais

(Charles et Paul Bréard, *Documents relatifs à la marine normande et à ses armements aux XVIe et XVIIe siècles*. Rouen, 1889, in-8°, p. 25).

qu'Espagnolz dans le vice-admiral, que les Anglois avoient pris et le[s] menoient vendre en Barbarie. Ce que nous recogneumes par le traité que le dict vice-admiral avoit fait avec son admiral[1], qui estoit gentilhomme anglois de bonne maison nommé Vernay[2]; et celuy qui fust pris estoit gentilhomme aussi du pais du Cornuaille[3] nommé Pierre Boniton[4], nepveu de l'ambassadeur qui estoit pour lors en France[5], aagé de quelques 24 ans.

Je les fis tous mettre à la chaisne très bien attachés, sauf le capitaine qui demeura dans ma chambre. Je donna ordre à tous ses prisonniers, et amarinay leur vaisseau, qui se trouva chargé de très bon vin de Gascoigne et de quantité de poisson sec et lesté de sel de Brouage. C'estoit un navire du Havre de Grace qu'ilz avoient pris aux Conquests en Bretaigne[6], duquel ils se servoient, car il estoit très bon voilier; et faisoient beaucoup de mal avec ce vaisseau.

1. Voilà la preuve que les deux capitaines avaient passé un contrat dans le genre de celui que nous venons de donner.
2. Après avoir dissipé en peu de temps une fortune de trois cent mille florins, Francis Verney avait vendu, durant l'été de 1608, le reste de son patrimoine pour se mettre à courir les mers (*Verney Papers, Camden Society*, p. 95; Julian S. Corbett, *England in the Mediterranean. A study of the rise and influence of british power within the straits (1603-1713)*. London, 1904, in-8°, t. I, p. 15).
3. Cornwall.
4. « Pierre Boneton, gentilhomme de la ville de Plimeur », ou Plymouth, dit l'arrêt de condamnation que nous publions en appendice.
5. Edmonds.
6. Le Conquet, petit port du Finistère au nord-ouest de la rade de Brest.

Chapitre V.

Rencontre avec l'escadre algérienne de Dansa.

Nous continuasmes donc notre chemin droit au cap de Sainte-Marie : lequel approchans, nous ouysmes la nuict quantité de coups de canon. Ce qui nous obligea à aller droict à ce bruit, et treuvasmes le lendemain matin que c'estoit Danse[1], corsaire flamant, lequel s'estoit retiré à Arger[2], qui avoit cinq navires, sçavoir

---

1. Simon Dansa, Dansker, Dantziger ou Le Danseur, de Flessingue, était le plus redouté des corsaires barbaresques. Ayant dissipé durant une relâche à Marseille le prix de sa cargaison, il s'était enrôlé sous la bannière verte des Algériens, qui l'appelèrent Dali-Capitan, *le capitaine Diable*. Et de fait, depuis trois ans, aucun bâtiment ne semblait capable de résister aux trois cents démons de son équipage. Dansa avait lié partie avec un pirate anglais nommé Ward : tous deux ont eu pour biographe un de leurs prisonniers, qui a longuement relaté leurs exploits (*A true and certain report of the beginning, proceedings, overthrows and now present state of captain Ward and Dansker, the two late famous pirates*, from their first setting foorth to this present time, published by Andrew Barker, master of a ship, who was taken by the confederates of Ward and by them sometime detained prisoner. London, 1609, in-4°. — Cf. aussi ci-dessous, en appendice, la notice de l'historien hollandais Van Meteren, et H.-D. de Grammont, *Relations entre la France et la régence d'Alger : les deux canons de Simon Dansa*. Alger, 1879, in-8°).

2. Alger. — Mais Simon Dansa était en instance auprès du roi Henri IV pour obtenir l'autorisation de rejoindre à Marseille sa femme et ses enfants. Et au moment même de la rencontre de Gibraltar, Henri IV accordait l'autorisation demandée, à la condition que Dansa et ses deux vaisseaux feraient

trois grandz de cinq à six cens tonneaux, et les deux autres de quatre à cinq cens, et deux grandes pataches, avec un navire portugais qu'ilz avoient pris la nuict. C'estoient les canonades que nous avions ouy. De sorte que, me treuvant sur le vent du dict Danse, je le cogneus de plus prèz qui me fust possible. Il fist très bonne mine et se mist en estat de combattre, et fist paroistre plus de douze cens Turcz, crians et menantz grand bruit.

Je garda et tins tousjours le vent, les regardant sans leur pouvoir tirer une seule canonade, la mer estant tellement haulte que je ne peus jamais mettre ma grosse artillerie dehors, emplissant le navire d'eau. J'estois au désespoir de ne me pouvoir servir de l'advantage que mon canon m'eust donné sur ces canailles. Ils firent tous bannière blanche, tesmoignant la paix. Je ne leur en monstra poinct du tout. Je les considéra plus de quatre heures, attendant tousjours que la mer calmeroit pour me servir de mes canons. Mais le temps se rafraichist si fort de plus en plus que, me trouvant près de l'embouchure du destroit de Gilbertat, je pris résolution de gaigner le destroit, puis que le temps ne me permettoit pas de combattre Danse et me servoit à faire mon chemin, qui estoit le destroict, où je me résolus, comme nous fismes trouvant la mer calme, d'attendre Danse.

Lequel, me voyant faire ma routte, creust que je fuyois, ce qui luy fist prendre mes eaux et faire force de voile après moy. Je commanda qu'on amenast nos

« la guerre contre les pirates de la mer de Levant » (Lettres d'avril 1609 : Bibl. nationale, ms. fr. 5809, fol. F).

voiles et qu'on luy monstrast le costé. Mais ces canailles, voyans ma résolution, rendirent le bord soubz le vent de moy et approchèrent la terre de Tarif[1] en Espagne, cependant que je fis mon chemin et gaigna le destroict. Lequel ayant embousché[2] ce soir là avec grand peine, car estant environ trois lieües au dedans, je treuva la mer calme, unie sans aucun vent, ce qui me fist résoudre d'attandre là Danse et mettre le costé à travers, pour au poinct du jour canonner le dict Danse par ceste mer unie. Mais le calme ne dura que jusques à deux heures après minuict : si bien que nous fusmes contraintz par un grand vent frais que jettoit la coste de Barbarie, de gaigner le port de Gilbartat.

La nuict estoit fort obscure, et n'eust esté le fanal du dict Gilbartat, nous eussions couru fortune de nous perdre. Mais Dieu nous conduisit soubz la forteresse[3], où nous donnasmes fonds. Et là, attendismes le jour, sur la pointe duquel les ventz changèrent et nous vindrent favorables pour nostre dessein, qui estoit de combattre ce corsaire. A quoy nous nous préparasmes dès que le jour parust. Nous commanceasmes à lever

---

1. Tarifa, à la pointe méridionale de l'Andalousie, à l'endroit où le détroit de Gibraltar est le plus resserré.
2. Embouquer, c'est entrer dans une passe ou un détroit.
3. Il existe, à la bibliothèque du ministère de la Marine (ms. 142, pièce 2), une estampe fort curieuse représentant le port de Gibraltar à cette époque, notamment la forteresse et le fanal dont parle Beaulieu. Elle figure la bataille navale livrée le 25 avril 1607 dans le port de Gibraltar entre Hollandais et Espagnols : l'amiral hollandais Jacques de Heemskerk, bien qu'il eût seulement vingt-six navires, remporta une victoire complète sur les cinquante bâtiments adverses.

nos anchres, et n'eusmes pas si tost mis nos voiles au vent qu'il sortit de la darse[1] de la ville de Gilbartat huict galères qui sont au dict Gilbartat pour la garde du destroict. Lesquelles nous tirèrent un coup de canon sans bale pour sçavoir quelles gens nous estions.

Je commanda qu'on leur respondict semblablement pour leur tesmoigner que nous estions amis. Ils firent alors partir un de leurs caïq[2], où estoient deux capitaines, l'un espagnol et l'autre genevois[3], l'espagnol nommé Dom Louys de Carille[4], le genevois Dom Centurion[5], qui des huict galères en commandoit cinq : et celuy qui commandoit l'escouade, se nommoit Dom Joan de Maldonade[6], cavalier de grande estime, lieutenant général de Dom Petre de Tolède[7], généralissime des galères d'Espagne[8], qui pour lors estoit en France :

1. Bassin servant d'abri aux navires.
2. Petit bâtiment analogue à une chaloupe canonnière.
3. Génois.
4. Don Luis Carrillo.
5. Centurione.
6. Don Juan Maldonado.
7. Don Pedro de Toledo, marquis de Villafranca, duc de Fernandina, chevalier d'Alcantara, était un personnage considérable. Le 11 juin 1608, Henri IV recommandait aux Bordelais de l'héberger « en l'une des plus honestes maisons », comme un personnage qui avait « l'honneur d'attoucher de proximité de sang la Royne, nostre très chère compagne » (*Lettres de Henri IV*, éd. Berger de Xivrey, t. VII, p. 569, dans la Collection de Documents inédits sur l'histoire de France).
8. Don Pedro de Toledo commandait même en 1609, au moment où l'on procéda à l'expulsion d'Espagne des Morisques, toutes les escadres de galères échelonnées le long des côtes d'Andalousie : les galères de Portugal, de Naples, de Sicile et de Gênes, qui étaient venues renforcer sa division navale (Cesareo Fernandez Duro, *Armada española*, t. III, p. 326).

duquel je pris congé, partant de France avec la permission du Roy[1]. Il me donna une lettre de faveur addressante aux capitaines et officiers dépendans de sa charge, ausquels il ordonnoit qu'en quelque lieu que j'abordasse ou que les galères d'Espagne se rencontrassent, les capitaines des dictes galères ou leurs officiers eussent à me favoriser de leur adsistance, tant à m'aider à faire aiguade comme à prendre du bois et autre chose nécessaire au rafraischissement de mon vaisseau.

Après avoir receu cette lettre, je l'envoya audit Dom Joan par un gentilhomme. Cela l'obligea à m'envoyer deux de ses capitaines m'offrir tout ce qui dépendoit d'eux et de leur pouvoir : lesquels je convia de demeurer dans mon vaisseau, et ordonna à mon lieutenant de leur faire préparer le desjuner, et, en attendant, qui leur fist voir le navire et les prisonniers Anglois, que l'on mit à terre tous les Espagnols et Portugais, et que l'on donnast à chascun un escu et leur passeport que je signa, avec attestation comme je les avois pris et retiré des mains des Anglois. Ces pauvres gens s'en allèrent très contens. Je fus donc voir Dom Jean dans la capitagne d'Espagne, lequel me receust avec toute sorte d'honneur. Je luy dis le subject de mon voyage et de mon arrivée en ce lieu.

Ayant apris que je m'en allois pour attendre Simon

---

1. Don Pedro de Toledo était arrivé à Fontainebleau le 19 juillet 1608. Il avait mission de reprocher à Henri IV « l'assistance » prêtée aux Pays-Bas et d'amener un rapprochement entre la France et l'Espagne par des mariages princiers. Lettre de Henri IV à Savary de Brèves, Fontainebleau, 23 juillet 1608 (*Lettres de Henri IV*, éd. Berger de Xivrey, t. III, p. 579).

Danse à son passage dans le destroit, lequel j'avois laissé à l'ouverture dudict destroict à l'entrée de la nuict, et avoit faict prise d'un vaisseau portugais au travers du cap Sainte Marie, il ne me laissa pas parler davantage, me disant ces mots : *Vamos, Signore generalo, bouscar estre ladrone! Vamos lou bouscar de camarade*[1]! — A quoy je m'accorda très volontiers, et me sépara d'avec luy pour retourner à mon vaisseau : où estant arrivé, les capitaines que j'y avois laissé s'en retournèrent sur leurs galères. Et estant mon navire à la voile, animant tous mes soldatz et mariniers tant de mon vaisseau que de mon patache que commandoit le capitaine Du Fort, tous estantz prestz au combat, les Espagnols s'approchèrent de moy et me demandèrent l'ordre que je désirois tenir dans le combat. — Je leur dis que de moy j'estois résolu d'aborder l'admiral des ennemis, et que, pour mon patache et eux, ils advisassent à combattre les autres vaisseaux et les bien empescher de secourir leur admiral. — Ilz me demandèrent encore l'ordre que je voulois qu'ilz tinsent à combattre les dictz vaisseaux, et si je désirois que les galères me suivissent ou demeurassent (à) enjoly[2]. — Je me deffendis tant que je peus de leur donner aucun ordre, et leur dis qu'il ne m'appartenoit, l'estandart d'Espagne estant arboré sur la capi-

---

1. « Allons, Monsieur le général, débusquer ce brigand! Allons-y de compagnie. »

2. Le sens de cette expression nous est donné par un récit de la bataille navale du 1er septembre 1638 entre 15 galères de France et 15 galères d'Espagne (Bibl. nationale, ms. fr. 15483, fol. 40); on y lit que, toute la nuit, les troupes « se trouvèrent en joly, c'est-à-dire sous les armes ».

taigne, et n'ayant point d'adveu ny de commission du Roy mon maistre de faire la guerre aux Turcz. — Ilz me pressèrent fort à faire, ce qui me plaisoit grandement de me voir donner la loy et l'ordre à l'estandart d'Espagne, du moins à ceux qui en avoient la charge. De sorte que, de peur de perdre temps, je leur dis : « Puisque vous le voulez ainsi, allez-vous en donner fonds derrière ces escueils, et ne partes de là que je ne vous fasse tirer un coup de canon, au signal duquel vous arriverés sur moy, pour de là prendre l'ordre du combat : car je m'en vay au milieu du canal, où je mettray le vent à la pane[1], en attendant que je voye les ennemis, lesquels sans doubte viendront ; et lorsque je vous feray le signal, venés droict à moy. »

Je ne fus pas plus tost au milieu du canal que ma garde d'en hault[2] vist paroistre les six navires qui venoient avec grand vent. Je monta moy mesme à la hune pour les voir venir ; et les ayant avec mon lieutenant et mes officiers considéré, et jugeant dans quel temps ilz pourroient estre à nous, je descendis et commanda que chascun prit les armes et se mist à sa poste, et que les officiers des canons se préparassent, que tout fust leste, et que nos feux d'artifice, comme grenades et autres choses nécessaires feussent portées dans les hunes, et que qui estoient destinés pour cela, se préparassent de sorte que tout fust promptement en estat. Et voyant que les ennemis s'approchoient, je fis tirer le coup de canon de nostre

---

1. Mettre en panne, c'est brasser les voiles de façon à maintenir immobile le vaisseau, en neutralisant l'effet du vent.
2. La vigie de hune.

signal : ce qui amena tost les galères. Lesquelles arrivées auprès de moy et les ennemis approchans bien fort de nous, survint le plus mauvais temps que j'aye jamais veu faire à la mer. Ce qui nous fist bien changer nostre ordre à un grand désordre, car à force de soustenir au vent, le grand mast de mon vaisseau esclatta, et fus constrainct d'ameiner tout bas, et par conséquent les pauvres galères à travers mon vaisseau toutes les unes sur les autres, toutes leurs rames et esperons rompus.

Ce désordre fust si grand que les dictes galères feurent constrainctes de se mettre vent à poupe et de se retirer à Gilbartat, et moy courre à la mer. Les ennemis avoient l'advantage, tenant le vent sur nous, et n'eurent pas pourtant courage de s'en servir, mais tindrent tousjours la coste de Barbarie : de sorte qu'ilz nous eschappèrent par le malheur de ce mauvais temps. Les Espagnols se séparant d'avec moy me prièrent de tesmoigner comme il n'avoit pas teneu à eux que nous n'eussions combattu. Je leur fis la mesme prière de nostre part. Ainsi nous nous séparasmes et perdismes par malheur l'occasion de combattre et de prendre ce voleur. Et moy je fus privé de la gloire qu'il sembloit que Dieu me voulust donner ceste journée là de commander l'estendard d'Espagne et de prendre le plus fameux larron de la mer. Je n'ay jamais receu un plus sensible desplaisir que celuy-là.

Chapitre VI.

Combat naval contre l'escadre tunisienne de Soliman.

Je fis donc ma routte au cap de Gate[1], où je fus dans 24 heures : et arrivant sur le poinct du jour, je fis rencontre de six grands navires de guerre de Tunis, lesquels estoient à mas et à corde sans aucune voile, le costé à la mer. Je les envoya recognoistre par mon patache : lequel estant au milieu d'eux, et moy fort près de luy, leur demandans d'où estoient les navires, ils ne nous firent aucune responce. Mais tout d'un temps, ilz se mirent à venir à nous, paroissant sur les dictz navires plus de deux mille hommes, Turcz ou autres, crians selon leurs coustumes.

Cependant, nous nous préparions au combat avec toute dilligence, ce qui fut promptement faict. Mon patache[2] embarrassé parmy eux, fist tout ce qu'il peust pour arriver sur moy et se mettre soubz le beaupré de mon navire, où il demeura, tandis que ces canailles nous tastèrent de tous costés, tant que le jour dura. Ilz estoient sur le vent de nous et y demeurèrent despuis les cinq heures de matin jusques à 4 heures du soir, faisans mine d'heure à autre de nous aborder,

---

1. Le cap de Gata couvre contre les vents d'est la ville espagnole d'Almeria en Andalousie. Il forme l'extrémité d'une petite sierra ou chaîne de collines, qui court du nord au sud le long de la mer.

2. Le ou plutôt la patache était un aviso qui portait depuis quatre jusqu'à vingt-quatre pièces de petit calibre.

crians, sonnans leurs trompettes, clairons, timbales, cabaquans et autres instrumens que ces gens là ont dans leurs navires, et tous leurs canons lestés. Il faisoit beau ce jour là : véritablement ils estoient très bien armés et six fois plus de gens que nous.

Cette flotte estoit commandée par un Maltois renégat, nommé Soliman Maltois[1], et son vice-amiral[2]

1. Soliman fut un des raïs avec lesquels nos marins se mesurèrent le plus souvent. En juillet 1620, enfin, son beau vaisseau de 40 pièces de canon tenta vainement d'échapper aux sept galères du général Philippe-Emmanuel de Gondi, « en filant par vent frais à douze mil l'heure ». Gondi le forçait à la course et l'obligeait à se jeter à la côte (*Lettre d'un gentilhomme à un sien amy, contenant les exploits faicts ès costes d'Espagne et Barbarie, par Monsieur le comte de Joigny, chevalier des Ordres du Roy et général des galères de France.* Signé : D. G. Marseille, ce 27 aoust 1620, *impr.* Bibl. nationale, Département des manuscrits, Portefeuille Fontanieu 473, fol. 15).

2. Un de nos bâtiments de guerre venait d'être capturé par cette même flotte tunisienne. C'était un navire de La Rochelle, frété pour Malte par les chevaliers de Malte, Miron, Bas-Plessy et Boisgiraud, et commandé par le capitaine de la marine de Ponant Guillaume Foucques : il y avait à bord 86 marins, entre autres « quelque nombre de jeunesses qui estoient passagiers pour voir le pays, et les chevaliers, et ses domesticques... Estans entrés dans le détroict aussy avant que Cartagennes, coste d'Espagne, six lieues de terre, le mercredi 15e d'apvril 1609, le matin au point du jour, nous nous trouvasmes au milieu de quatre vaisseaux Teurs ou Anglois forbans, lesquels sont jointz avec les Teurs et ont instruict les susdicts à mener des vaisseaux. Lesquels vaisseaux nous ataquarent et nous batirent trois heures sans cesser, ny parlemanter, ny avoir égard à la banière de France; et chascun navire estoit de trois centz tonneaux; et sur chascun desdits vaisseaux, vingtz et

estoit un renégat anglois, nommé George Reys[1], auquel, sur les trois heures du soir, Soliman son admiral fist commandement de nous aborder. Mais le dict George Reys luy dict : « Aborde toy mesme. Veux-tu que j'aborde la Gueulle d'Enfer ! » De sorte qu'ilz se contentèrent de nous regarder. Ilz firent pas-

cinq et trante piesses de canons avec deux centz cinquante hommes Teurcs que Anglois. Ce que voyant les chevalliers le peu d'aparance d'y pouvoir résister, et voyant que toutes nos voilles et vergues et cordages estoient toutes coupées et ronpues de coups de canon, et mesme que la pluspart de ceux qui estoient passagiers n'estoient point d'avis de se mettre en défance, voyant que Vostre Magesté a la paix avecq le Teurc, et feusmes pris sans fère aulcune résistance ». Tout l'équipage fut emmené à Tunis, d'où le capitaine Guillaume Foucques, le 21 mai 1609, écrivait au roi la relation de l'expédition (Bibl. nationale, ms. fr. 16146, fol. 247, 249). — Dans une seconde lettre, de trois jours postérieure, et que je publie en appendice, Foucques mande que la campagne de l'escadre tunisienne ne dura que cinq semaines, du 2 avril au 7 mai, et qu'en ce court espace de temps il fut fait quatorze prises. — Une dernière lettre au roi, écrite au retour de sa captivité, donne encore plus de détails sur ses agresseurs. Elle a été publiée sous le titre : *Mémoires portants plusieurs advertissemens présentéz au Roy par le capitaine Foucques, capitaine ordinaire de Sa Majesté en la marine de Ponant, avec une description des grandes cruautéz et prises des Chrestiens par les pyrates Turcs de la ville de Thunes*. Paris, 1612, in-8° : Cimber et Danjou : *Archives curieuses de l'histoire de France*, 1re série, t. XV, p. 363.

1. C'étaient des forbans anglais, Bishop, Glanfield, Ward, Samson, qui avaient « instruit les Turcs de Tunis à armer et mettre vaisseaux sur mer, prendre et captiver sur toutes nations chrestiennes... Au commencement, lesdits Anglois estoient les maistres, mais maintenant ce sont les Turcs », écrivait Foucques (Cimber et Danjou, *Archives curieuses de l'histoire de France*, 1re série, t. XV, p. 368, 369).

ser un de leurs navires soubz le vent de nous pour voir si nous n'avions point faict mettre toute notre artillerie d'une bande[1], et, ayant veu que non, au signal que nous fist le navire, ils parlèrent tous ensemble[2] et en mesme temps nous passèrent par poupe et se mirent soubz le vent en criant : « Adieu, capitaine, bonne guerre! bonne guerre! » et nous saluèrent de plus de 3,000 mousquetades.

Lorsque je les vis au lieu d'où je n'avois rien plus à craindre, la partie n'estant esgalle, je les fis saluer de toute nostre artillerie, tant de mon patache que de moy, à bonne bale et leur tuasmes quantité de gens. Ils nous tindrent tout le jour dans l'attente de leur abord et en firent 20 fois semblant, et vindrent à la longueur de leur navire, tous l'espée à la main, menans de si grand bruit qu'il ne se pouvoit dire plus : crians que nous nous rendissions et qu'ilz nous feroient bonne guerre. Ilz n'avoient aucune responce de nous, sinon : « A bord, canailles! venez! » C'est ce qu'ilz ne voulurent faire. Je ne leur avois fait tirer, tandis qu'ilz estoient sur le vent de nous, aucune canonade, ny mousquetade, ayant faict poincter toute mon artillerie d'en bas dans l'eau affin de mettre à fondz les premiers qui nous aborderoient, et réservois

---

1. Jean Mocquet a décrit la manœuvre qui consistait à porter toute l'artillerie d'un seul bord (*Voyages en Afrique, Asie, Indes orientales et occidentales*. Paris, 1616, in-8°, p. 1). D'après le règlement maritime du commandeur de La Porte en 1642, la même équipe de canonniers servait pour les deux bords, car on tirait alternativement de chaque flanc.

2. Ils tinrent un conciliabule.

toute celle d'en hault[1] et nostre mousquetterie pour l'abordage, avec tous nos feux d'artifice. Nous demeurasmes sans tirer d'une part et d'autre tout le jour à nous dire force injures. Ce n'estoit pas à moy de commancer, car ilz avoient dix canons contre un et des hommes à l'esgal. Ce nous fust une bonne fortune de n'estre poinct abordés, car ilz nous eussent maltraités, mes soldatz estant pour la plus part malades : mais la résolution nous sauva.

Comme ils nous eurent quittés, il se ralia à eux deux de leurs pataches au bruit des canonades que je leur fis tirer, lesquels pataches nous gardèrent toute la nuict, portant le feu[2]. Ilz estoient suivis de six grands navires qui avoient l'envie, s'ilz eussent peu, de regaigner le vent sur nous; mais nous les en empeschasmes très bien. Le vent se rafraischist bien fort la nuict, et nous tenans tousjours au vent, nous accostames la terre d'Espagne le plus que nous peusmes, de sorte que les deux pataches qui nous suyvoient, se trouvèrent soubz le vent de nous le len-

---

1. Cette alternance des bordées de la batterie haute et de la batterie basse devint une règle de la stratégie. A la bataille navale de Syracuse, qu'il soutint avec un seul vaisseau contre cinq et contre cent soixante-dix bouches à feu, le vice-amiral Théodore de Mantin l'employa en 1622. Au renégat Edward, qui venait en tête de la colonne ennemie, il riposta de sa batterie haute, réservant le tir à couler bas de sa batterie inférieure à Samson, l'amiral des forbans (*la Grande et mémorable victoire emportée par les navires de Monseigneur le duc de Guyse, suivant la lettre véritable escrite par le sieur de Mantis* [Mantin]. Paris, 1622, in-4°; le P. Fournier, *Hydrographie*. Paris, 1667, in-fol., p. 259).

2. Fanal allumé.

demain à une canonade, esloignées de plus de douze à quinze mille de leur flotte : ce qui me fist rendre le bord sur eux, faisant chasse sur l'un, mon patache sur l'autre. Je pris le mien avec quatre-vingtz Turcs et quinze ou vingt, que François que Flamans, que ces canailles tenoient esclaves. Mon patache fist donner celuy qui suivoit, à travers sur des roches; il[1] se perdist et ne s'en sauva que six ou sept hommes qu'il prist. Cela se fist à la veue de leur flotte, sans que y peussent donner aucun remède.

Chapitre VII.

Relâche à Marseille. Beaulieu dévoile à ses officiers ses projets sur la Goulette.

Je fis ma route droit à Marseille, où j'arriva deux jours après heureusement avec nos prises[2], tant d'Anglois que Turcs. Le nombre des esclaves estoit de plus de 200. Soudain que j'eus donné fonds et mouillé mes ancres au Blanc et Nègre soubs la Vigne Blanche, à une lieue près de Marseille[3]. Je despecha un gentilhomme au Roy pour donner advis à Sa Majesté de mon arrivée

---

1. C'est-à-dire le second navire tunisien.
2. De Milan, le résident vénitien avisait le doge, le 13 mai 1609, que deux des bâtiments de Dansa avaient été l'un détruit, l'autre capturé et amené à Marseille (Horatio F. Brown, *Calendar of State papers... of Venice*, t. XI (1607-1610), n° 502).
3. La Vigne-Blanche était bien à une lieue de Marseille (Antoine de Ruffi, *Histoire de la ville de Marseille*, seconde édition reveüe par M. Louis-Antoine de Ruffi, son fils. Marseille, 1696, in-fol., t. I, p. 456).

et des prises que j'avois faict tant sur les Anglois que les Turcs. J'attendis donc le retour de mon courrier et les commandementz du Roy : lequel m'escrivit et commanda de mettre mes prisonniers entre les mains de M. du Vair[1], lors premier président au parlement de Provence. Lequel vint à Marseille suyvant le commandement qu'il avoit receu de Sa Majesté. Je luy remis tout mes prisonniers, tant capitaines que soldatz et mariniers, dont il fist très prompte justice, sçavoir : les capitaines anglois, comme gentilshommes, la teste tranchée ; tout le reste mis en galère[2].

Le Roy me tesmoigna de grandz ressentimens[3] du contentement qu'il receust des prises que j'avois faict, m'asseurant par ses lettres de récompenses comme ayant en toute façon satisfaict à ses commandemens. Je séjourna sept semaines à Marseille, attendant qu'un petit vaisseau de rame que je faisois faire fust achevé. Je tins tousjours mes navires en rade pour ne perdre point temps de partir, soudain mon petit vaisseau achevé, et m'en aller en Sardaigne pour de là essayer

1. De Guillaume Du Vair, les débuts comme homme politique ont été retracés par M. René Radouant, *Guillaume Du Vair, l'homme et l'orateur, jusqu'à la fin des troubles de la Ligue (1556-1596)*. Paris, 1907, in-8°.

2. « Boneton, la teste tranchée et portée sur une bigue à teste de More à l'entrée et embouchement du port, et son corps au lieu patibullaire » ; douze hommes furent condamnés aux galères à perpétuité, trois à dix ans de galères, deux au bannissement, après avoir « esté fouettés par tous les lieux et carrefours dudict Marseille ». Arrêt du 4 juin 1609, publié ci-dessous dans l'appendice V.

3. C'est-à-dire : combien il ressentait du contentement...

d'exécuter une entreprise que j'avois sur l'armée de Barbarie qui s'assembloit à la Goulette[1] pour le siège de Malte[2].

1. Henri IV venait de recevoir de notre ambassadeur à Constantinople une lettre ainsi conçue : « Sire, tout le plus grand dommage que reçoivent vos sugets vient de Barbarye... Ce qui me fasche le plus, c'est les braveries qu'ils (les Barbaresques) font icy, asseurant qu'ils sont capables, eulx seuls, de ruyner la coste de France, laquelle ne sçauroit s'opposer à eulx. Il seroit bien plus honnorable de faire une descente en Barbarye, y prendre, sacager et ruyner Byserte et le port, et delà en plein jour, avec artillerye, bien que la place ne la méritte pas, et y demeurer tant de temps que ceux de Thunis et d'Arger en eussent assez... On peut aller jusques à Thunes leur donner une bien vive alarme, n'y ayant en tout le pays que trois mil Janissaires et à peu près autant de Mores qui puissent combattre. » Signé : Salagnac. Péra-lez-Constantinople, 27 mars 1609 (Bibl. nationale, ms. fr. 16146, fol. 235). — Presque au moment où Beaulieu quittait la Provence, quatre galères et deux galiotes de Bizerte apparaissaient à « douze mil pas de Marseille ». Une galère florentine, chargée de 400,000 écus, se replia précipitamment devant les corsaires barbaresques et n'osa plus quitter Marseille que sous l'escorte des six galères du duc de Guise, montées « de la plus grande partie de la noblesse de ce pays ». Monyer au garde des sceaux de Sillery. Aix, 15 juillet 1609 (Affaires étrangères, 1700, Provence, fol. 139).

2. Le hardi coup de main que Beaulieu comptait exécuter, lui fut suggéré par les Marseillais Gérenton et Bétandié (cf. ci-dessous, appendice XIV). Il avait été combiné dès 1600 par quelque capitaine de navire provençal, qui écrivait ceci : « *Dessein pour aller brûler les vaisseaux de Tunis*. On peut aller à Tunis par bateau, y ayant entre cette ville et La Goulette un étang. On peut partir avec 8 galères renforcées et s'en aller aux îles Saint-Pierre, de là à La Galite, île sur la côte de Barbarie; de La Galite, il faut aller aux îles voisines du cap Bon, vis à vis le golfe de Tunis, et là attendre la nuit, crainte d'être décou-

Estant arrivé au Cap de Poule en Sardaigne[1], je fis de l'eau et du bois, tout ce qu'il m'en falloit pour tout mon équipage. J'y séjourna quatre jours avec mon admiral, mon patache et ma tartane[2], qui estoit le vaisseau que j'avois faict faire à Marseille, et le vaisseau des Anglois que j'amena à Malte : lequel je fis charger de blé à Marseille, à la prière du recepveur de la Religion[3]. Et mesme, je mis un Frère servant de la Religion dessus pour commander le dict vaisseau, avec 40 ou 50 hommes que je luy donna. Ayant faict nostre aigade, pris ce qu'il nous faloit de bois pour le refraichissement que je fis accepter à Caillery[4], j'assemble tous les capitaines et officiers pour leur déclarer mon dessein : ce que je fis en leur deman-

vert, et, la nuit venant, s'en aller droit à La Goulette où sont les vaisseaux de guerre, lesquels on peut brûler avec des felouques et des galères, dans lesquelles il y aura sept ou huit mousquetaires chacun, avec des chemises ou toiles mixtionnées d'artifices de feu pour brûler les dits vaisseaux. Les galères cependant s'approcheront si près qu'elles pourront escorter les dites felouques, lesquelles auront le choix de brûler ou de prendre les vaisseaux, les Turcs ayant accoutumé, dès qu'ils sont proches de terre, de se sauver et d'abandonner leurs vaisseaux » (Affaires étrangères, *Mémoires et documents*, *Afrique*, t. VIII, fol. 4, publié par Eugène Plantet, *Correspondance des beys de Tunis et des consuls de France avec la Cour (1577-1830)*. Paris, 1893, in-8°, t. I, p. 4).

1. Le capo di Pula ferme au sud-ouest le golfe de Cagliari.
2. La tartane, qui n'est plus maintenant qu'un bâtiment de pêche, était alors parfois un navire de guerre. De forme allongée, pourvu de trois voiles, maistre, trinquet et léger artimon, muni de rames, il était d'une très grande légèreté.
3. La Religion de Saint-Jean ou de Malte.
4. Cagliari, en Sardaigne.

dant advis de la sorte que nous procéderions à l'exécution de l'entreprise que j'avois de brusler les vaisseaux et navires qui estoient assemblés soubz la forteresse de La Goulette. Je les treuva tous portés à ma volonté et à l'exécution de ma proposition, et n'y en eust un seul qui ne l'approuvast grandement, sinon le Frère servant de la Religion, qui protesta contre moy, si je menois le vaisseau chargé de blé, que c'estoit robbe[1] de la Religion et qu'il en protestoit s'il en mésarrivoit. Il faisoit, à ce que je crois, cela pour sa descharge et non pour autre considération. Je protesta de mon costé contre luy que je laissois soubz une bonne forteresse amie de la Religion, qui est Caillery, et que je m'en alois à La Goulette essayer de brusler l'armée qui y estoit, et que je ne le priois point d'y venir, mais bien de s'en aller à Malte ou demeurer soubz la dicte forteresse.

Je me sépara donc d'avec luy, luy ordonnant de demeurer soubz la dicte forteresse. Et soudain me mis à la voile à l'entrée de la nuict, qui estoit la veille de Saint-Jean[2]. Et quand nous fusmes à la mer sur le chemin de La Goulette, je fis tirer quantité de canonades et jetta force feux en l'air, en l'honneur de Saint-Jean-Baptiste, et fismes nos prières accoustumées[3]

---

1. Par « robe » (en italien *roba*), on entendait tout espèce d'effets embarqués, la pacotille d'un matelot, les marchandises d'un navire.

2. 23 juin 1609.

3. Les cérémonies religieuses observées à bord se trouvaient codifiées depuis un siècle par Philippe de Ravenstein, qui commanda les flottes de Louis XII. Elles sont indiquées dans son *Traité de guerre* (Bibl. nationale, ms. fr. 1244, fol. 94).

qu'il pleust à Dieu de nous adcister en nostre entreprise. Laquelle, néantmoins, fust ruinée par le mauvais temps qui nous chargea sur la minuict d'un labesche[1] le plus furieux qui se pouvoit dire. Lequel vent nous sépara de sorte que mon patache et ma tartane ne peurent tenir au vent comme moy : ce qui les contraignist de relascher à Malte.

Je les perdis et fus constrainct de regaigner la Sardaigne, et me retira dans un port désert où il n'y a aucune habitation, sinon une tour qui sert à faire et donner les signals à la coste. Ce port se nomme Malphatan[2]. J'y demeura dix ou douze jours sans sçavoir aucune nouvelle de mes vaisseaux, ausquels j'avois donné, en cas de séparation, le rendes-vous à la Cale de Saint-Paul, en l'isle de Malte, qui n'est qu'à trois lieues de la Cité Neufve[3]. Je sortis donc de Malfatan, dès que le temps le me permist, et me mis à la mer et fis ma route droit à Malte, où, estant à travers

---

Au crépuscule, quand les navires de l'escadre avaient fini de défiler devant l'amiral et « fait la révérence en gectant trois crys », on achevait la journée par un salut chanté « devant l'ymage Nostre-Dame ». Le dernier chapitre d'un ouvrage capital sur la marine écrit par un aumônier de la marine, sous Louis XIII, est consacré à « la dévotion et piété des gens de mer » (le P. Georges Fournier, *Hydrographie contenant la théorie et la pratique de toutes les parties de la navigation*. Paris, 1643, in-fol., chap. xx).

1. Le labesche (en italien *libeccio*) était le vent du sud-ouest, le vent de Libye ou d'Afrique.

2. Le port de Malfatano se trouve à l'extrémité méridionale de la Sardaigne, entre le cap du même nom et le cap Spartivento.

3. La Valette.

de la Faveliane[1], je fis rencontre d'un vaisseau de Toulon, en Provence, qui venoit de Naples et de Ragousse[2], qui portoit l'aumosne du dict Ragouse et de Naples et s'en alloit à Tunis pour rachepter les esclaves de l'un et l'autre lieu qui estoient au dict Tunis. Il estoit chargé de draps de soye, d'escarlatte et de toute bonne marchandise. Je le pris et garda deux jours et vis ses patentes expédiées du vice-roy de Naples[3] : ce qui m'obligea à le laisser aller.

Le patron me dit qu'il y avoit un Anglois à la mer, qui avoit fait chasse sur luy, mais que la nuict les avoit séparés. Je fis monter au perroquet[4] pour voir si nous n'aurions poinct quelque cognoiscence de ce vaisseau. La garde n'eust pas demeuré une heure sans le voir, mais tellement loing qu'il ne paroissoit que fort peu et ne pouvoit en juger ce que s'estoit. Il estoit soubz le vent de nous. Je fis larguer dessus[5] et fis chasse sur le dict vaisseau, lequel j'aprocha de telle sorte que, quelque manœuvre qu'il peust faire pour s'esloigner de nous, il ne peust empescher que sur la

---

1. L'île de Favignana est située sur la côte occidentale de la Sicile.

2. Raguse, petite république indépendante sur la côte de Dalmatie, jouit d'une grande activité commerciale jusqu'au tremblement de terre de l'année 1667, qui la ruina.

3. Alonso Pimentel de Herrera, comte de Benevento, vice-roi de Naples depuis 1603 (cf. *Compendio dell' istoria del regno di Napoli* di Pandolfo Collenuccio, Mambrino Roseo, Tomaso Costo. Venetia, 1613, in-4°, 3e partie, p. 169).

4. Le perroquet était le mâtereau qui formait la cime du grand mât et surmontait par conséquent le mât de hune.

5. Gouverner grand largue dessus.

nuict nous ne parlassions à luy, nous saluant d'un très bon accord de trompettes.

Je luy fis commandement d'amayner : ce qu'il ne voulust faire, de sorte que je l'engarda partie de la nuict, pensant le combattre le lendemain, car sans doubte c'estoit un larron. Je le tenois de longueur de navire et le veilla jusques à une heure après minuict. Je remis la garde du dict navire à mon lieutenent, qui me le laissa eschapper de crainte de combattre. Je luy avois dict qu'il m'en rendist compte le matin, qu'il vueillast[1] un peu et qu'il n'y avoit plus que deux heures jusques au jour, et que justement nous l'aborderions à soleil levé. Je me jetta sur mon lict pour dormir une heure. Mais, durant si peu de temps, ce perfide me fist perdre ce navire et fist changer la routte et nous séparer de luy, de sorte que, me resveillant sur les trois heures, je croyois trouver ce vaisseau soubz vent de nous comme je l'avois laissé et en pensois ordonner l'abordage, comme je vis que la laschetté de mon lieutenent le m'avoit laissé perdre.

Je ne l'ay jamais veu depuis. Je fis mettre ceux qui estoient de garde au timon[2] à la chaisne, pour sçavoir qui avoit changé la route et qu'estoit devenu ce navire. Ilz me dirent que c'estoit le capitaine Hautefort[3] qui leur avoit commandé de mettre le cap par

1. Veilla.
2. Ou gouvernail. On les appelle encore aujourd'hui les timoniers.
3. François de Hautefort. Malgré cet acte de faiblesse, les Marseillais, l'année suivante, lui confiaient l'escorte de leurs convois (Arch. des Bouches-du-Rhône, registre 1 des insinua-

[Juin 1609]   DE BEAULIEU-PERSAC.

tramontane[1], au lieu que nous l'avions par miiour[2] : ce que m'obligea à faire de réprimandes bien rudes à mon dict lieutenent, lequel j'eusse faict jetter à la mer, n'eust esté qu'il m'avoit esté donné par M. de Moisset à la prière de M. de Villar[3], gouverneur du Havre de Grace. Il le méritoit, car il me fist perdre cest Anglois. Il y avoit deux ans antiers qu'il voloit et prenoit quantité de navires, noyoit tous les équipages et prenoit tout ce qu'ilz avoint dans leurs vaisseaux : il estoit riche de plus de cinq cens mille escus, à ce qui me fust asseuré du despuis[4]. Voilà ce qui me valust la lascheté d'Hautefort, duquel je me feusse très volon-

tions de l'amirauté, fol. 297). — Je ne crois pas qu'il s'agisse du François de Hautefort (1548-1640) qui fut guidon à la compagnie de François d'Escars, gentilhomme de la chambre, comte de Montignac (1603) et marquis de Hautefort (1614). Jusqu'ici, il n'a été fait mention dans son *curriculum vitae* d'aucune aventure maritime (Fleury Vindry, *Dictionnaire de l'état-major français au XVIe siècle*. 1re partie : *Gendarmerie*. Paris, 1901, in-8°, p. 195).

1. Au nord.
2. Le midi.
3. Ainsi Hautefort était le protégé à la fois du mari et du galant de Julienne-Hippolyte d'Estrées, duchesse de Villars (voir ci-dessus, p. 2, note 2).
4. Ces détails s'appliquent à un ancien marin de la flotte de guerre britannique, nommé Ward. Après avoir fait campagne dans la Manche à bord de la pinasse *Lion's Whelp*, il avait gagné la Méditerranée avec des mutins et le trésor que portait le *Golden Lion*, et il avait demandé asile à Kara-Osman, bey de Tunis, dont nous verrons un peu plus loin la carrière aventureuse (*A true and certain report of the beginning, proceedings... of captains Ward and Dansker, the two late famous pirates*, by Andrew Barker. London, 1609, in-4°; Julian S. Corbett, *England in the Mediterranean (1603-1713)*. London, 1904, in-8°, t. 1, p. 10).

tiers deffaict. Mais la considération que j'avois qu'il falloit par nécessité m'en servir, m'empescha de me ressentir autrement de telle laschetté, pour me donner advantage à ceux qui m'avoient mis le vaisseau entre les mains et donné ce lieutenant qui, peut estre, m'eussent blasmé de l'avoir envoyé et de m'en estre autrement deffaict, s'il mésarrivé du vaisseau : estant à la vérité le dict Hautefort bon marinier et propre pour conserver un vaisseau du péril de la mer, mais non pas pour en prendre d'autres par les combatz : car véritablement il n'estoit pas vaillant, et n'eust esté l'apréhension qu'il eust de l'abordage de sest Anglois, nous l'aurions asseurément pris, au lieu que nous le perdismes.

Chapitre VIII.

L'ordre de Malte refuse le prêt de son pavillon.

Je laissa ce dessain pour continuer nostre chemin droict à Malte et donner congé au navire que j'avois pris, qui alloit à Tunis, et dis au patron, qui se nommoit capitaine Icard de Toulon, que, s'il demeuroit un mois à Tunis, que je le verrois, qu'il remarque bien mes bannières et que, dans ce temps-là, j'espérois de brusler les navires de Tunis : ce que j'avois manqué au moyen du mauvais temps qui m'empescha, mais qu'asseurément je le reverrois bien tost et qu'il print garde de ne se treuver pas là, lors que j'y arriverois, craignant d'estre bruslé comme les autres, le priant de le dire à Carroceman[1], vice-roy de Tunis. Il me

---

1. « Kara-Osman, roy des voleurs », natif de Tunis, avait

respondit : « Dieu le vueille et que vous les puissiez brusler! Je voudrois qu'il m'en eust cousté mon navire! »

La dessus, je luy donna congé et s'en alla à Tunis et moi à Malte, où j'arriva le lendemain sur midy. Et passant vis à vis la cale de Saint-Paul, je fis les signalz que j'avois donné à mon patache et à ma tartane, affin que, s'ilz y estoient, qu'ilz sortissent. Il avoit trois jours qu'ilz y estoient arrivés : ilz sortirent et vindrent à moy, me saluans à coup de canon et de leur mousqueterie : ce que donna l'allarme à MM. de Malte, pensans que se feussent navires qui se combatissent à la mer. Ilz firent en diligence équiper leurs galères et les firent venir à la poste pour embarquer les chevaliers et soldatz. C'estoit un jour de feste, où ilz font de courses de barques sur la mer et font à qui

---

commencé par être Janissaire. Il était « si bien parvenu depuis quinze ans qu'il avait assujetty tous les grands de Thunes sous son obéyssance, pour avoir acquis l'amitié de tous les genissaires et baschats ». Lui qui n'avait, douze ans auparavant, que deux esclaves, dont le Français François de Croisy, possédait en 1609 « sept cens esclaves à luy seul, tant italiens que françois, espagnols et flamans, deux galères bien armées, six grands vaisseaux, le moindre de trois cents tonneaux et deux pataches, par le moyen de quoy il s'étoit rendu seigneur et supérieur dans tout le pays... Le baschat s'étoit associé avec luy afin de gaigner son amitié, et entretenoit une gallère, un grand vaisseau de plus de six cens tonneaux et une patache, avec lesquels ils prenoient sur tous, tant françois que flamens et autres, soit terreneviers ou pescheurs venant de la Terre Neufve, ou navires marchans, sans exempter aucune nation » (*Mémoires portants plusieurs advertissemens présentéz au Roy par le capitaine Foucques, capitaine ordinaire de Sa Majesté en la marine de Ponant...*, réimpr. dans Cimber et Danjou, *Archives curieuses*, 1re série, p. 365).

emportera le prix à force de rame. Tous les bastions du costé du port estoient couvertz de cavaliers et de dames, tant pour voir le plaisir des barques que de l'arrivée de mes vaisseaux.

J'envoia ma tartane devant pour informer Monseigneur le Grand Maistre qui j'estois, ce qui fist retourner leurs galères à leur poste et désembarquer les chevaliers. J'arriva donc tost après ma tartane et mon patache, et, comme nous feusmes dedans le port, nous fismes nostre salut le plus honnorablement que nous peusmes, qui feust de plus de 60 canonades et 500 mousquetades et quantité de trompettes. Mon vaisseau estant à l'ancre et bien ormeigé[1], j'envoya un gentilhomme à Monseigneur le Grand Maistre luy baiser les mains de ma part, luy demander la pratique, qui est la liberté de mettre pied à terre : ce qu'il me permist. Et me débarqua avec 20 gentilshommes, et le fus trouver.

Je le rencontray se promenant devant son palaix avec M. le comte de Sommerive, filz de feu M. du Maine[2], et quantité de cavaliers François qui estoient venus à Malte, pensans se trouver au siège de Malte

---

1. De l'italien *ormeggiare*, amarrer.
2. Charles-Emmanuel de Lorraine, comte de Sommariva, était le fils de Charles de Lorraine, duc de Mayenne, qui fut amiral de France. Comme il revenait de Malte peu de temps après, il tomba malade à Naples et mourut le 14 septembre 1609 : il n'avait pas vingt-huit ans. On l'enterra dans la sacristie de Santa-Maria-Nuova, desservie par les Franciscains, où son cercueil de plomb, couvert de drap d'or, reposait sous un dais de même étoffe (le P. Anselme, *Histoire généalogique de la maison de France*, t. III, p. 490).

que le Turc devoit faire ceste année-là. Je fis donc la révérence à sa Seigneurie Illustrissime avec tous les complimens que pouvoit faire un soldat. Il me fist l'honneur de m'entretenir et de me demander à quel subject mon armement s'estoit fait. — Je luy dis ce qui en estoit, et particullièrement comme j'avois charge du Roy de servir la Religion, à l'occasion de l'attente en laquelle elle estoit du siège, et qu'en mon particullier, outre les commandemens du Roy mon maistre, je m'estimerois très heureux de combattre soubz leur bannière, laquelle j'avois commandement du Roy de demander à la Religion et à sa Seigneurie Illustrissime. — Il me dict qu'il en parleroit et que cela se résoudroit en conseil. — Je l'en supplia très humblement, ne désirant perdre temps, ayant ce grand armement et équipage sur les bras, outre que ce me seroit du desplaisir de manger mon biscuit dans un port, ayant dessein d'exécuter l'entreprise que j'avois manqué par le mauvais temps, dont je désirois d'entretenir Sa Seigneurie Illustrissime : à laquelle je donna le bon soir et la supplia de me permettre de me retirer en mon vaisseau. — Il me convia fort de coucher à la ville, ce que je ne voulus faire, et m'en retourna en mon navire souper, où, l'après soupée, M. le conte de Sommerive et quantité de grands croix et chevaliers vindrent voir mon vaisseau, tournans à l'entour. Ce ne fust pas sans les saluer de quantité de canonades. Ilz s'en retournarent soudain.

C'estoit au mois de juin, environ la fin du mois, que les nuictz sont fort courtes. La nuict estant venue, environ sur les unze heures ou minuict, Monsieur de

Chanteloube[1], prestre de l'Oratoire maintenant[2], et moy parlans ensemble, estans sur la galerie de mon vaisseau au frais, nous vismes mettre le feu à un canon vis à vis de nous et poincté droict à nous : lequel coup de canon donna un peu haut et couppa de cordages, ce qui nous estonna de nous voir traiter de la sorte. Il nous en fust tiré tout soudain un autre de

---

1. Jacques d'Apchon, seigneur de Chanteloube ou de Chantelouve, issu d'une famille du Forez, était né à Clermont en Auvergne. Les Mémoires de Beaulieu-Persac nous révèlent un épisode entièrement inconnu de son existence. (Cf. Avenel, *Lettres, instructions diplomatiques et papiers d'État du cardinal de Richelieu*, t. I, p. 645, note 1, dans la Collection des Documents inédits.)

2. Jacques de Chanteloube entra effectivement à l'Oratoire, après avoir été nommé en 1619 gouverneur de Chinon comme un « des plus honnêtes gens de la Cour » (l'abbé M. Houssaye, *le Père de Bérulle et l'Oratoire de Jésus*. Paris, 1874, in-8°, p. 273, 289, 290). On sait quel rôle il joua lors de l'exil de la reine mère à Bruxelles. Banni par la Chambre de justice, il prit la défense de Marie de Médicis dans des lettres répétées à Louis XIII et au cardinal de Richelieu (*Lettre du Père de Chantelouve, prestre de l'Oratoire, au cardinal de Richelieu*. [1631], in-4°, et Nancy, 1631, in-8°; *Lettre du Père de Chantelouve, prestre de l'Oratoire de Jésus, au Roy*. 1631, in-8°).

Comme ses efforts étaient vains, il attaqua Richelieu avec une rare violence, mais aussi avec l'intrépidité dont nous le verrons faire preuve au combat naval de La Goulette : « Le pauvre mareschal de Marillac, disait-il, après avoir servy le Roy quarante ans sans y gaigner cent escus de rente, est fait mourir comme un voleur pour quelque toise de bastiment ou quelque pain de munition, dont on dict qu'il n'a pas bien faict les quitances. Et le cardinal de Richelieu, qui vole au Roy et à tous, tant que nous sommes, tout ce qu'il y a dans la France, est l'homme de bien, et l'innocent qui faict mourir ce coupable. Le Père de Chantelouve, ayant quitté pour se mettre en religion la Cour et le service de la reyne, lors qu'il y estoit le

dessoubz Saint-Elme[1] d'une casemate, lequel donna dedans la proue de mon vaisseau : ce que nous estonna encores plus, ne sçachant pourquoy cela se faisoit. Les sentinelles nous crioient pourquoy nous tiroient de la sorte, ce qui m'obligea à leur chanter des pouilles. Il ne nous en fust plus tiré.

Le jour estant venu, les portes de la ville[2] estant ouvertes, je fus trouver le Grand Maistre et luy faire mes plaintes de ces coups de canon qui m'avoient esté tirés. Ils fist faire recherche et informer qui s'estoit. Ce fust ce qui ne se peust apprendre. Néantmoins, quantité de gens, gardes de l'artillerie et canon-

---

mieux, est un perturbateur de l'Estat, parce que Sa Majesté se trouvant en cette extrémité luy commande, comme au plus ancien de ses serviteurs, de se tenir près d'elle : et le cardinal de Richelieu, qui est le boutefeu universel, et par qui toute la terre est en armes, sera cet homme doux et pacifique, qui, par sa bonté et par l'aversion qu'il a de ce crime, travaillera à le faire condamner... Je n'ay pas encores apris quelle prérogative emporte, par dessus les rois, cette nouvelle qualité de ministre, et si cela ne veut point dire qu'ils sont tout et que les roys ne sont plus rien. » Et Chanteloube finissait par cette rude apostrophe au tribunal qui l'avait banni : « Vous n'avez que faire d'estre juges, il suffit des boureaux. » Bruxelles, 14 août 1632 (*Lettre du Père de Chantelouve aux nouvelles Chambres de justice.* 1632, in-4°, p. 22, 28 : Bibl. nationale, Département des manuscrits, Clairambault 381, fol. 49 v°, 52 v°).

1. Le fort Saint-Elme commandait l'entrée des deux ports, le grand port et le port de Marsamouchet, entre lesquels s'étendait la cité La Valette. Bâtie sur le mont Scebaras, La Valette devait son nom au fameux grand maître Jean de La Valette-Parisot, qui avait repoussé en 1565 la double attaque par terre et par mer de Mustapha-pacha et de Piali-pacha; les Turcs y avaient perdu en quatre mois vingt-trois mille hommes.

2. La Valette.

niers, eurent la corde. Les François disoient que s'estoient les Espagnols qui ne pouvoient souffrir les François. Les Espagnols disoient que c'estoient les chevaliers qui me portoient envie de voir un séculier dedans leur port, armé comme j'estois. Je m'en rapporte à ce qui en est. Mais ilz me traittèrent de la sorte et croyoient, par ces canonades, mettre mon navire à fondz. Cela ne m'empescha pas de continuer à demander leur bannière : dont le conseil fust assemblé par plusieurs fois, et fust la résolution prinse qu'ilz ne me la pouvoient donner, disant que les Espagnols ne le vouloient pas et que ce grand armement affameroit l'isle. Les Espagnols disoient de leur costé que s'estoient les François qui ne le vouloient pas.

De sorte que je me résolus de ne leur en plus parler et d'envoyer à Florence, et despescha une faluque[1] avec un gentilhomme que j'envoya à Son Altesse Sérénissime. Le retour duquel attendant, je me résolus de ne perdre temps, et fis partir mon patache et ma tartane pour aller en Levant essayer de faire quelque chose, et moy, en attendant, je partis ayant pris le congé du grand maistre en plain conseil, où le comte de Sommerive estoit, qui, aprenant le dessein que j'avois d'aller à La Goulette brusler l'armée de Barbarie qui estoit assemblée pour le siège de Malte, me tesmoigna y vouloir venir. Ce que tout le Conseil ne luy voulust permettre, voyant le danger éminent auquel je me mettois et le peu d'apparence qu'il y avoit de venir à bout d'une telle entreprise, qui estoit un effect

1. La felouque, petit navire à voiles et à rames, pourvu d'un seul mât et gréé à la latine d'une voile triangulaire.

digne des galères : lesquelles s'estoient assemblées et faict plusieurs corps d'armée pour ce subject et n'y avoient rien peu faire, et qu'il ne voyoit rien qui m'obligeast à penser à cela. Je leur dis alors que je l'avois entrepris et avois dict en partant de France que je le fairois et que, pour ce subject, mon vaisseau estoit à la voile hors du port qui m'attendoit : ce que je suppliois Sa Seigneurie Illustrissime et tout le chapitre de croire que je mourrois ou que je exécuterois mon dessein, et que pour ce subject, je prenois congé d'eux.

Chapitre IX.

Rencontre de l'escadre espagnole de Fajardo.

Je m'en alla donc à bord et me sépara de mon patache et ma tartane, et les laissa aller à la rade attendre le vent propre pour eux. Je les avois bien instruictz de leur routte, des rendes-vous et des signalz que je leur donnerois et que nous devions nous faire les uns aux autres, lorsque je les irois chercher en Levant. Je partis donc de Malte ce jour là, où il y avoit cinq navires de Marseille grandement riches qui venoient d'Alexandrie et me prièrent de les accompagner jusques dehors des isles de Saint Pierre[1], ce que je leur accorda très volontiers. Cela ne m'esloigna pas beaucoup de ma routte et ne retardant que bien peu mon dessein. Je les conduisis jusques où ilz vouloient, qui estoit hors du péril des corsaires de Barbarie. Ils me remercièrent

1. Les îles San-Pietro et San-Paolo, les Chœrades des Anciens, gisent à 6 kilomètres à l'ouest-sud-ouest de Tarente.

de très bonne grace. Des cinq, il y en eust quatre qui s'en allèrent sans me dire adieu, et n'y en eust qu'un, capitaine Samson Napolon, Corse[1], qui rendist le bord sur moy et mist son caïc à la mer et me vint dire adieu et me remercia, me présentant un tapis de Turquie et une vessie de musc. Voilà les remerciements des Messieurs les Marseillois.

Je les quitta donc, et m'en vins à Caillery en Sardeigne, où je pris pour la seconde fois de bois et de l'eau et autres refraichissement de mon vaisseau. Le vice roy m'envoya visiter, auquel je donna advis du dessein que j'avois, le suppliant de ne laisser sortir aucune barque ny vaisseau de quatre jours, ce qu'il me promist. Il y avoit un chevalier Tustesque[2] qui armoit une galliotte pour aller à Damiate[3]. Je le conviay fort de venir avec nous, et en lieu d'une galiotte, je luy promettois un bon navire, m'asseurant que

---

1. Samson Napollon devint successivement consul à Alep, ambassadeur à Alger, gouverneur du Bastion de France. En juin 1626, après une mission préalable à Constantinople, où il avait porté les plaintes de nos négociants, il partait pour Alger avec des instructions de l'amiral Charles de Guise, gouverneur de Provence : il avait mission de mettre fin aux pirateries barbaresques. Ayant préparé les voies, il retournait à Alger le 9 septembre 1628 à la tête de trois vaisseaux marseillais et signait, dix jours plus tard, un traité de paix. Le divan et le pacha le gratifièrent de « deux vestes d'honneur et de gloire » (Léon Bourguès, *Sanson Napollon*, dans la *Revue de Marseille et de Provence* (mai 1886-juin 1887); « Discours sur le voyage du sieur Sanson Napollon », dans Cimber et Danjou, *Archives curieuses de l'histoire de France*, 2ᵉ série, t. IV, p. 104; De Grammont, *la Mission de Sanson Napollon*. Alger, 1880, in-8°).

2. Allemand.

3. Damiette.

dans peu de jours nous en aurions à choisir et qu'outre l'honneur qu'il aquerroit, il auroit du profit. Je ne le sceus obliger à venir, et refusa sa bonne fortune, car je luy eusse donné un vaisseau tout équippé et nous [eut] grandement servy, d'aultant que à faulte de vaisseau de rame, nous n'en peusmes sortir aucun de trente deux qui furent bruslés, comme je diray cy après.

Nous partismes du dict Caillery sur les quatre heures du soir et nous mismes en chemin de La Goulette, désirant accoster la Galyte, qui est une petite isle proche de la coste de Barbarie[1] : sur laquelle nous nous treuvasmes le lendemain matin au jour. Où nous fismes rencontre de 12 ou 13 navires ou barques espagnolles, lesquels se treuvèrent soubz le vent de nous, et les recogneusmes de plus près que nous peusmes. Ilz nous tirèrent deux coups de canon à bale et de très bonnes pièces, ausquels nous ne fismes aucune response, ne pouvans cognoistre leur bannière, ny eux ny la nostre, car je n'en avois aucune, sinon les livrées de ma bonne ou mauvaise fortune. Aucun prince n'avoit part à ma bannière. Nous demeurasmes assez long temps à nous regarder. Les vents estoient labesche[2] bien frais, qui nous estoit contraire. Ils avoient grand désir de sçavoir quel navire j'estois, et pour ce subject le général de ceste flotte commanda une caravelle, vaisseau de Portugal qui sont très excellentz et principallement de la bouline[3], d'essayer de nous gaigner le vent et nous recognoistre.

1. La Galite est à 40 kilomètres du cap Serrat.
2. Il ventait du sud-ouest.
3. Aller à la bouline, c'est aller au plus près du vent, c'est

Ce que voyant, je me résolus de la faire attaquer par ma barque, en laquelle je fis mettre 50 mousquetaires et 30 mariniers, et y voulust aller M. de Chanteloube, n'estant poinct paresseux à cercher les occasions de bien faire. Il s'embarqua dont et fust droict à la caravelle et fust prise par le s^r de Chanteloube qui, les recognoissant Espagnols, ne leur rendist aucun desplaisir.

Il print langue quels vaisseaux s'estoient et qui les avoit amenés en ces mers. — Ils luy dirent que s'estoit Dom Louys Fanchalde[1], général des vaisseaux du Portugal et de la mer des Indes[2], qui avoit esté

prendre le vent contraire sous l'angle le plus étroit. La bouline est un cordage attaché à la ralingue latérale, c'est-à-dire à l'ourlet d'une voile. La caravelle, dont trois mâts sur quatre étaient gréés à la latine de voiles triangulaires, était extrêmement maniable au vent.

1. Don Luis Fajardo, capitaine général de la flotte de l'Océan depuis l'année 1604, s'était acquis une certaine réputation à la suite de plusieurs combats heureux contre les Hollandais en Amérique et sur les côtes de Portugal, en 1605 et 1606 (C. Fernandez Duro, *Armada española*, t. IV, p. 228, 232, 257).

2. Don Luis Fajardo avait confié à Don Antonio de Oquendo, général de l'escadre cantabrique, la garde de la côte d'Andalousie, et, avec douze grands vaisseaux, il s'était mis à la poursuite des pirates barbaresques. Sa flotte avançait en ordre déployé de trois escadres d'égale force, lui au centre, son fils Don Juan du côté du Maroc, la troisième escadre vers l'Espagne. Après avoir chargé à Malaga une centaine de soldats de renfort, Fajardo gouvernait le 26 juin 1609 sur la côte d'Oran. Ayant pris langue à Maçarquivir, petite place espagnole, il parut subitement le 14 juillet devant Alger où se tenait le corsaire Simon Dansa qu'il pourchassait. Mais quatre légers bâtiments, envoyés en reconnaissance, rapportèrent qu'il était impossible d'attaquer, sous le feu de trois forteresses, huit vaisseaux de haut bord et trois galères embossés

commandé du Roy son maistre de venir chercher Simon Danse, lequel avoit une grande nave, nommée *la Beline*[1], sur laquelle le filz du viceroy de Sicile estoit, s'en revenant de Sicile en Espagne, et que ces navires estoient commandés par ce subject pour essayer de recouvrer la dicte nave et filz du viceroy de Sicile. Ilz s'approchèrent de moy et me dirent cela. Je commanda que les laissast aller et M. de Chanteloube de revenir : ce qu'il fist.

La caravelle estant à bord de sa capitaigne, luy ayant tout raporté, nous fist saluer de coups de canon, à quoy je fis riposte. En mesme temps, le seigneur Dom Louys m'envoya Dom Jean[2], son filz, et le maistre de camp de son infanterie[3], affin de prendre langue

dans le port. Sans galères, il était du reste inutile de rien tenter contre Alger. C'est alors que Fajardo, tirant vers Tunis, rencontra Beaulieu et lia partie avec lui : dans le texte espagnol, le nom de Beaulieu est si déformé qu'on pourrait difficilement le reconnaître dans « Filipe Prenost, seigneur de Valunsleroje » (Francisco Cascales, *Al buen genio encomienda sus discursos historicos de la mui noble i mui leal ciudad de Murcia*. Murcia, 1621, in-fol., fol. 257, 258).

1. *La Bellina* et ses deux conserves, montées de cent soixante passagers, dont un fils du marquis de Villena, viceroi de Sicile, allaient de Palerme en Espagne, lorsqu'elles furent rencontrées et prises par Dansa. L'action se passa sur les côtes de Valence (Lettres de Girolamo Soranzo, Madrid, 13 janvier 1609; Francesco Marchesini, Milan, 14 janvier 1609. Horatio F. Brown, *Calendar of State papers... of Venice*, t. XI (1607-1610), nos 406, 409).

2. Don Juan Fajardo, amiral de la flotte.

3. Don Jerónimo Agustin. Voici, du reste, quelle était la composition de l'escadre espagnole et de son état-major :

Le galion *San Francisco*, capitane, montée par Don Luis Fajardo, capitaine général, Don Jerónimo Agustin, maître de

de moy de ce qui estoit à la mer et du subject pour lequel j'y estois. Ilz avoient cognoiscence de mon nom par les galères de Gilbartat et prisonniers Espagnols et Portugais, lesquels j'avois tiré des mains des Anglois et mis en terre en Gilbartat, où ils publièrent la courtoisie que je leur avois fait. Ces cavaliers estans donc dans mon vaisseau, je m'essaya de leur rendre plus d'honneur qu'il me fust possible. — Ils s'enquirent fort soigneusement de ce qui me convioit à tenir la mer. — Je le leur dis avec franchise. — Ils me racontèrent aussi de leur part ce qui les avoit amenés là et qu'ilz venoient de la rade d'Argers où ilz croioient rencontrer Simon Danse, duquel véritablement ils avoient veu les navires, mais si près des bastions de la ville qu'il n'y

---

camp, Mateo Bartox de Solchaga, sergent-major, Juan de la Huerta, « contador », Martin de Tapia, capitaine de pavillon;

Le galion *Santa Maria Magdalena*, amirale, montée par l'amiral général Don Juan Fajardo;

Le galion *Nuestra Señora de los Remedios*, capitaine Pedro de Miranda;

Le galion *San Agustin*, capitaine Juan de Matos;

Le galion *San Fulgencio*, capitaine Agustin Romanico;

Le galion *Nuestra Señora del Rosario*, capitaine Pedro de Alango;

Le vaisseau *Nuestra Señora de Regla*, capitaine Juan Alvarez de Avilés;

Le vaisseau *Santa Margarita*, capitaine Miguel de Lizarraga;

La frégate *Santa Ana*, capitaine Pedro de Marcchaga;

La caravelle *Nuestra Señora de Buen Viaje*, capitaine Diego Muñoz;

Le canot *San Juan Bautista* de Juan Borbón.

De plus, Don Antonio de Oquendo avait une division de cinq navires.

(Bibl. de l'Escurial, ms. 39, IV, 29 : C. Fernandez Duro, *Armada española*, t. IV, p. 324, note 2.)

avoit aucune apparence d'entreprendre sur les dictz vaisseaux[1]. Je leur fis [voir] mon vaisseau qu'ilz trouvèrent assez beau et bien armé : ils firent collation et beusmes à la santé de nos maistres. Ce ne fust pas sans brusler de poudre. Ils demeurèrent jusques à soleil couché dans mon vaisseau, dont ils s'en retournèrent, me convians et me faisans promettre que le lendemain je verrois le seigneur Dom Louys ou qu'il me viendroit veoir, et que nous passassions la nuict ensemble : ce que je leur promis.

De sorte que, le lendemain, le soleil estant levé, je me mis dans ma barque avec M. de Chanteloube et quelques autres gentilshommes, et fusmes à la capitagne, qui estoit à l'advant garde de la flotte, et nous fallust essuier les bords de tous leurs navires, lesquels nous saluèrent tous de la voix des trompettes. Nous arrivasmes donc à bord de la capitagne, où le seigneur Dom Louys me vint recevoir avec toute sorte d'honneur. Ainsi nous entrasmes dans son bord, où estans tous, fist un salut très honorable. J'avois faict commandement à mon lieutenant de s'approcher de la capitagne et de se mettre soubz le vent[2], et en passant près d'elle de la saluer de 30 coups de canon, ce qu'il fist très bien.

Nous dinasmes ensemble et, après disner, chascun parle de son dessein. Ilz me dirent que le leur n'avoit pas réussy. — Je leur dis que le mien estoit d'hazar-

---

1. Selon la relation hollandaise publiée en appendice, Beaulieu aurait avisé son collègue de la métamorphose du pirate Dansa, qui entrait au service du roi Henri IV, après avoir obtenu en avril son pardon.
2. Ce qui était une marque de déférence.

der et que j'estois [résolu] d'attaquer l'armée qui estoit soubz les bastions de la Goulette et que j'espérois de les brusler. — Ils se trouvèrent de ma proposition et me rapportèrent de grandes difficultés à cela. — Mais je leur dis que plus les choses estoient difficiles, l'honneur en estoit d'autant plus grand; dont ilz demeurèrent d'accord. Je leur fis donc absolument cognoistre mon dessein, qui les obligea de tenir leur conseil, lequel ne fust pas correspondant à ma proposition, disans qu'ilz n'avoient poinct d'ordre que de cercher Danse et que, ne l'ayant peu combattre, il falloit qu'ilz s'en retournassent en Espagne. — Je voulus prendre congé du général et de tous ses cavaliers, lesquelz très généreux, entre autres Dom Jouan Fachaldes, filz de Dom Louys, me dict qu'il ne perdroit pas le temps ny l'occasion de voir l'événement de mon entreprinse et qu'elle estoit très[1] généreuse pour ne se donner cest honneur. De sorte qu'il demanda permission à son père de s'embarquer avec moy, luy voulant remettre sa charge, qui estoit de vice-admiral[2] de la flotte des Indes, et qu'il mourroit de regret si, m'ayant rencontré, il ne prenoit part à l'honneur que j'allois acquérir. Ce qui toucha si vivement Dom Louys et tous les capitaines de la flotte, qui tous d'une voix me vindrent trouver sur le tillac du vaisseau, me disans : *Vamos de camarade, seignore generale*[3].

---

1. Lisez : trop.
2. « Almirante general »; l'almirante, à bord des flottes espagnoles, n'était que le lieutenant du général.
3. « Allons de compagnie, Monsieur le général ».

Chapitre X.

Destruction de la flotte tunisienne au combat de La Goulette.

Nous touschasmes tous à la main[1] et nous ambrassasmes tous, et pris congé d'eux, me retirant sur mon vaisseau, après avoir résolu ensemble l'ordre de nostre navigation, qui fust que je fairois l'advant garde, leur vice-admiral avec moy, et que tout ce que je leur ordonnerois seroit faict. Nous prismes dont la routte de Tunis et navigasmes toute la nuict sans faire grand chemin, les ventz nous estans contraires, qui feurent durant six ou sept jours miiour[2] et labesche[3], ce qui enuioit grandement les Espagnols, et feurent constraintz de me dire qu'ilz s'en vouloient aller en Espagne, si le temps continuoit. — Je leur dis que j'estois résolu d'attendre et que je ne rendrois jamais le port que je n'eusse faict réussir mon entreprise. — Ils me dirent que, s'ilz s'en alloient, ilz me fairoient un signal qui seroit d'un coup de canon.

La nuict estoit fort obscure lors qu'ilz s'en allèrent, et ne tirèrent poinct. De sorte que, le matin, nous ne vismes plus d'Espagnols, ce qui estonna partie de mes gens qui commanceoient desjà à dire que les Espagnols eussent cogneu que nostre dessein eust peu réussir, ils ne nous eussent pas quitté, mais que je

---

1. « Nous nous touchâmes la main », selon l'habituelle façon de conclure un marché ou de sceller un contrat.
2. Midi.
3. Sud-ouest.

les voulois mener à la boucherie et qu'il ne m'en échapperoit pas un de tout l'équipage et que je faisois trop bon marché des hommes. L'on me vint donner advis de l'entretien de ces Messieurs : lesquels je fus trouver dans leurs discours, et leur fis une telle honte qu'ilz eussent voulu estre à recommancer.

Nous demeurasmes tousjours le costé au vent, attendant le temps qui nous arriva sur les trois heures après midy, durant lequel nous vismes revenir nos Espagnols avec un ponant[1] et mestre[2], qui estoit le temps que nous désirions avec passion. Je leur fis tirer un coup de canon pour voir si c'estoient bien eux. Ils me firent riposte. Nous nous rassemblames et leur fismes reproche de s'en estre allés sans nous dire adieu. Ilz s'excusèrent sur la mauvaise garde de leur sentinelle, qu'ilz me dirent avoir faict chastier.

Nous prismes donc le chemin droit à la Goulette et d'autant que les ventz estoient frais, je fus d'advis que nous missions à sec[3] et que, de la segonde garde venant à la tierce[4], nous fairions seulement voile du trinquet jusques au jour, de crainte d'outrepasser l'emboucheure du goulfe de Tunis et qu'il valoit mieux demeurer de l'arrière que d'outrepasser, ce qui fust faict[5], et observasmes nostre ordre si heureusement

1. Vent d'ouest.
2. Vent de nord-ouest ou mistral.
3. A sec de voiles, c'est-à-dire qu'il fit carguer les voiles.
4. Du second au troisième quart.
5. D'après la relation espagnole que je publie en appendice, on eut connaissance de la côte de Tunis le 29 juillet 1609. Après avoir louvoyé durant la nuit, on entra le matin du 30 dans le golfe.

qu'au point du jour nous nous trouvasmes au cap de Zibibe[1], qui est l'entrée du goulfe de la Goulette, d'où nous commenceasmes à mettre toutes nos voiles hors, faisans nostre chemin droit au cap de Carthage. Je me mis devant eux et rengea toute la coste et entra dans le Port Farine[2] pour voir si les galères de Beserte[3] n'y estoient poinct. Les Espagnols estoient sur ma main gauche plus à la mer que moy.

Nous approchasmes donc le cap de Carthage, lequel joignant, et les entennes[4] de mon vaisseau touchant au rocher, les Espagnols découvrirent l'armée qui estoit soubz la forteresse de la Goulette; passans au cap de Carthage, on nous tira trois coups de canon qui percèrent nos voiles, d'une tour qui est sur le dict cap. Les Espagnols m'envoyèrent une chaloupe pour me dire qu'il n'y avoit point d'apparence d'attaquer ces vaisseaux qui estoient en trop grand nombre et en lieu trop advantageux[5]. Je ne les vouyois pas, car la pointe du cap m'en empeschoit. Je leur fis

---

1. Le cap Zebib ou Zbib ferme à l'est le golfe de Bizerte.
2. Porto-Farina, entre Bizerte et les ruines de Carthage.
3. Bizerte.
4. Les vergues.
5. Combien l'on comprend l'hésitation des Espagnols! Quand il avait paru devant La Goulette le 16 juin 1535, le grand empereur Charles-Quint n'avait pas moins de quatre cents bâtiments et cinquante-quatre mille hommes, ayant mandé toutes les forces navales de son empire, les escadres de Naples, de Gênes, de Flandre, de Malaga et de la côte cantabrique, les contingents de Malte, du Portugal et du Saint-Siège. Et s'il fut maître au bout de cinq semaines, le 21 juillet, des tours qui étaient la clef de la position, il n'enleva pas du même coup toute la flotte de Barberousse. Le Capoudan-pacha put s'enfuir vers Alger (C. Fernandez Duro, *Armada española*, t. I, p. 224).

responce que j'estois résolu de les attaquer et que, s'ilz vouloient mouiller l'ancre, qu'ilz en verroient le plaisir. Et d'autant que leur vaisseau tiroit grand eau, je leur dis qu'ilz allassent le plomb à la main[1], affin de ne touscher, ce qu'ilz firent et donnèrent fonds à plus d'une grande lieue de la Goulette, leur navire tirant plus de 20 pieds d'eau.

Je passa donc le dict cap, et estant descouvert de la forteresse de La Goulette[2], ceux qui estoient dedans, voyans nostre flotte, prindrent l'alarme et me tirèrent un coup de canon à bale, lequel vint tumber au bord de mon vaisseau. Cela n'empescha pas que je ne m'allasse mettre le plus près de la forteresse que je peux, et donna fonds entre les navires ennemis et la forteresse qui tiroit comme les vaisseaux incessement sur nous. La forteresse avoit, sus ses bastions ou dessus un cavalier[3], plus de 40 ou 50 pièces qui jettoient feu et flammes contre nous. J'estois si près de la dicte forteresse que quasi tous les coups de canon me passoient par dessus et donnoient trop bas[4]. De sorte qu'ayant mouillé l'ancre, nos voiles prises, je fis partir ma grande barque, commandée par M. de Chanteloube,

1. La sonde à la main.
2. De magnifiques tapisseries de la maison royale d'Espagne, dont on trouvera la reproduction dans l'ouvrage de Duro, représentent la prise de La Goulette en 1535. Depuis lors, l'aspect de la forteresse n'avait pas changé. On peut s'en convaincre par une perspective cavalière, figurant l'entreprise dirigée par les Espagnols contre la « fortezza della Goletta » le 28 février 1570 (Bibl. nationale, Géographie D 1280, exposé sous le n° 97 de l'exposition de la section des cartes en 1912).
3. Terre-plein dont l'épaulement protège une batterie.
4. Sans doute, il faut lire : « trop haut. »

avec plus de cent hommes, et tous nos petitz bateaux qui le suyvoient.

Il y avoit soubz la forteresse une galère, qui n'estoit qu'arrivée d'Argers ceste nuict-là. Je dis à Monsieur de Chanteloube qu'il la faloit la brusler la première chose, à quelque prix que ce fust, et que de là dépendoit toute l'exécution de nostre entreprise, et qu'il périst ou qu'il la bruslast[1]. Ce qu'il fist, la tirant de dessoubz la dicte forteresse, à la miséricorde de coups de pierre, mousquetades, canonades, grenades et potz à feu ; le feu dans la dicte galère venant à propos avec le vent qui venoit de la terre, et ledit sieur de Chanteloube s'en allant aux autres vaisseaux, avec les feux d'artifice nécessaires, sépara ses petites barques selon l'ordre que je luy en avois donné, et s'allèrent mesler parmy l'armée qui estoit à l'ancre, mettant le feu qui çà, qui là, non sans grand péril tant des canons des ennemis que de leur mousquetairie.

Ce que voyant, le général des Espagnols s'en vint à bord de mon vaisseau avec ses petites barques et quantité de gens dessus[2], me demandant de lances à

---

1. D'après le récit d'Emmanuel Van Meteren que je publie en appendice, ce bâtiment s'appelait *la Maddalena* : de 350 tonneaux et 24 pièces de fonte, c'était le meilleur bâtiment de la flotte tunisienne, sans en être le plus grand. Il appartenait à un renégat espagnol.

2. Épée au clair, l'amiral Don Juan Fajardo menait à l'attaque cinq petits bâtiments, que serraient d'assez près les navires moyens. Les vaisseaux espagnols de fort tirant d'eau, embossés à demi-portée de canon de La Goulette, qu'ils criblaient de projectiles, formaient l'arrière-garde. Don Luis Fajardo en chaloupe rejoignit son fils. L'action, très chaude, dura d'une heure de l'après-midi à cinq heures. Elle ne coûta

feu et autres choses nécessaires à brusler[1] les dictz vaisseaux. Ne pouvans aborder avec leurs grands vaisseaux, ilz voulurent prendre part à cest honneur avec leurs chaloupes, où je vous asseure qu'ilz firent très bien, suyvant l'ordre du sieur de Chanteloube, auquel j'avois donné charge de ne poinct mettre le feu dans un grand navire nommé *le Catalan*, et le réserver pour tesmoignage de nostre gloire : ce qu'il fist, et ordonna aux Espagnols de n'y toucher point.

Le feu estant donc mis de toutes partz dans les proues des dictz navires, les cables venans à brusler, ilz tournèrent tous la poupe au vent et s'embarrassarent de telle façon les uns dans les autres, se bruslans eux mesme, que les Turcs qui estoient dedans se jettèrent tous à la mer et se noyèrent; et n'en fust pris qu'un seul en vie. Ainsi ces vaisseaux se bruslans les uns les autres, et le feu se mettant dans leur magasin de poudre, où il en avoit grande quantité, qui 30 quintaux, qui 40, qui 50, estantz lesdicts vaisseaux[2] préparés pour sortir et partir dans 4 jours.

aux Espagnols qu'une vingtaine de tués et blessés. (Voyez en appendice (VIII) la version espagnole du combat.)

1. Lances à feu évasées comme des trompes, aspergès longs de huit pieds, pommes de fonte et grenades explosives au pétrole, oranges ardentes à l'eau-de-vie sont décrits dans le *Livre de canonnerie et artifice de feu*. Paris, 1561, in-4°. — Cf. aussi le *Traicté des feux artificiels, composé et mis en lumière par Maistre François de Malthe, commissaire des feux artificiels du Roy*. Paris, Cardan Besongne, 1640.

2. Emmanuel Van Meteren a dressé une liste presque complète des vaisseaux de guerre qui périrent. Hétéroclite comme provenance, — témoin *la Perle* de Saint-Malo, *le Comte Maurice* de Hollande, *le Faucon* de Portugal, *le Catalan*, — l'escadre avait également pour propriétaires ou raïs des renégats

C'estoit chose estrange que de voir ses feux si violentz, et l'artillerie des dictz vaisseaux tirer en l'air, et les mas et les enthennes voler qui çà, qui là. Il sembloit que le ciel et la mer se debvoient assembler. Il se perdist 538 pièces d'artillerie de compte faict ceste journée-là, et 32 navires et une galère[1], sans y comprendre le vaisseau du capitaine Icard de Toulon qui se brusla comme les autres, dont le dict capitaine Icard se sauva à nage avec ses compagnons dans mon vaisseau.

Cela faict, Monsieur de Chanteloube et les Espagnols se retirèrent, et voulant ledict sieur de Chanteloube amener le vaisseau *Catelan*, le vent se refraischist de telle sorte qu'il fust constrainct de le laisser et de mettre le feu dedans. Ce qu'ayans faict, croyant que le vaisseau deust brusler comme les autres, s'en revint à mon vaisseau. Cependant, il partist de Tunis deux brigantins[2] bien armés et bien équipés qu'ilz sortirent de l'estang du dict Tunis pour venir au secours du dict vaisseau, où ilz estaignirent le feu et le remoquèrent dessoubz la forteresse. Ce qui me mit en

et des forbans de toutes les nations : Kara-Osman, Mourad le génois, Élie renégat corse, Soliman renégat maltais, les Anglais Ward, Bishop, Verney.

1. Toutes les relations s'accordent sur le chiffre total des bâtiments qui furent détruits. Emmanuel Van Meteren distingue seulement des navires de commerce les vaisseaux de guerre au nombre de seize, la galère non comprise, qui portaient 435 bouches à feu. La version espagnole évalue à vingt-deux navires de haut bord et une galiote la flotte de guerre : les onze autres bâtiments étaient à demi désarmés.

2. Le brigantin était un navire à rames un peu plus petit que la galiote, mais de même forme ; il était ponté et ne portait qu'une voile.

désespoir de voir que ces canailles nous emmenoient ledit vaisseau que nous avions servé[1] pour marque de nostre victoire et trophée.

Je commança à raremer[2] et équiper mes barques de nouveau de soldatz et mariniers, affin de ne donner temps à ces gens de se recognoistre. Je fis partir toutes les barques et leur commanda d'aller accoster le navire et y remettre le feu, à quelque prix que ce fust : ce qu'ilz firent très bravement, entre autres ceux qui estoient dans la barque commandée par un mien soldat que M. de Guise[3] m'avoit donné, nommé Durbal, très brave et courageux, et qui rendist de tesmoignages assez amples de valeur en cette occasion, que je peux dire autant résolue qui s'en verra jamais. Ils tuèrent quantité des Turcs et bruslèrent le navire, où il y avoit 100 quintaux de poudre : ce qui estonna[4] la forteresse pour en estre fort près. Tost après, ils s'en revindrent, ma barque pleine de mortz et de blessés. Mais le navire brusla de telle sorte qu'il n'en

---

1. Conservé.
2. Réarmer.
3. Charles de Lorraine, duc de Guise, gouverneur de Provence et amiral des mers du Levant, s'intéressait beaucoup à la marine de guerre. On verra à l'appendice XIV qu'il avait projeté avec le général des galères le même exploit que Beaulieu-Persac. Au contraire de ses prédécesseurs, il prit plusieurs fois le commandement des armées navales; en 1622, il remporta une grande victoire sur Jean Guiton, amiral de la flotte rochelaise. Et, en 1627, il commandait l'escadre rassemblée dans le golfe du Morbihan pour prendre à revers la flotte de Buckingham et dégager ainsi Saint-Martin-de-Ré (Ch. de La Roncière, *Histoire de la marine française*, t. IV, p. 444, 523).
4. Ébranla.

demeura rien. Tous les hommes qui se recontrèrent dedans feurent bruslés.

Ma barque estant de retour, les Espagnols, ayant veu la générosité de mes soldatz en cette dernière action, vindrent avec Dom Louys leur chef à mon bord, où nous rendismes graces à Dieu de l'heureux succès de ceste journée. Les ennemis paroissoient à la marine[1] tant à pied qu'à cheval, ausquels nous tirasmes quantité de canonades[2]. Les Espagnols me remersièrent de la part que je leur avois donné en ce rencontre en cette signalée occasion et effect digne de mémoire, advouans que la terre ny la mer ne portoit point d'hommes plus généreux que ceux que j'avois, les estimans tout autant qu'il se pouvoit estimer des soldatz. Nous nous séparasmes et esloignasmes un peu de la forteresse qui nous importunoit de coups de canon. Nous nous tirasmes à la rade, où nous passasmes la nuict.

Le lendemain venu, nous vismes des barques en garde, lesquelles prindrent deux navires que les galères de Beserte avoient prins à la rivière[3] de Gênes et les envoyoient à Tunis pour là vendre leur marchandise. L'un estoit chargé de lames d'épée et de papier, et l'autre de froment.

Environ sur le midy, Carroceman, pour lors viceroy de Tunis, m'envoya un patron de navire françois[4]

---

1. La côte.
2. Ce détail figure également dans la version espagnole.
3. La Riviera ou côte de Gênes.
4. De Toulon, spécifie E. Van Meteren. Ce ne serait pas le capitaine Icard, déjà à bord de *la Lune*.

qui m'apporta une lettre de sa part toute plaine de menaces, disant qu'il fairoit ses plaintes à mon Roy[1] de ce que, comme François, j'avois bruslé les susdictz vaisseaux et que son Empereur en auroit raison. Ainsi fulminoit grandement la lettre de Carroceman. — Je luy renvoya son ambassadeur, qui ne luy rapporta pas grande satisfaction, luy disant que je mocquois de tout cela, et que je n'avois poinct de maistre en ceste occasion que Dieu, soubz la protection duquel c'estoit, et que les Espagnols ne s'y estoient trouvés que par rencontre. — Il me renvoya le lendemain le mesme homme et me convia de mettre pied à terre, me promettant sa femme et ses enfans en ostage, et m'envoya des présentz. — Je le remercia d'un très bon cœur, d'autant que je ne quittois mon vaisseau. Mais s'il avoit agréable de me voir, comme il me tesmoignoit et qu'il vouloit venir à bord, je m'engageois de le recepvoir avec le plus d'honneur qu'il me seroit possible, offrant pour ce subject luy donner ma parolle et des ostages. Sinon, je luy baisois les mains. — Il

---

1. Kara-Osman eût été bien mal venu à se plaindre au roi et même au sultan. Ne disait-il point « qu'il irait jusques dans les ports de France, enfin qu'il n'estimait rien le Roy au pris de luy ». Lui et les siens « se voyans ainsi fors, et que les gallères de Marseille ne sortent point pour les aller charger, ne s'en soucient aucunement du Roy de France ny du Grand-Sultan, lequel, en luy payant son tribut, ils ne le craignent point » (*Mémoires portants plusieurs advertissemens présentéz au Roy par le capitaine Foucques, capitaine ordinaire de Sa Majesté en la marine du Ponant, après estre délivré de la captivité des Turcs*. Paris, 1612, in-8°; réimprimé dans Cimber et Danjou, *Archives curieuses de l'histoire de France*, 1re série, t. XV, p. 368).

me renvoya encores le lendemain offrir des présentz[1] : lesquelz je ne voulus accepter.

Je demeura là huict jours. Les ventz vindrent au Ponant, comme il me les faloit pour m'en retourner à Malte : ce qui m'obligea d'aller voir Dom Louys et luy dire adieu[2], n'ayant plus rien à faire là, et les ventz me servans qui leur estoient contraires. Je ne voulus perdre temps. Nous partageasmes nos deux vaisseaux, desquels ilz me donnèrent le choix. Je pris celuy chargé de froment et leur dis adieu. M'en retournant, j'eus très mauvais temps et perdis ma barque[3].

1. Il réclamait en retour la restitution des prisonniers turcs qu'on refusa de lui bailler (cf., à l'appendice VII, la relation d'Emmanuel Van Meteren).

2. Don Luis Fajardo appareilla le 4 août. — Suivant la relation espagnole (appendice VIII), ce fut lui, et non Beaulieu, qui mena les négociations avec Kara-Osman. D'autres documents le confirment : « Tyran m'envoye une coppie de la lettre escripte par Dom Louys Fayaldo au gouverneur de La Goulette, avec la response par laquelle vous verrés qu'on veult rejecter les pyrateries et déprédations qui troublent et empeschent le comerce, sur la faulte des François, pour les rendre odieus aux princes chrestiens. C'est un artifice des Espagnolz, » écrit le provençal Monyer au garde des sceaux de Sillery. Aix, 3 novembre 1609 (Affaires étrangères, 1700, *Provence*, fol. 147). On trouvera à l'appendice (IX et X) ces lettres de Fajardo et Kara-Osman.

3. Le combat naval de La Goulette eut un énorme retentissement. De toutes parts, on en mande le résultat au doge de Venise, en insistant sur le rôle de la barque ou *saëtte* française. De Zante, les 18 et 31 août, de Madrid, le 16 septembre, de Patras, de Constantinople, le 3 octobre, des rapports circonstanciés furent adressés à la Sérénissime République (Horatio F. Brown, *Calendar of State papers and manuscripts... of Venice*, t. XI (1607-1610), n°s 586, 587, 595, 628, 630, 644).

Chapitre XI.

Réception triomphale à Malte.

J'arriva dans 24 heures à la Cale de Saint-Paul[1], où je fis saluer Notre-Dame de la Melea[2] de toute mon artillerie environ sur la minuict : ce qui donna l'alarme à Messieurs les chevaliers qui feurent tout le reste de la nuict à lerte[3]. Le lendemain matin parut un chevalier à la marine à cheval, une lance gaye[4] à la main, qui se nommoit le chevalier de Ranchou, capitaine d'un casal nommé la Charre[5]. Je fus avec ma barque à luy. J'apris que mon patache et ma tartane avoient faict une bonne prise sur le cap de Bonne Andrée, où ilz avoient faict rencontre d'une galiotte[6] de Sainte-Maure[7] et avoient pris au Serigue[8] une grande nave[9]

---

1. Au nord-ouest de l'île de Malte. C'était le havre où l'apôtre saint Paul aurait fait naufrage en abordant l'île. Mordu par un serpent comme il allumait des broussailles pour se chauffer, il aurait prié Dieu que l'île fût à jamais débarrassée des reptiles.

2. Notre-Dame de la Melleha domine d'un côté la calle Saint-Paul, de l'autre celle de la Melleha. Des hauteurs de Notre-Dame partait un aqueduc que construisait à ce moment le grand maître pour alimenter La Valette.

3. *All' erta*, en italien, d'où notre mot alerte.

4. La lancegaye était une javeline ou demi-pique.

5. Probablement Nasciaro, au sud-est de la calle Saint-Paul.

6. La galiote barbaresque, plus grande que la galiote des peuples chrétiens, ressemblait à nos galères ; elle avait le même nombre de bancs, soit vingt-six par bande ; mais elle n'avait qu'un mât (A. Jal, *Glossaire nautique*, p. 760, article Galiote).

7. Sainte-Maure, l'une des îles Ioniennes.

8. Cerigo, l'antique Cythère, au sud du Péloponèse.

9. La nave était par excellence le grand voilier. L'expres-

vénitienne nommée *la Pascaleigue*, chargée et acquittée à Venise de la valeur de 200,000 escus et l'amenoient descharger en Tripoly de Barbarie pour y vendre la marchandise[1]. Voilà ce que j'apris du chevalier, auquel je dis ce que nous avions faict à Tunis. Il eust de la peine à le croire. Néantmoins, l'en ayant asseuré, il fust très content d'estre le premier à porter ses nouvelles au Grand Maistre. Lequel le me renvoya tout soudain avec Monsieur le chevalier de Médavil[2], de Miraumont[3] et autres chevaliers qui me vindrent

sion, fort usitée au siècle précédent dans la Méditerranée, commençait à tomber en désuétude : elle était remplacée par le mot vaisseau.

1. A la date du 17 septembre 1609, le gouverneur de l'île de Zante, Michiel Priuli, note effectivement, dans un rapport au doge, la capture de *la Pasqualiga* et d'un autre bâtiment par les pirates (Horatio F. Brown, *Calendar of State papers and manuscripts... of Venice*, t. XI (1607-1610), n° 629).

2. Jacques Rouxel de Médavy, chevalier de Malte, devint commandeur de Lagny-le-Sec, grand prieur d'Aquitaine, bailli de Morée, ambassadeur de l'Ordre en France. Né en 1582, il mourut en 1647 (P. Anselme, t. VII, p. 571).

3. Le chevalier Claude de Miraumont passa plus tard dans la marine royale de France. A la bataille navale des 15-17 septembre 1625 contre les Rochelais, il commandait un des vaisseaux de l'amiral Henri de Montmorency (*l'Ordre du combat naval où M. de Montmorency, admiral de France, attaqua les Huguenots rebelles, qu'il mena battant jusqu'à la Fosse de Loye, où ils s'eschoüèrent le 15 septembre 1625*. Dessigné par Du Carlo, ingénieur et géographe du Roy. Paris, 1625, in-fol.). — En octobre 1627, il faisait partie de l'escadre que le duc de Guise armait contre Buckingham (Affaires étrangères, 786, France 43, fol. 36). En 1635, il commandait le vaisseau *la Magdeleine* (Eugène Sue, *Correspondance de Henri d'Escoubleau de Sourdis*, t. III, p. 381). — Entre temps, Louis XIII demandait pour lui une commanderie au grand maître de

trouver de sa part et m'amenèrent de chevaux pour me porter à Malte.

Voulant donc obéir à Sa Seigneurie Illustrissime, j'ordonna à mon lieutenent de partir soudain que les ventz luy pourroient servir pour venir à Malte et entrer dedans le port : ce qui arriva soudain que je fus à cheval, et fust mon dict lieutenent avec mes vaisseaux aussi tost à Malte que moy. Je fus receu à bras ouvertz du grand maistre et de toute la Religion. Le Grand Maistre me commanda de loger dans son palais : ce que je ne voulus faire, à cause de la grande quantité de gens que j'avois. Mais il y falust manger, tant que je demeura à Malte, où j'estois très bien traicté et servy, et tenois une table de 29 couverts, servie par Monsieur de Bertocourt[1], son maistre d'hostel et officiers. Il ne sçavoit quel honneur et bonne chaire me faire. Ils randirent graces à Dieu de cette deffaicte, dont ils tesmoignèrent de grands ressentimentz. Car cela empescha le siège de Malte.

Le Grand Maistre et la Religion désirèrent d'avoir de moy la relation de ce qui c'estoit passé. — Je le leur raconta. — Sur quoy Sa Seigneurie Illustrissime et tous ces Messieurs me remercièrent et me dirent

---

Malte, à cause de sa valeur et de son courage, 10 novembre 1629 (Ministère de la Guerre, Archives historiques, 13, pièce 138).

1. Berteaucourt était Picard comme le grand maître Alof de Vignacourt. Vignacourt se trouve dans la Somme, arrondissement d'Amiens; le même département contient deux Berteaucourt : Berteaucourt-les-Dames, dans l'arrondissement de Doullens, canton de Domart, et Berteaucourt, dans l'arrondissement de Montdidier, canton de Moreuil. Je ne sais duquel était originaire le maître d'hôtel.

que, si je désirois encore leur bannière, qu'ilz me la donneroient de bon cœur. — Je leurs dis n'estre plus en estat de la pouvoir accepter, ayant envoyé à leur refus vers le grand duc de Toscane demander la sienne, et que j'attendois le retour du gentilhomme que j'y avois envoyé et que je n'en pouvois accepter aucune qu'à son refus. — Ilz ne m'en parlèrent donc plus, mais me demandèrent si je désirois quelque chose de la Religion. — Je leurs dis : Rien autre chose que leur bienveillance et qu'ilz me creussent très affectionné à leur service et particulièrement de Monseigneur l'Illustrissime. — Sur quoy, Sa Seigneurie et tous ses Messieurs du Conseil me pressèrent de leur demander quelque chose et de leur laisser quelque marque du service que j'avois rendu à la Chrestienté et à Malte. Et s'enquirent si j'avois des enfans. — Je dis que je n'en avois poinct qu'un, que je ne voulois pas qu'il feusse d'autre condition que de la mienne[1]. — Ilz me prièrent que, si ma femme[2] en faisoit un, que je le donnasse à Saint-Jean[3]. — Je leur dis que je l'avois

1. Il s'agit sans doute de Claude Prévost de Beaulieu, mort sans postérité en 1649, et que le baron d'Huart déclare le fils unique de Philippe (*Persac et la châtellenie de Calais*, dans les *Mémoires de la Société des Antiquaires de l'Ouest* (1887), p. 300).

2. Le baron d'Huart n'en a pas relevé le nom.

3. Il n'est point oiseux de dire ici de quelle façon on entrait dans l'Ordre de Malte. Normalement, l'âge requis par les statuts, à moins d'être reçu à douze ans page du grand maître, était seize ans; le postulant devait apporter les pièces justificatives de ses quartiers de noblesse : cent ans de noblesse dans les lignes paternelle et maternelle étaient exigés. Par grâce spéciale et suivant le pouvoir qu'il tenait du pape et du chapitre général, le grand maître pouvait accorder une dis-

laissée grosse, et que, puis qu'ilz le désiroient ainsi, et qu'elle fist un filz, je les pria d'avoir agréable de le recepvoir dès sa naissance et qu'il peust porter la croix au berceau : ce qu'ilz m'accordèrent très volontiers. Sur ce, il y eust un chevalier espagnol grand croix, nommé Dom Petro Mandes[1], qui dict que la faveur que je désirois n'estoit pas digne du service que j'avois rendu, mais que, si ma femme faisoit un filz, Sa Seigneurie Illustrissime et tout le corps de la Religion accordoit que, dès l'heure présente, il fust receu chevalier dans le ventre de sa mère. Ce qui arriva : au bout de six mois, ma femme accoucha d'un filz auquel le grand maistre donna son nom, et fust nommé Alof[2], et les despeches nécessaires pour sa réception me furent envoyées. Voila le bien faict que je receus de Messieurs de la Religion.

pense d'âge et admettre dans l'Ordre même des enfants d'un an. L'expédition de la bulle de minorité coûtait une quinzaine de pistoles d'or : le droit de passage ou d'entrée dans l'Ordre était de mille écus d'or pour le trésor et de cinquante écus d'or pour la langue ou nation du futur chevalier. Dès lors, l'enfant pouvait porter la croix d'or, que l'on ne recevait d'habitude qu'après avoir prononcé les vœux. — Ces explications permettront d'apprécier les avantages que l'Ordre offrit à Beaulieu.

1. Parent de Don Luis Mendez de Vasconcellos, qui succéda en 1621 comme grand maître de l'Ordre de Malte à Alof de Vignacourt.

2. Alof ne figure point dans la généalogie des Prévost de Beaulieu donnée par le baron d'Huart. En dehors de Claude et d'Alof, Philippe Prévost de Beaulieu eut une fille, Hillaire, mariée, avant le 17 février 1646, à Gaspard de Combladour, écuyer, seigneur de Mérignac, et héritière en 1649 de la seigneurie de Beaulieu (Baron d'Huart, *Persac*, p. 300, 301).

[1609] DE BEAULIEU-PERSAC. 73

Sur ces entrefaictes, j'appris de nouvelles de mon patache et de ma tartane et de leur prise, laquelle ils avoient mené à la rade de Bendinelle en Calabre près de Reige[1] : ce qui me fist résoudre de les aller trouver au dict Bendinelle et pris congé de la Religion et de Monseigneur le Grand Maistre.

Estant sur le point de partir, il arriva un vaisseau flamand à Malte, lequel vint mouiller l'ancre auprès de moy : et me prenant pour le capitaine du galion de la Religion, me donna advis d'une grande germe[2] de Limbe[3], qui chargeoit aux Gerbes[4] quantité d'huilles. Je ne voulus négliger l'advis et pris, estant hors du port de Malte, la route des Gerbes, pensant rencontrer la germe, laquelle partist aussi tost que le flamand.

Chapitre XII.

Mésaventure à Messine.

Je repris la volte[5] de Sicile et m'en alla trouver mes vaisseaux et leur prise, où estant arrivé, après quan-

---

1. Reggio, ville de Calabre sur le détroit de Messine, à moitié détruite par un tremblement de terre en décembre 1908.
2. Les germes ou djermes, selon Pantero-Pantera, étaient des bâtiments levantins construits pour le transport des marchandises : très larges, courts avec peu d'œuvres mortes, ils n'avaient pas plus d'une couverte ; quatre voiles de forte taille les rendaient très maniables (A. Jal, *Glossaire nautique*, p. 780, article Germe).
3. Lemnos.
4. Les Gerbes ou les Gelves ne sont autre chose que l'île de Djerba, l'île des lotophages de l'Antiquité, à l'est de la côte tunisienne.
5. La bordée, la route.

tité de canonades, ilz me vindrent visiter et me faire entendre partie de ce qu'ilz avoient faict, mais non pas tout : car ilz avoient desja entamé le gateau et vendu force marchandise. Néantmoins, je voulus avoir cognoissance de tout ce qui estoit dans le navire et y mis un de mes gens pour m'en tenir compte. Je séjourna quelques jours pour faire accommoder ma tartane et mes autres vaisseaux : durant lequel temps, Monsieur de Chanteloube voulust se retirer et s'en aller à Malte, ce qu'il fist. Et mon lieutenant[1], qui ne se pouvoit résoudre de passer en Levant, où j'estois obligé d'aller par honneur et par escrit, me demanda congé aussi. Je m'en deffendis tant que je peux. Mais les instantes prières qu'il m'en fist m'obligèrent à le luy permettre, sans néantmoins luy donner son congé par escript. Bien voulois-je qu'il me laissa un certifficat, signé de nos escrivains[2] et maistre d'équipage et tous les officiers de marine du navire, que c'estoit à son instante prière que je le laissois aller. Car je ne voulois pas que, desloyal comme il estoit, il peust dire en France que je l'eusse faict sortir : car il estoit assez meschant pour cela.

Il s'en alla donc et emporta toutes ses hardes à Messine. Il avoit tellement intimidé tout mon équipage qu'ilz me pensèrent tous quitter, leur disans que j'estois résolu au voyage de Levant et que je n'en reviendrois jamais, qu'il n'avoit aucun amy à qui il peust conseiller de faire le voyage, et que le mieux qui leur peust arriver, estoit d'estre esclave toute leur vie. Voilà

1. François de Hautefort.
2. Les écrivains étaient les commissaires du bord.

la lascheté de cest homme de lie qui me ruina tout mon équipage, de sorte que de 500 tant d'hommes que j'avois, il ne me resta que 30. Ilz avoient tous de l'argent qu'ilz avoient gaigné à La Goulette. Ils s'en allèrent tous à Messine, feignans les uns d'acchepter des hardes, les autres de voir la ville. Et voyant qu'il ne me restoit que peu de gens, je croyois d'heure à autre qu'ilz deussent revenir : mais rien du tout.

Ce qui me fist résoudre d'aller moy mesme à Messine, où je rencontra mon lieutenent avec quantité des soldatz et mariniers. Je leur demanda aux uns et aux autres à quoy il tenoit qu'ilz ne retournassent au vaisseau. — Ils me dirent qu'ils me prioient de leur donner congé. Je ne les voulus espouvanter et leur dis qu'ils me vincent trouver à mon logis. Comme ils feurent venus, je ne leurs dis aucune chose, sinon que je m'estonnois qu'ilz se voulussent ainsi déshonnorer en me quittant dans le fort de l'occasion, et que je les avois estimez soldatz jusques à un poinct que je ne croyois pas qu'il y en eust au monde de plus courageux, mais que maintenant je changeois de créance, s'ilz continuoient. — Les uns en eurent du repentir qui m'aimoient et me dirent que c'estoit Hautefort, mon lieutenent, qui leur avoit mis ceste opinion en l'esprit. Il y en eust quantité qui s'en retournèrent le lendemain. Je ne parla poinct du tout à Hautefort, m'asseurant bien qu'ayant la faveur et bienveillance du vice-roy de Sicile et du gouverneur de Messine comme j'avois, je les ferois bien retourner au vaisseau sans les en prier.

Je vis donc le marquis de Veillane, gouverneur de

Messine[1], à qui je fis mes plaintes de la lascheté du dict Hautefort et de sa perfidie. Ce seigneur m'aimoit véritablement et me faisoit espérer tout ce qui estoit non seulement de luy, mais de toute la Sicile : il me faisoit plus d'honneur que je ne méritois. Il me demanda ce que je désirois de Son Excellence et de luy, et me dict que je ne doubtasse de tout ce qui estoit de leur pouvoir. Je le pria d'envoyer un courrier à Palerme au vice-roy, lequel porteroit ma plainte à Son Excellence de la sorte que mes gens me quittoient par la meschanceté et persuasion d'Hautefort, qui craignoit le danger du voyage de Levant, et qu'il me fist cette faveur envers le vice-roy qu'il fist faire un ban par toute la Sicile que tous capitaines, soldatz, officiers et mariniers de mon navire, de quelque condition qu'ils peussent estre dans l'équipage du sieur de Beaulieu, eussent à se retirer à bord de son navire dans deux fois 24 heures, sans en excepter aucun, tant ceux qui avoient congé que autres, sur peine d'estre les deffaillans pendus et estranglés. Deffences à tous monastères de religieux, prestres de quelque condition qu'ils puissent estre, d'en retirer aucuns ; à eux enjoinct de les mettre hors de leurs maisons. Ce qui fust faict incontinent et publié à Messine et par

---

1. Le marquis de Villena, duc d'Escalona, était en réalité le vice-roi de Sicile. Il avait été auparavant ambassadeur d'Espagne à Rome en 1602 et années suivantes. Sur sa morgue, sur son pseudo-train de maison, « un train de Jehan de Paris, disait-on, douze aumôniers et cent femmes, sans les petits enfants », lisez ce que notre ambassadeur à Rome, Béthune, écrivait à Villeroi en novembre 1603 (l'abbé R. Couzard, *Une ambassade à Rome sous Henri IV (septembre 1601-juin 1605)*. Tonneins, 1900, in-8°, p. 263).

toute la Sicile : dont je ne faisois aucun semblant et m'en retourna à mon vaisseau, où je vouyois revenir les galads[1] avec prière de les recevoir, demandans pardon.

Les deux fois 24 heures estant passées, il y en eust qui se cachoient, et mesme des Anglois de ceux que j'avois pris en Ponant, ausquels j'avois donné liberté. Ils ne voulurent point revenir, et pour obliger tout le reste à le faire, ilz feurent pendus à ma prière. Mon dict lieutenent estoit bien empesché, cherchant tous les moyens qu'il pouvoit de se sauver, mais n'en trouva aucun que de me demander pardon et m'envoyer Monsieur le marquis La Verdun[2] : lequel me vint prier pour Hautefort de luy pardonner, advouant sa faulte et me promettant de me servir avec autant d'affection qu'homme du monde. — Je dis que je ne voulois autre tesmoin que luy de sa lascheté et qu'il avoit veu comme il m'avoit pressé de luy donner congé. — Ledict marquis me pressa si fort que, pour l'amour de luy, je le receus. Voilà comme je recouvra toutes mes gens, qui estoient tellement honteux qu'il ne se pouvoit dire davantage.

Je ne laissa, outre ceux-là, d'en prendre encores cent et plus, tant mariniers que soldatz, que je leva à

---

1. Les galands.
2. Jean de Beaumanoir, marquis de Lavardin, maréchal de France et conseiller d'État (1551-1614), avait alternativement servi le parti protestant et le parti catholique, la Ligue et Henri IV durant les guerres de religion. Il était aux côtés de Henri IV, lorsque le malheureux roi tomba sous le couteau de Ravaillac le 14 mai 1610. Beaumanoir fut, l'année suivante, ambassadeur à Londres.

Messine[1]. Ainsi mes ennemis feurent bien trompés, qui se préparoient à Malte d'avoir le navire, croyans que, n'ayans point d'hommes, je serois constrainct de l'y laisser. Car il faloit que j'y retournasse de nécessité, y ayant mes pilotes et quantité de vin que j'avois faict achepter à Sarragouse en Sicile[2]. Je prins congé du vice-roy de Sicile et du marquis de Veillane, gouverneur de Messine, et le pris par escrit, les remercians de l'honneur que j'avois receu d'eux.

Chapitre XIII.

Beaulieu bat à Chypre la caravane d'Égypte.

Je partis donc de la rade de Bendinelle tost après et m'en vins droict à Malte, ayant renvoyé mon patache à Marseille, auquel je commanda d'accompagner la navire vénitienne[3] jusques à Ligourne[4] et la remettre entre les mains de l'escrivain de mon vaisseau. Je pris du dict patache tout ce qu'il y avoit de bons hommes et en équippa très bien ma tartane. Je partis le soir assez tard pour aller à Malte, où j'arriva le lendemain de bonne heure.

1. Il y avait à ce moment-là à Messine de nombreux volontaires qui venaient s'embaucher dans l'escadre armée par l'Anglais Shirley, pour occuper le massif du Maina, au sud du Péloponèse, et « faire un fort aux montaignes du Bras de Magne sur la mer » (Bibl. nationale, ms. fr. 16146, fol. 328; Horatio F. Brown, *Calendar of State papers... of Venice*, t. XI (1607-1610), n°s 771, 940; Julian S. Corbett, *England in the Mediterranean*. London, 1904, in-8°, t. I, p. 16-18).

2. Syracuse.

3. *La Pasqualiga.*

4. Livourne, port de Toscane.

Me voyant arriver, je leur fis cognoistre que je ne manquois point d'hommes, en faisant paroistre sur le tillac plus de 500, et quelque cent sur ma tartane : ce qui estonna force gens et particulièrement ceux qui s'attendoient que le navire demeureroit à Malte. J'arriva donc dedans le port très bien armé, où je ne mis point pied à terre et supplia seulement Monseigneur le Grand Maistre de permettre que deux ou trois des miens allassent à terre pour faire amener à la marine le vin que le capitaine Emanuel, mon pilote, m'avoit achepté à Sarragouse : ce qu'il me permist. Je luy fis faire une prière soudain par un gentilhomme que je luy envoya, de ne permettre qu'aucuns des miens se désembarquassent, sur peine de la vie : ce qui fust faict et bien observé.

J'embarqua mon vin et mes pilotes et quelques soldatz. Durant lequel temps, le patache de feu Monsieur le chevalier de Fressinet apporta de nouvelles que Monsieur de Fressinet et le chevalier Dom Anthoine et autres vaisseaux de guerre qui estoient de conserve en Levant avoient esté rencontrés de l'armée turquesque : laquelle les avoit tous pris, hors luy seul qui c'estoit sauvé, et que Fressinet estoit mort[1]. Ce qui

1. La bataille avait eu lieu dans les eaux de Chypre, à la hauteur de Baffa ou Paphos, entre la petite escadre des chevaliers de Malte et les cinquante galères du capoudan-pacha Khalil de Césarée. Un jour entier, le galion du commandeur de Fraissinet avait tenu en respect ses adversaires : l'ouragan de fer que vomissaient ses quatre-vingt-dix pièces justifiait le nom d'*Enfer noir* que les Turcs donnaient au galion. Mais le renégat marseillais Mourad raïs, ancien capitaine des galères algériennes, en vint à bout dans une attaque à l'abordage, dont il raconta plus tard les péripéties à l'écuyer de l'ambassadeur

affligea grandement le Grand Maistre et toute la Religion[1] : lequel me manda ces nouvelles, me conviant de n'aller pas en Levant, d'autant que ce seroit tousjours augmenter la gloire des Turcs, si j'estois pris, comme il y avoit peu d'apparence que je m'en peusse exempter. — Je le remercia très humblement du soin qu'il luy plaisoit avoir de moy, mais que, pour n'aller pas à Levant, c'estoit ce que je ne pouvois faire : d'autant que, partant de France, j'avois promis de faire le dict voyage : que, si l'armée turquesque n'estoit pas à la mer et qu'elle n'eust point pris les dictz vaisseaux, plus volontiers je me déporterois du voyage de Levant, mais que j'aimerois mieux souffrir la mort que s'il m'estoit reproché que la crainte du rencontre de l'armée me fist rompre mon voyage ; et que, pour ce subject, je prenois congé de Sa Seigneurie Illustrissime.

Je partis le jour mesme, et me mis à la mer le cap

de France près de la Porte. Cinq galions, cent soixante canons, deux mille fusils tombaient entre les mains du capoudan-pacha (Kara-Djehennem, *Histoire des guerres maritimes*, ouvrage turc cité par J. de Hammer, *Histoire de l'Empire ottoman*, traduction Hellert, t. VIII, p. 168. — « Relation d'un voyage en Orient, par Julien Bordier, écuyer de Jean de Gontaut, baron de Salagnac, ambassadeur de France à Constantinople » ; Bibl. nationale, ms. fr. 18076, fol. 452 v°).

1. Le 12 décembre, l'ambassadeur de Venise annonçait de Constantinople l'arrivée de la flotte victorieuse : le capoudan-pacha amenait à bord des cinq prises cinq cent vingt captifs, dont neuf chevaliers de Malte (Horatio F. Brown, *Calendar of State papers... of Venice*, t. XI (1607-1610), n° 735). — L'ambassadeur de France reconnut, parmi les prisonniers, de nombreux français, les chevaliers de La Feuillade, d'Aubusson, de Cuges, de Chamois-Pontac, Saint-Martial et Visancourt (Bibl. nationale, ms. fr. 16146, fol. 296, 304 v°).

par le vent[1], et navigea avec assez beau temps jusques au goulfe de Venise[2], où nous aperceusmes deux petites voiles à la mer. Je commanda au capitaine de ma tartane de faire chasse sur eux et que je le suivois : ce qu'il fist. Il se trouva que c'estoit une galiotte qui avoit pris une petite germe chargée de figues, dattes et raisins, et quelque autre marchandise : laquelle galiotte laissa la dicte germe et s'enfuit. Ma tartane print la germe et la mena à mon bord. Je la remoqua jusques à Candie, où je la fis descharger au port d'Elphachie[3], qui est au dessoubz du cap de Saint-Jean, vis à vis la Gause[4] de Candie. Je chargea la germe, je veux dire le vaisseau, avec quantité de moutons et poules.

J'apris par les Candiotz qu'il avoit couché ce jour-là mesme une grande germe de l'Inde au dict Gause : laquelle estoit chargée de très bonne marchandise et de plus de 300 Turcs qui s'en alloient à Tunis : ce qui nous fist mettre à la mer, et navigasmes toute la nuict, pensans la rencontrer. Le lendemain matin, nous n'en eusmes aucune cognoissance : ce qui nous fist changer de routte, et rendismes le bord du costé de Scarpante[5], où sur le soir nous feusmes chargés d'un mestre tramontane[6], le plus furieux vent que j'aye

1. Vent debout.
2. L'Adriatique.
3. Sphakia.
4. Gozzo ou Gaudos, île proche de la Crète, au sud de Sphakia.
5. L'île de Scarpanto ou Karpatho est située entre la Crète et Rhodes.
6. Nord-nord-ouest. Le mestre, « maestro », était le vent le plus violent de la Méditerranée.

jamais veu. J'avois mis quantité de gens sur ma tartane, que je ne peux jamais embarquer; et fallust que la dicte tartane s'alloignast de moy. Espérant que le mauvais temps ne continueroit pas, nous passasmes la nuict sans aucune voile, sinon que la maistre[1], arrisée[2] à mi mas, pour soustenir le vaisseau. Les coups de mer estoient si furieux qu'ilz traversoient le navire en bord et passoient par dessus. Nul ne se pouvoit tenir sur le tillac, craignant d'estre jetté à la mer. Je faisois faire bonne garde à nos canons, craignant qu'il

---

1. La maîtresse voile ou grande voile.
2. Liée fortement, afin d'éviter les violentes agitations de la tempête. — C'est le mot « arriser » qu'il faut lire, au lieu d'« arouser », dans une description de tempête, donnée par un contemporain de Beaulieu-Persac. On y voit fort exactement rapportées, et en vers, les différentes manœuvres pratiquées lors d'un ouragan :

« L'un court sur le beaupré fresler la civadière,
L'autre sur l'artimont qui est sur le derrière ;
Cestuy cy prend le soin d'arouser [arriser] les huniers ;
Et celuy là jaloux de n'estre des premiers,
S'encourt sur le devant pour larguer les boulines,
Les bras et leurs pendeurs avec les balancines :
Ceux qui sont plus légers grimpent dans les aubans,
S'en montent dans la hune, et, lors qu'ilz sont dedans,
Ils freslent leurs bourcetz avec les garcettes,
Pendant que ceux d'en bas desmaillent les bonnettes.
Les pilottes aussi, qui ne sont pas sans soin,
Crient au gouverneur qui tient la barre au poing :
Babort... »

(Honoré de La Treille, « le Tableau de la mer, contenant un estat sommaire des vains plaisirs et des véritables peines des navigateurs... », dédié à Amador de La Porte, grand prieur de Champagne, intendant général de la navigation, oncle et lieutenant de Richelieu ; Bibl. nationale, ms. fr. 25663, fol. 208 v°).

ne s'en dévissat quelqu'un : ce qui nous eust perdu.

Ce mauvais temps dura 36 heures, durant lequel ma tartane se sépara de moy, et ne l'ay reveüe d'un an après, m'ayant manqué à tous les rendez-vous que je luy avois donné en cas de séparation[1] : ce qui ruina mon voyage. Car dela à trois jours, je rencontra deux navires qui venoient d'Alexandrie et s'en alloient à Constantinople. Lesquels j'eusse asseurément pris si j'eusse eu ma tartane qui alloit à voile et à rame. C'estoit le meilleur vaisseau que je vis jamais. Je perdis donc ces deux navires, lesquelz je suivis jusques soubz Rhode, où je rendis le bord à la mer, et m'en vins soubz Sept-Caps[2], qui estoient un de nos rendez-vous, où je n'en appris aucune nouvelle. Je demeura là 4 ou 5 jours, en attendant si j'en aurois quelque cognoiscence, tenant tantost le bord à la mer et tantost à la terre : et me tins tout ce temps-là sans m'esloigner des Sept-Caps.

Et voyant que ma tartane ny autre vaisseau ne

---

1. La tartane était sans doute cette *saëtte* française dont les autorités de Candie signalaient l'arrivée le 31 décembre 1609. Elle venait de Malte et elle était au courant de ce qui se passait à Messine. En ce cas, nous saurions les noms du capitaine et du maître d'équipage omis dans la relation de Beaulieu. L'un s'appelait Jean de La Poittière, l'autre Louis Pasqual (Horatio F. Brown, *Calendar of State papers... of Venise*, t. XI (1607-1610), n°s 771, 772). — Notons que la description d'une *saëtte*, « flèche » longue et à trois voiles, répond à celle d'une tartane.

2. Les Sept-Caps ou Jedi Burun, au nord-ouest du golfe de Kalamaki, sur la côte d'Asie Mineure. Sur l'identification des noms portés par les portulans du temps avec la nomenclature actuelle, cf. le glossaire de Konrad Kretschmer, en appendice de son ouvrage : *Die italienischen Portolane des Mittelalters*. Berlin, 1909, in-8°, p. 665.

paroissoit, je résolus de costoyer la Carmanie[1]. Comme je fus vis-à-vis de la Fenique[2], nous aperceusmes une voile à la mer que nous creusmes estre nostre tartane : ce qui nous obligea d'advancer et luy faire nos signals, lesquels la firent fuir au lieu de nous approcher. Je fis chasse sur elle, et se trouva que c'estoit un saiq[3], laquelle, ne pouvant approcher, j'envoya recognoistre par ma chaloupe que j'arma très bien et des bons hommes : lesquels, abordans le saiq, firent une salve de mousquetades; mais [elle] leur rendist bien le salut et tua cinq ou six des miens, entre autres un pilote normand nommé Énaut, brave homme : ce qui me fascha grandement et chassa avec mon dict vaisseau la dicte saiq jusques soubz le chasteau de La Fenique, où je la fis donner à travers et noyer la plus part des Turcz.

Je me remis à la mer et m'en alla à Chippe[4], où, arrivant vis-à-vis de Fontaine-Amourouse[5], je vis une tartane qui en sortoit et venoit à moy. Je creus que s'estoit la mienne. Mais, m'ayant recogneu, elle s'en-

1. La Caramanie, province d'Asie Mineure.
2. Le vieux château de Fineka est sis à l'extrémité septentrionale de la baie de Jeronda (Kretschmer, p. 666).
3. La saïq était un bâtiment turc à deux mâts, un petit artimon et un grand mât, surmonté d'un hunier, qui s'élevait à une hauteur extraordinaire. Son corps était bien étoffé de bois, ce qui empêchait les forts coups de tangage qu'eût provoqués une haute mâture (A. Jal, *Glossaire nautique*, p. 1308, article Saïq).
4. Chypre.
5. Chypre était l'île de Vénus, dangereuse pour les Allemands, écrit l'un d'eux (F. Faber (Schmidt), *Evagatorium in Terrae Sanctae, Arabiae et Egypti peregrinationem (1483)*, éd. Dietericus Hassler. Stuttgardiae, 1843, in-8°, t. I).

fuit de moy. Je ne m'amusa point là et m'en vins au travers du cap Blanc[1] de Chippe, d'où ma garde descouvrit six grans caramoussales[2], sur lesquels je fis chasse. Les approchans, ils s'assemblèrent tous six et parlèrent ensemble, et se résolurent de m'attendre. Cela ne m'empescha pas d'aller à eux et les bien canonner. Ils se tindrent tousjours ensemble le reste du jour et mesmes la nuict : estans aux coups de canon, je les voulois bien prendre, mais non pas mettre à fonds, car j'avois besoin de buttin. Le vent se rafraischist ; et eux ayant recogneu mon vaisseau puissant et bien armé, ilz firent conserve marseillage[3], c'est-à-dire sauve qui peust.

Je pris l'admiral qui estoit assez grand vaisseau, fort fracassé des coups de canon. J'y fis quelques esclaves qui se trouvèrent dedans : la plus part se sauvèrent avec leur barque en terre. J'amarina le dict vaisseau et mis 30 hommes dessus. Je fis venir les esclaves desquels je pris langue, sçavoir s'ilz venoient d'Alexandrie ou non. — Ilz me dirent qu'ils estoient partis d'Alexandrie de conserve 13 vaisseaux, sçavoir : cinq galions, deux de la souldane[4] et trois autres, et huict carmoussales, et que le mauvais temps les avoit séparés, de sorte qu'ils avoient pris la volte de Chippe et qu'ilz ne sçavoient ce que les autres estoient deve-

1. Actuellement le cap Aspro.
2. Le caramoussal, navire turc à un pont, fort enhuché de l'arrière et très étroit, avait une grande vitesse : il disposait d'un jeu de cinq voiles (A. Jal, *Glossaire nautique*, p. 417, article Caramoussal).
3. J'ignore l'origine de cette expression, dont je n'ai trouvé aucun autre exemple.
4. La Sultane.

nus, s'estans séparés la nuict. Il est vray qu'il avoit faict très mauvais temps.

Chapitre XIV.

Rencontre d'une escadre hollandaise.

Je me mis à la mer et tira du costé d'Alexandrie, où, après avoir navigué un demy jour et toute une nuict, je vis le lendemain à la mer sept grands vaisseaux : lesquels je creus estre les conserves de celuy que j'avois pris : ce qui m'obligea à faire venir les Turcs pour apprendre d'eux quels vaisseaux s'estoient et si s'estoient leurs conserves. — Ils me dirent qu'ils ne sçavoient, mais qu'il ne se pouvoit pas penser que ce feussent d'autres vaisseaux. Sur ce doubte, je mis le cap vers eux et mis ma route droict à eux. Ils venoient aussi sur moy, et allions les uns sur les autres d'un mesme vent : ce qui fit que nous nous approchasmes bien tost et que nous recogneusmes que s'estoient Flamans[1] équipés moitié guerre, moitié marchandise, dépeschés par Messieurs les Estatz de Holande pour venir requérir et accompagner les navires holandois qui estoient allés en Chippe charger de cotton et autre marchandise : lesquels navires estoient lestes et bien

1. Thomas Glover, ambassadeur d'Angleterre près de la Porte, formait alors de multiples intrigues pour nous enlever la protection des Hollandais. Mais il comptait sans l'énergie de notre représentant, Jean de Gontaut-Biron, baron de Salignac, qui se traîna malade à mourir chez le sultan, pour faire annuler les capitulations accordées à l'agent britannique (Gabriel de Mun, *Deux ambassadeurs à Constantinople (1604-1610)*. Paris, 1902, in-12, p. 61).

garniz. Ils vindrent bravement à nous avec leur pavesade[1] tendue, leur bannière de combat hors, leur trompette sonnant.

Ils croyoient que leur bonne mine nous deust estonner, et ne se trompoient pas. Car je vous jure que mon lieutenent, mon nocher[2] et quelques autres eussent vouleu estre chez eux à Marseille, me disans : « Monsieur, que penses-vous faire? Asseurément, cela est Danse qui vous cherche pour avoir raison du bruslement des vaisseaux de Tunis. Quittes-leur cette prinse (qui estoit celle que j'avois faicte, laquelle je remoquois au cul de mon vaisseau) : quittes-leur, Monsieur. Vaut mieux perdre un bras que tout le corps. » — Je leur dis que je ne voulois perdre ny le bras ny le corps, ny me parler plus de cela : « Et qui a peur se cache! Allons à eux! » Et fis allestir tous mes soldatz, lesquels sçavoient tout ce qu'ilz avoient à faire comme tous nos officiers et que chascun se mist à sa poste : ceux qui avoient la charge de l'artillerie, des feux d'artifices aux hunes et des pétards au bout des vergues, tellement que mon vaisseau estoit en estat de donner de la terreur à nos ennemis et à nous l'envie de combattre contre l'advis de Messieurs les susnommés.

Je commanda au capitaine Emanuel, mon pilotte, duquel j'estois très asseuré, de commander au timonier ce qu'il auroit à faire, qui estoit d'aller droict à l'admiral, navire de 500 tonneaux qui estoit par le

---

1. La pavesade, formée au moyen âge d'une rangée de boucliers et pavois, n'était plus qu'une bande d'étoffe tendue le long du plat-bord pour masquer le pont au moment du combat.
2. Contremaître chargé de la manœuvre.

milieu de la flotte; laquelle venoit à nous en croissant[1], son visadmiral sur sa main droicte avec deux navires, le contre-admiral sur la gauche avec deux autres. Je fus à l'admiral et luy fist tirer un coup de canon à la longueur, qui le persast de bande en bande. Ils s'estonnèrent de nous voir ainsi armés et nostre navire chargé de gens de guerre comme il estoit. Nous voyans au milieu d'eux et leur ayans ainsi tiré, ils

---

1. Le croissant ou l'ordre demi-lunaire, formation classique des flottes supérieures en nombre, qui cherchaient à envelopper l'adversaire, était adopté surtout par les galères, plus maniables que les voiliers et moins tributaires du vent. Pour faire face de toutes parts à l'enveloppement, des frères d'armes de Beaulieu-Persac imaginèrent la formation triangulaire, ordre de bataille assez insolite qui fit alors ses preuves et auquel nous avons failli revenir aujourd'hui. Le 10 septembre 1610, Simon de Saint-Jean tombait, avec cinq bâtiments sous pavillon napolitain, mais montés de marins en grande partie français, au milieu de la grosse flotte de Giaffer Pacha : les galères turques l'enveloppent de leur demi-lune : mais la petite phalange leur oppose les éperons de son triangle, si bien que Giaffer Pacha, après trois jours d'une lutte infructueuse, s'avoue vaincu en se repliant sur Rhodes (*Discours véritable du combat rendu par le capitaine Simon de Saint-Jean, de Marseille, contre l'armée turquesque, autour des isles de Rhodes et Scarpante.* Lyon, 1610, in-8°). — Le 14 juillet 1616, la même tactique réussit au Normand Jacques Pierre, un personnage épique, qui commandait avec Ribera six galions napolitains : le soir, ayant enfoncé la ligne concave des cinquante galères du Capoudan pacha, il était maître du champ de bataille où surnageaient les débris de sept galères turques : « Se diede cabo por los costados tres », on fit face de trois côtés, écrivait Ribera (Cesareo Fernandez Duro, *Osuna e su marina;* Julian S. Corbett, *England in the Mediterranean (1603-1713).* London, 1904, in-8°, t. I, p. 31, note 2).

amenèrent tous leurs huniers sur les chuquetz[1], tirans chascun trois coups de canon soubz le vent, nous saluans de la voix, de trompettes, mettans leurs barques à la mer, suyvant le commandement que je leur en fis; tous les capitaines et escrivains à mon bord s'excusèrent et me demandèrent pardon, disantz qu'ilz ne me cognoissoient pas et qu'ilz cro[yo]ient que ce fust quelque Anglois qui eust faict prise : laquelle ilz m'advouèrent qu'ilz avoient envie de leur oster, si cela eust esté. Ilz m'apportèrent leurs patentes des Messieurs les Estatz et comte Maurice : lesquelles ayant veu, je fis apporter la collation et beusmes à la santé de Son Excellence[2]. Ils me firent quelques présentz de beurre et de fromage, ce qui servist à nos malades et blessés. Je les lessay aller.

Voilà ce que vaut la bonne résolution. Si j'eusse creu mes mauvais conseils, j'eusse perdu ma prise et eusse bien fuy. C'est une fâcheuse maladie que la peur, de laquelle quantité de gens sont attaintz et principallement ceux qui, ne voyans pas le péril, font les braves, croyans que rien ne leur est impossible. Ces conseils estoient ceux-là mesme que nous avions, lors que nous faisions quelque rencontre inégalle à nous. Il ne se parloit que de se servir de l'advantage que nostre navire nous donnoit, qu'estoit de prendre ou laisser. Ces Messieurs ne vouloient point de coups, mais bien attaquer et prendre ceux qui ne se deffendoient point. Je suis marry que je ne les puisse mettre

---

1. Le chuquet ou chouquet était une grosse pièce de bois qui s'emboîtait dans la cime du mât et la liait au mât de hune.
2. Maurice de Nassau.

à couvert et que je ne puisse mieux parler d'eux. Mais je ne puis céler ce qui est de la vérité, le tout s'estant passé à la veue de tant de gens de bien et généreux soldatz, comme j'en avois donc quantité, encores de vivans[1], qui sont véritables tesmoins. Ce n'est pas mon humeur de mespriser personne. Mais je dis ce que j'ay veu. Ilz m'obligeront d'en faire de mesme de ce qu'ilz auront cogneu de moy.

CHAPITRE XV.

Beaulieu rallie l'escadre de Guillaume de Beauregard sous pavillon florentin.

Je lerray ce discours pour reprendre ma routte, laquelle estoit d'afferrer[2] la Candie[3], et là descharger ma prise et mettre le plus beau et le meilleur dans mon vaisseau, ce carmoussal estant fracassé des coups de canon. Je navigea donc deux ou trois jours avec assez beau temps, remoquant ceste machine sans aucune voile que son trinquet. Nous vinsmes jusques à la veüe de la Candie, nous resjouyssans d'arriver en terre chrestienne. Mais ceste joye ne nous dura guère, estant chargés d'un mestre tramontane[4] furieux au possible, qui nous contraignist de relascher à la mer et nous mettre à sec, à mas et à corde.

Nous fusmes jusques sur les bases d'Alexandrie, où

1. Cette phrase indique nettement que le *Discours du voyage faict en Levant (1608-1610)* a été rédigé dans sa forme définitive de nombreuses années après.
2. Jeter le fer, mouiller.
3. L'île de Crète.
4. Nord-nord-ouest.

le câble avec lequel je remoquois ma prise rompist, et par conséquent la prise à grand péril, et ceux qui estoient dessus, lesquels ne coururent jamais plus de fortune de périr, estant sur un vaisseau qui n'avoit ny voile ny tymon : ce que me donna un grand desplaisir de voir perdre mes compagnons, sans y pouvoir quasi donner aucun remède, estant si près de terre que chascun crioit après moy et particullièrement mes bons conseilliers dont j'ay parlé cy devant. Néantmoins, je fis ce que je peus pour les sauver, les tenant de plus près qu'il m'estoit possible et leur faisant jetter quantité de barris attachées avec de menus cordages, où j'avois faict lier un grand câble, affin que mes pauvres gens qui estoient dans la prise, prenant un des barils, ils peussent tirer à eux ledict câble : ce qui arriva par la grâce de Dieu, dont je fus grandement resjouy, leur ordonnant de bien amarrer ledict câble de leur costé comme je fis du mien, remercians Dieu de la grâce qu'il leur avoit faicte. C'estoit la nuict fort obscure que nous eusmes ce désordre, ce qui me fist mettre le costé au vent, attendant le jour avec impatience.

Nous estions à la veue d'Alexandrie, ce qui nous estonnoit, nous voyans quasi hors d'espérance de salut. Nous eusmes recours à Dieu et le priasmes tous de si bon cœur que, par sa sainte grâce, il fisse changer les ventz, et nous les donna autant propres à nous remettre à nostre chemin qu'ilz nous avoient esté contraires : ce qui nous resjouyt tous. Nous tirasmes à la volte d'Escarpante[1], pensans aller au Case[2] deschar-

1. Scarpanto ou Karpatho.
2. Kaso, île située entre la Crète et Rhodes, à la pointe sud-ouest de Karpatho.

ger nostre prinse et racoustrer nostre vaisseau.

Arrivans donc à l'ouverture de Rhode un matin, nous aperceusmes deux grands vaisseaux avec leurs barques derrière eux à la voile : lesquels faisoient chasse sur nous, venant de Ponant, ce qui nous mist un peu en rumeur, ne cognoissant pas les vaisseaux. Néantmoins, nous fismes bonne mine, et les attendismes, et mismes le vent à la pane avec nostre bannière de combat hors : laquelle fust recogneue par Monsieur de Chanteloube, qui estoit sur la capitaigne de ces vaisseaux, dont Monsieur le chevalier de Beauregard estoit général, estans vaisseaux du grand-duc de Toscane[1], qui nous monstrèrent leur bannière. Je leur fis desployer la mienne, qui estoit de Florence aussi, et par ainsi, nous nous recogneusmes bons amis et beaux frères que nous estions tous deux. Les cano-

---

1. Guillaume de Beauregard avait livré, dans ces mêmes parages, l'année précédente, une bataille mémorable. Dans la nuit du 20 octobre 1608, il gouvernait sur des vaisseaux suspects découverts près de Rhodes. Un caramoussal, où il avait distingué le fanal du commandement, para l'abordage par une pluie d'artifices, qui embrasèrent en un instant le beaupré, la civadière et la contre-civadière du galion de Beauregard. Beauregard avait l'éperon, la galerie de proue brisés : et l'aube naissante lui dévoilait l'effrayante disproportion de ses forces, huit navires contre quarante-deux. Avec le concours du *Dieppe*, capitaine Lambert, il parvint néanmoins à réduire à merci son adversaire. Ce n'était point l'amiral turc : il était aux prises avec deux autres Français, Jacques Pierre et Simon de Saint-Jean, commandant les galions *Saint-Jean-Baptiste* et *Saint-François*, qui vinrent à bout des 600 Turcs de l'amiral. Ce fut le signal de la débâcle. La fuite éperdue de la caravane turque vers Rhodes laissait entre les mains du vainqueur neuf galions, djermes ou caramoussals, 1,200 hommes et un butin d'un million de ducats. Tels étaient les hardis compagnons auxquels

nades ne furent pas espargnées d'une part ny d'autre, nos barques en mer pour nous aller visiter l'un l'autre : ce que nous fismes, et passasmes tout le reste du jour ensemble et la nuict aussi.

Durant lequel temps, nous nous entreti[n]smes Monsieur de Beauregard et moy, et sur l'advis qu'il me donna d'une grande entreprinse qu'il avoit en Sirie, qui estoit de telle importance que toute la Chrestienté y prenoit part[1], je voulus savoir ce que s'estoit. — Il me le dict, me conjurant que nous ne nous séparassions poinct. — Je luy dis que très volontiers, je demeurerois avec eux, si j'avois du pain à manger : mais il y avoit trois mois que je patissois et que nous n'avions que peu de biscuit, jusques à avoir retranché les rassions des soldatz et mariniers à huit onces de pain et deux tasses d'eau, et que, s'il me vouloit accommoder de biscuit, j'en acchepterois. — Ilz m'en vendirent donc 500 quintaux que je leur paya en marchandise : ce que me fist résoudre à m'en aller avec eux à la prière de Monsieur de Beauregard.

Nous rengeasmes la coste de Carmanie et fusmes

Beaulieu associait sa fortune (Gustavo Uzielli, *Cenni storici sulle imprese scientifiche, marittime e coloniali di Ferdinando I, granduca di Toscana (1587-1609)*. Firenze, 1901, grand in-8°, p. 35, 67. — J. de Hammer, *Histoire de l'Empire ottoman*, traduction Hellert, Paris, 1837, in-8°, t. VIII, p. 169).

1. Le grand émir des Druses, Fakhr-ed-Din ou Facardin, venait de signer, en 1608, un traité d'alliance avec le grand-duc de Toscane, qui lui envoyait la flotte de Beauregard comme soutien. Saïda, Balbeck et le Liban passèrent sous sa domination. Au lieu d'aller à Constantinople où Achmet Ier le conviait pour déterminer les frontières de leurs États réciproques, Fakhr-ed-Din alla trouver à Florence Cosme II de Médicis.

prendre port à Carcine, autrement Hallicarnasse[1], qui anciennement estoit une très grande ville, dont il paroist encores des vestiges. Le port a deux bouches, l'une de Ponant et l'autre de Levant. Nous entrasmes dans ce port par celle du Ponant. Je deschargea ma prise et paya aux escrivains du Grand-Duc le biscuit qu'ilz m'avoient vendu à raison de 4 escus le quintal. C'estoit de très mauvaise marchandise. Mais la nécessité nous la fist trouver bonne. Deux jours après que nous fusmes dans le dict port, les gallères de Rhodes nous vindrent visiter au nombre de six seulement : lesquelles prindrent à nostre vue la frégatte de Monsieur de Beauregard avec 35 ou 40 hommes, lesquels ils emmenèrent à Rhodes, et n'en ouismes du despuis parler.

Chapitre XVI.

Les aventures de sultan Jachia.

Nous sortismes du dict port et prismes la volte de l'isle de Chippe, désirant d'aller à Sourch[2], où estoit

---

1. Le capitaine anglais Francis Beaufort, qui parcourut au début du xixe siècle les côtes de Caramanie, identifie Halicarnasse avec Boodroom, un village sis au fond d'une baie de la province d'Aydyn, l'ancienne Carie. Boodroom fait face à l'île de Cos (cf. la *Chart of the promontories of Halicarnassus and Triopium*, dans Francis Beaufort, *Karamania or a brief description of the south coast of Asia Minor and of the remains of antiquity*. London, 1817, in-8º, p. 77, 89).

2. Sour, l'antique ville de Tyr, en Syrie. Le petit port intérieur, que fermaient des chaînes, ne pouvait recevoir que de petits bateaux. Mais il y avait au nord de la ville un port plus vaste, que sa situation mettait à couvert des vents du midi.

le rendés vous que le Grand-Duc[1] avoit ordonné à ses vaisseaux et où l'armille[2] de Saiette[3] debvoit venir visiter un certain Turc, qui se disoit empereur des Turcs, fraire aisné du grand-duc[4] qui estoit pour lors. Lequel s'estoit sauvé de Constantinople, lors que son frère fust esleu par la mort de leur père, empereur; disant qu'en ce temps là il avoit la petite vérole[5] et tellement forte qu'on ne croyoit pas qu'il en deust réchaper et que, sur ce subject, son frère fust esleu et

1. Cosme II de Médicis venait de succéder à Ferdinand Ier, son père, le 17 février 1609.
2. L'émir.
3. Saïda, l'antique Sidon, écrivait un contemporain, « est une petitte ville au bord de la mer fort aggréable pour estre son terroir extrêmement beau et bien fertile, et particullièrement en ollives et palmiers. Les olliviers y sont depuis les Romains la pluspart, ainsy qu'on dict par tradition : au devant de la ville, au costé de la mer, y a un chasteau dans la mer, bien joly : on y va par un petit port, contre lequel nous trouvâmes une polacre de Marseille ». Au contraire, « il faict pitié de voir Sour tout en ruyne... Il n'y habite personne » (« Mémoires par moy, Aymar Raymondin, du voyage que j'ay faict en Jérusalem, 1628 ». Bibliothèque de Carpentras, ms. 1777, fol. 327-328).
4. Lapsus pour « Grand Seigneur » ou sultan. Le sultan Achmet ou Ahmed Ier était monté sur le trône le lendemain de la mort de Mahomet III, son père, le 23 décembre 1603. Ahmed Ier, né en 1589, avait effectivement des frères aînés : Mahmoud, qui fut mis à mort le 7 juin 1603; Djihanghir, et Sélim, mort le 20 avril 1597. Djihanghir, qu'on prétend avoir succombé dès l'enfance, mais sans donner la date de sa mort (J. de Hammer, *Histoire de l'Empire ottoman*, traduction J.-J. Hellert, t. VIII, p. 52, note), serait-il notre prétendant Jachya?
5. La petite vérole sévissait en effet à cette date dans la famille du Grand Seigneur, car Ahmed Ier en fut atteint quelques jours après son avènement (J. de Hammer, t. VIII, p. 56).

recogneu empereur[1] et que sa mère, qui estoit la soultane Hélène[2], le sauva et l'emmena à Salonic, ayant représenté le filz d'un Grec, qui estoit de l'aage de son filz, couvert de petite vérole comme luy. Elle le fist estouffer et dist que s'estoit son filz qui estoit mort, et envoya le corps au monument des Soltans[3].

Elle se servist de ceste ruse, craignant que l'on estranglast son filz, lequel elle emmena comme j'ai dict au dict Salonic, la plus fameuse ville de l'Archipelle, où elle le fist tellement bien instruire à parler latin et autre sorte de langues[4] qu'il les parloit naturellement que la sienne propre. Il se nommoit Jaquia[5], et son frère l'empereur Acmet. C'estoit un homme de

---

1. L'historien de l'Empire ottoman, qui ignore du reste l'existence du prétendant Jachya, donne créance à la version ci-dessus, en signalant la forme étrange dont Ahmed Ier monta sur le trône. Dans la matinée qui suivit la mort de Mahomet III et avant que cet événement eût transpiré en ville, le kaïmakan et les autres vizirs, réunis en conseil, reçurent un message insolite et presque illisible, transmis par le gouverneur du harem : Ahmed Ier leur annonçait son accession au trône et les invitait à maintenir la tranquillité en ville sous peine de perdre la tête (J. de Hammer, t. VIII, p. 51).

2. De même, la grand'mère d'Ahmed Ier, la Vénitienne Baffa, fut reléguée avec toute sa suite dans le harem et perdit toute action sur les affaires publiques.

3. A Sainte-Sophie. On voit par là combien est peu justifiée la remarque de J. de Hammer (t. VIII, p. 53) : « Ce fut la première fois qu'un prince ottoman monta sur le trône sans se souiller du sang de ses frères. »

4. A Salonique ou Thessalonique, la ville de Cassandre, les monuments religieux indiquaient assez quelles religions, quelles races se mêlaient. A côté des mosquées et des églises grecques, on voyait des synagogues distinctes pour les Juifs d'Italie, d'Espagne et de Portugal.

5. Dans les lettres que nous possédons de lui, il signe « Sul-

moyenne taille, aagé pour lors de 23 à 24 ans, lequel, se sentant de la force et de la vigueur, se vouloit prévaloir de l'honneur que l'on luy avoit faict accroire qu'il estoit, au vray, empereur des Turcs. Ce qui l'obligea à s'en retourner à Constantinople en habit travesti, à ce qu'il m'a dict, et de se faire recognoistre au grand visier, avec qui sa mère la soultane avoit grande affinité, et estoit des grands amis de sa mère, qui très volontiers l'eust servy. Mais il falloit qu'il se retirast et s'en allast en Moscovie, et qu'il ne se fisse poinct cognoistre, à cause du soubçon que l'on avoit qu'il debvoit venir à Constantinople, et, pour ce subject, que l'habitation luy estoit très dangereuse.

Il se fist habiller en cordellier pour se sauver, car l'on commençoit à faire perquisition de sa personne. Ce qui l'estonna et le fist dilligenter à s'oster de là. Il s'en alla en Moscovie, où estant, quelques jours après, ayant pris l'habit à la mode du pays, il se logea avec des Flamans et trafiquoit en ce pays-là de peleterie et autre marchandise. Ces Flamans n'avoient aucune cognoiscence du Soultan et ne sçavoient qui estoit ce jeune homme si bien instruit. Il arriva que le Grand Seigneur sceust que ce soultan imaginaire avoit esté en Constantinople : sur quoy le grand visier fust pris et estranglé pour l'avoir veu, sans en avoir donné cognoissance[1]. Et dict devant que de mourir, ce qu'il en sçavoit, sçavoir : le Jaquia estoit en Moscovie, où il

---

tan Jachia, gran principe ottomano » (Bibl. nationale, ms. fr. 4073, fol. 56 et 57).

1. Le grand vizir Lala Mohammed mourut à Scutari, le 23 mai 1606, d'une attaque d'apoplexie selon les uns, d'un empoisonnement selon les autres. Ses biens furent confisqués (J. de Hammer, t. VIII, p. 97).

fust faict une publication que quiconque apporteroit la teste du dict Jaquia, lequel estoit très bien dépeint, on luy donneroit 400,000 sequins, la portant à Constantinople.

Ce cry public fist que force gens se mirent en debvoir de cercher cet homme, dont il estoit en grande appréhension. Il arriva qu'un jour un de ces Flamands qui estoit logé avec luy, estans ensemble et parlans de ce cry et du prix à quoy le Grand Seigneur avoit mis la teste de Jaquia, le Flamand, le regardant fixement et estans seuls, luy dict : « Seigneur, ne me célés poinct qui vous estes, car j'estime de la façon que l'on dépeint celuy que l'on cherche, que ce peust estre vous. Si cela est et que vous aiés envie de vous tirer du pays, j'entreprens de vous sauver et de vous conduire à Pragues et vous mener à l'empereur. Je suis chrestien : si c'est que vous soyiés Jaquia, ne craignés point, Seigneur, de vous descouvrir à moy. Je vous engage ma foy de vous servir et de ne vous quitter jamais et de vivre et mourir à vostre service. Ne craignés rien : car je vous veux servir fidellement. Je vendray toute ma marchandise, affin de vous suivre. » Et luy [dit] qu'il sçavoit la langue et le pays, et qu'il le sauveroit asseurément.

Le pauvre soultan fust long temps combattu en soy mesme s'il se debvoit descouvrir, à quoy il se résoulust et dict au Flamand : « Je vous tiens homme de bien. Je crois que vous ne voudriés me tromper. Je suis Jaquia et me fie en vous. C'est pourquoy, puisque vous me tesmoignés vostre bonne volonté, je me veux remettre entre vos mains, et vous diray donc, puisque vous me tesmoignés tant d'affection, que je vous prie d'avoir soin du péril où je suis, et de m'en oster et de m'emmener à Pragues. » Ce qui fust résolu entre eux, et luy donna un habit à la flamande, et se mirent en chemin, et firent tant qu'ilz arrivèrent à Pragues, le Flamand le servant très bien.

Estans donc arrivés au dict Pragues, il fust question de voir l'empereur, où le Flamand s'aquitta dignement de son debvoir, faisant cognoistre à Sa Majesté Impériale de la sorte qu'il avoit conduict ledict Jaquia. Sur l'advis qu'en eust Sa Majesté, l'empereur[1] le receust avec de grands honneurs. Après l'avoir faict interroger, il creust que cela pourroit servir à la Chrestienté, et l'envoya au pape. Où, estant à Rome, Sa Saincteté[2] n'en fist pas l'estime que le dict Jaquia s'estoit imaginé : ce qui l'obligea de supplier Sa Saincteté de le faire conduire à Florence au grand-duc de Toscane[3] : lequel avoit des vaisseaux qui faisoient ordinairement le cours de Levant, et qu'il supplieroit Son Altesse qu'il luy permist de s'embarquer sur ses gallions pour se faire voir à ses subjectz les Mussulmans, desquels ilz s'asseuroit qu'ilz le recognoistroient et qu'il fairoit une grande diversion dans l'empire des Turcs, s'imaginant que les rebelles, du moins, le recognoistroient : où, véritablement, nous estimions trouver tous nostre compte, y ayant en ce temps-là quantité de rebelles en Sirie, comme l'armille de Saïette, un nommé Lagiralli[4], auquel nous voulusmes faire voir nostre soultan.

1. Rodolphe II.
2. Paul V.
3. Ferdinand Ier de Médicis.
4. L'écuyer de l'ambassadeur de France, Bordier, qui était

Mais, pensant aller à Sourch, les ventz nous feurent tellement contraires qu'ilz nous contraignirent de nous remettre à la mer : où estant, je me sépara de Monsieur de Beauregard, faisant chasse sur trois vaisseaux qui estoient soubz le vent de moy, et les chassa jusques

de passage à ce moment-là à Saïda, donne de précieux détails sur l'émir de Saïda : « L'aga ou capitaine et lieutenant de l'émir Facardin s'appelloit Agy Kaynan, homme très honorable et de très bonne compagnie, aymant fort nostre nation, d'autant que ledit émir Facardin, autrement appellé par les Turcs Man'Ogly, et des Arabes Ebené Man, ne faict sa demeure que par intervalle, tant à Sydon, ou maintenant Séide, qu'à deux chasteaux ou grand forteresses qu'il a dans la montagne du mont Liban : l'un desquels est appellé Calla Isqui, qui veux dire Vieil Chasteau, l'autre Callas Elbiquas, qui veux dire Chasteau [de la plaine], où il estoit lors incité de faire sa demeure par la belle saison du printemps... Le sieur Gal fit donner avis à Agy Kaynan de son arrivée de Tripoly, désirant le voir et saluer avec trois de ses amis : ce que sachant, commanda aux janissaires qui gardent ordinairement la porte du chasteau, de nous laisser entrer : comme ils firent, nous conduisant en une salle haute, toute ouverte d'un costé à la façon turquesque, et entrasme puis en une chambre atenant, où nous le treuvasme assis sur le saufa, d'où il se leva en pied, nous voyent; et le salua le sieur Gal et nous après : là, où après plusieurs caresses, nous fit soir en costé de luy à leur mode, ayant avec luy trois ou quatre hommes de qualité, lesquels ne sont sy fiers ou altiers vers les chrestiens comme sont les Turcs, retenent en cela quelque chose d'où ils sont venus. Tout le discours fut de s'enquérir des nouvelles de la guerre de Perse et de la court du Grand Seigneur, puis du trin et cours de la marchandise, qui est leur plus grand revenu à cause de la douasne d'icelle. Tant y a que nous demeurasme deux bonnes heures à causer, après avoir beu le cavé et cerbet. » C'est une des premières mentions du café que je trouve sous une plume française (*Relation d'un voyage en Orient (1604-1612)*, par Julien Bordier. Bibl. nationale, ms. fr. 18076, fol. 524).

à l'embouchure du port de Tripoly en Sirie[1]. Je rendis le bord en la mer. Le temps estoit grandement fraiz. Je tira à la volte du cap Ensir[2] : où, la nuict, je fis rencontre de vaisseaux, dont l'admiral avoit le fanal allumé. Je croiois que ce fust des ennemis : ce qui me fist entretenir toute la nuict le plus près d'eux que je peux, pensant le lendemain matin en prendre quelques uns. Mais il se trouva que c'estoit Monsieur de Beauregard, lesquels, ayans recogneu et parlé ensemble, nous nous ressemblâmes. C'estoit vers Noël[3], le temps estoit très mauvais. Nous nous résolusmes d'entrer dans le goulfe d'Alexandrette[4].

1. Ali Djanboulad, le Kurde, maître de Tripoli, s'était déclaré indépendant de La Porte et avait conclu, le 2 octobre 1607, un traité d'alliance avec le duc de Toscane (J. de Hammer, t. VIII, p. 115).

2. Le promontoire, ou ras-el-Chansir, borde au sud le golfe d'Alexandrette ou d'Iskanderun.

3. Vers le 25 décembre 1609. Bien rares sont les dates dans le récit de Beaulieu; et cela n'a rien d'étonnant, puisqu'il écrivait longtemps après les événements.

4. Alexandrette ou Iskanderun servait de port à Alep, en Syrie. — Dans une lettre adressée à Henri IV, le 24 juillet 1609, l'ambassadeur français près de La Porte, Jean de Gontaut, baron de Salignac, décrit ainsi Alexandrette : « L'eschelle d'Alexandrete estoit par advant à Tripoly de Sirye. Et par la poursuite des marchands trafiquans, pour quelque avanye qu'ilz receurent du gouverneur dudit Tripoly, ilz la firent transférer en Alexandrete, où elle a demeuré depuis. Les marchands demeurent en Alep et laissent quelque facteur audit Alexandrete, où ilz ont basty quelques magasins, non seulement les Françoys, mais les Anglois et Vénitiens aussy. Ledit Alexandrete est un lieu ouvert, deshabité, où les corssaires vont sans danger et tous espions sans apréhension. Et là, il se peult faire et se fait d'ordinaire divers contrebandes et tromperyes. Cela fait que les marchands s'en contantent et s'y

Chapitre XVII.

Au mouillage d'Alexandrette.

Et y arrivasmes fort tard; la nuict estoit fort obscure; c'estoit un judy. Ayant donné fond, mon nocher me dict que, si l'on vouloit mettre de gens à terre, il s'assuroit de faire prendre la carravane que venoit d'Alep pour Constantinople. J'en donna advis à Monsieur de Beauregard, lequel vint sur mon vaisseau. Après avoir ouy mon dict nocher, nous demeurasmes d'accord de mettre 300 hommes en terre, et que mon nocher les conduiroit où il se faudroit mettre en embuscade[1].

plaisent, veu mesme que de là en Alep, où est leur résidence, il n'y a que trois journées pour porter leurs marchandises avec charroy et chameaux, et de Tripoly, il en a six, qui est gaigner la moitié du voiturage. Le conseil d'icy, voyant le dommage qui leur revenoit que l'eschelle fut en Alexandrete, ordonna qu'elle fut remise à Tripoly, et tous les magasins d'Alexandrete abatus, et un mois de temps seullement donné aux marchands pour pourveoir à leurs affaires » (Bibl. nat., ms. fr. 16146, fol. 258). — Ailleurs, Salignac ajoute ce détail, dans une lettre du 11 août 1609 à Henri IV : le vice-consul français d'Alexandrette a été assommé par un Vénitien, « qui arracha de l'église le portrait du roy, celuy de la royne et de Monseigneur le Daulfin » (Bibl. nationale, ms. fr. 16146, fol. 263 v°).

1. Aux marins marseillais, les environs d'Alep étaient familiers. Chaque année, leur flottille de commerce apparaissait dans le golfe d'Alexandrette : et laissant au mouillage leurs vaisseaux, les capitaines montaient vers Alep pour traiter de leurs affaires et échanger contre des tapis de Perse, des épices, de la rhubarbe, de l'opium, du coton, du musc, du maroquin et des camelots, l'huile, le vin, les draps de leur cargaison. La relation qu'adressait à notre ambassadeur près de La Porte, le

[Décembre 1609] DE BEAULIEU-PERSAC. 103

Monsieur de Chanteloube mit pied à terre avec le sergent maiour[1] de Monsieur de Beauregard, et passèrent le reste de la nuict au lieu où mon nocher les condui[si]t, qui se nommoit le capitaine Pierre Roulier. Sur les huict heures de matin, il passa dix huict chameaux chargés d'anguilles salées et ris, qui s'en alloient à Paias[2], petite ville qui n'estoit que deux lieues d'Alexandrette. Les 18 chameaux furent pris et amenés à la marine. Nous les croyions chargés de

consul d'Alep, Bordier, est à ce sujet fort instructive (5 juillet 1623). Elle montre aussi le péril que couraient les marchands dans une rade ouverte et souvent hantée des pirates (Bibl. nationale, ms. fr. 16161, fol. 17. — Voyage et inspection de M. de Séguiran sur les côtes de Provence (1633), dans E. Sue, *Correspondance de Henri d'Escoubleau de Sourdis*, t. III, p. 226).

1. Le sergent-major ou sergent de bataille était le major général d'une armée navale. Le premier que je vois en fonctions dans une flotte française est Nicolas d'Armand, sergent de bataille de l'escadre du commandeur de Chaste, en 1586 (Bibl. nationale, ms. fr. 4489, fol. 117). Le sergent de bataille passait en revue les équipages, portait de vaisseau en vaisseau les instructions de l'amiral, dressait avec lui l'ordre de bataille et, après l'action, en faisait le rapport. Les sergents de bataille, Séguiran de Bouc, Saint-Bonnet de Toiras, De Caen, qui assistèrent aux batailles navales livrées sous le règne de Louis XIII, nous ont laissé là-dessus plus d'un rapport (cf. Ch. de La Roncière, *Histoire de la marine française*, t. IV, p. 444, 470; et Bibl. nationale, ms. fr. 8022, fol. 36 v°, etc.). L'un d'eux, Séguiran de Bouc, pouvait écrire qu'il avait « eu l'honneur de se trouver partout où le combat s'était fait, ayant fait la function de sergent de bataille ». 1622 (Bibliothèque de Carpentras, manuscrit 1826, fol. 232).

2. Paias, actuellement Bayas. Cf. le *Plan du mouillage d'Alexandrette (côte de Syrie)*, levé et dressé, en 1854, d'après les ordres de M. le contre-amiral Le Barbier de Tinan par M. C. Bouchet-Rivière. Dépôt des cartes et plans de la marine, réédition de février 1910. A la fin du XVIIe siècle, un ingénieur

bonne marchandise. Mais, après avoir veu ce que c'estoit, nous commandasmes de descharger les chameaux : lesquels estans deschargés, nos soldatz et mariniers les tuèrent à coups de piques et mousquetz, et les escorchèrent, et les mirent en pièces ; de sorte que, dans une heure après, il n'y avoit plus de chair de chameau sur le bord de la mer. Nos gens les mangèrent très bien.

Nous séjournasmes là longtemps, sans en pouvoir sortir au subject du mauvais temps. De là, à quelques jours, nous prismes une germe avec six-vingts Turcs, dont il y eust plus de la moitié de tués, les autres faicts esclaves. Ces canailles se défendirent très bien. Ils furent attaqués par nos barques : car nos navires ne bougèrent de l'ancre. Les Turcs furent séparés entre Messieurs de Beauregard et moy : il en prit sa part et moy la mienne. Nostre soultan les voulust tous voir et les vouloit relascher. Il me demanda les myens : mais je ne les luy donna pas. Il se scandalisa un peu de mon refus.

Mais sa colère ne dura pas. Car, delà à deux jours, il vint souper à mon bord, où je luy fis manger d'un pasté d'asne qui fut pris avec les chameaux[1]. Il avoit amené Monsieur de Beauregard avec luy et le seigneur Brancadou, gentil cavalier qui estoit vice-admiral de

---

ordinaire du roi, le sieur Plantier, avait déjà levé la « carte de la baye d'Alexandrette, depuis le cap Porque jusqu'au Payas » (Bibliothèque du dépôt des cartes et plans de la marine, manuscrit 108 (1066), fol. 15).

1. Veut-on savoir quel était alors à bord un menu soigné ?

« ... Il prenoit des poissons
Qu'il bailloit à son coq, afin que sans remise
Il leur fist une sauce en la meilleure guise

la flotte du grand-duc. Le soultan trouvoit nostre vainèson très excellente. Mais Monsieur de Beauregard ne se peust empescher de rire et de luy dire que c'estoit un pasté d'asne : ce qui le fascha, et ne voulust point manger de la chair et s'attaqua à la crouste. Ce que voyant, le cavalier Brancadou, en retirant le pasté, luy dict : « Seigneur soltan, il n'est pas raisonnable que, puisque vous ne voulés pas manger de l'asne, vous mangiés le bas. » Ainsi passasmes nostre mauvais souper en beuvant à la santé du Roy, à laquelle toute mon artillerie tira. Après la santé du Roy, nous beusmes à la santé du soultan, à laquelle ne se tira que trois coups : ce qui le scandalisa, et se leva de table, disant que c'estoit trop mespriser un empereur que de saluer un Roy de 50 coups de canon, et luy de trois. Il ne voulust plus manger : ce qui nous fist lever tous de table et aller à la comédie, laquelle

> Qu'il s'imaginoit, et qu'après dans les platz
> Il les mit en employ à l'heure du repas
> Avec quelque jambon, cervelat ou saulsice,
> Et quelque ragoust pour le dernier service.
> Puis, venant au dessert, ilz prennent du pétun
> Qui remplit tout à faict leur chambre de parfun :
> Si bien que l'on diroit que c'est une fournaise,
> Qui ne leur desplaist puisqu'ils en sont bien aise.
> Après, ilz font venir l'eaue de vie et le vin
> Avec le rosolis pour finir leur festin. »

(Honoré de La Treille, « le Tableau de la mer, contenant un estat sommaire des vains plaisirs et des véritables peines des navigateurs, avec un inventaire abrégé des vituailles et munitions de guerre, agrèz, apparaux et autres choses nécessaires pour l'armement d'un navire », dédié à Amador de La Porte, grand prieur de Champagne, intendant général de la navigation et commerce de France, oncle et lieutenant de Richelieu. Bibl. nationale, ms. fr. 25663, fol. 207 v° et 208).

nos soldatz faisoient ce soir là. Ainsi nous faisions ce que nous pouvions pour passer nostre temps parmy nostre misère. La comédie finie, chascun se retira en son vaisseau.

Le lendemain, nous mismes quelques 300 hommes à terre dessoubz la Marquese, qui est un petit fort près duquel passe une petite rivière, où nous fismes aiguade. Durant laquelle, il survint 15 ou 16 Turcs à cheval, qui chargèrent les corps de garde de Monsieur de Beauregard et le mien en tel désordre que tous ses Italiens s'enfuirent, mais avec telle espouvante que c'estoit une honte. J'estois sur mon vaisseau, qui estoit le plus près de la terre. Je fis tirer quelques coups de pièces aux Turcs. Mais cela ne les empescha pas de poursuivre nos Italiens jusques à la marine. J'estois au désespoir de voir que ces canailles tuoient nos Italiens de la sorte, sans les pouvoir secourir, n'ayant point de batteau pour embarquer de gens, le nostre estant à l'aiguade. Néantmoins, celuy de Monsieur le chevalier de Rhodes[1] passa près de moy : lequel je fis venir à bord et m'embarqua dedans avec 40 sol-

1. Le chevalier Guy Pot de Rhodes commandait l'un des vaisseaux de la flotte royale, lors de la bataille navale des 15-17 septembre 1625 livrée aux protestants rochelais (*l'Ordre du combat naval où M. de Montmorency, admiral de France, attaqua les Huguenots rebelles, qu'il mena battant jusqu'à la fosse de Loye*. Dessigné par Ducarlo, ingénieur et géographe du Roy. Paris, 1625, in-folio). Il reçut plus tard de l'Ordre de Malte les commanderies de Vaufranche, Salins et la Blodais (le P. Anselme, t. IX, p. 310). En octobre 1627, le commandeur de Rhodes était à la tête de l'escadre de Bretagne, dans la flotte que rassemblait l'amiral duc de Guise pour prendre à revers Buckingham et la flotte anglaise en blocus devant Ré. Il avait son pavillon à bord du *Saint-Louis* de Saint-

datz des miens, Monsieur de Chanteloube aussi avec un de ceux de Monsieur de Beauregard et quelques hommes avec luy.

Nous nous raliasmes tous deux et allasmes aux Turcs, qui estoient sur le bord d'un bois, dans le champ où estoit le corps de garde des Italiens. Nous les chassasmes de là et menasmes battant jusques dans la montagne. Il y en eust quelques uns de tués, mais peu. Ilz estreillèrent bien les Italiens. Ils emportèrent les testes de 15 ou 20 les plus huppés, entre autres d'un gentilhomme de Bourgongne nommé Rocheprise[1], qui se rencontra avec les dictz Italiens. A mon retour, je les fis tous enterrer, et n'y perdis personne, et n'eus qu'un soldat de blessé d'une arquebuzade à la main nommé Rigaud[2], qui despuis a commandé un

---

Malo; Rigault, dont nous allons faire tout à l'heure la connaissance, commandait un autre vaisseau de la division bretonne, *le Lion-d'Or* (Affaires étrangères 786, *France* 43, fol. 36). — L'année suivante, durant le siège de La Rochelle, le fort tirant d'eau du *Saint-Louis* obligea son chef à abandonner le blocus et à regagner Brest (Affaires étrangères 792, *France* 49, fol. 67).

1. Rocheprise est le nom d'un château de Bourgogne, sis dans la Côte-d'Or, commune de Brémur, canton d'Aisey-sur-Seine.

2. Rigault dut peut-être sa belle carrière à la protection du chevalier de Rhodes, qui venait d'être témoin de sa bravoure. Il fut son subordonné, puis son collègue, comme capitaine d'un des vaisseaux du roi, à la bataille des 15, 16 et 17 septembre 1625, puis en 1627 dans la flotte du duc de Guise. En 1638, il prit part au siège de Fontarabie à la tête d'un vaisseau du roi bâti en Hollande, *la Victoire*, de 205 hommes d'équipage (Bibl. nationale, ms. fr. 6409, fol. 313, 315, 327). Le 29 janvier 1642, il recevait mission de « prendre possession de Madagascar et isles adjacentes au nom de Sa Majesté Très

des navires du Roy. Après avoir enterré noz mortz et pris de l'eau et du bois, nous nous retirasmes, faisant apporter un jeune cavalier Italien, lequel fust trouvé tout estendu au bord de la mer, disant qu'il estoit blessé d'une arquebuzade au travers du corps : ce que je croyois, et le fis mettre dans mon batteau et le porter au bord de Monsieur de Beauregard. Ce fust celuy que la peur avoit tellement blessé qu'il le croyoit estre véritablement. Voilà ce qui se passa cette journée.

Le lendemain, nous changeasmes de poste et allasmes à huict ou dix milles de là, à un lieu nommé Port Bonnet[1]. Et estans arrivés, nous voulusmes encores prendre de l'eau et faire de la chair ; et, pour cet effect, Monsieur de Beauregard mit près de 400 hommes à terre, commandés par son sergent major. Lequel, estant à terre, se logea sur une petite coline et forma son bataillon qui favorisait aiguade. Je mis pied à terre avec 45 hommes des miens, sçavoir : 30 mousquetaires et 15 piquiers, tous soldatz choisis. Je m'en alla sur la coline, où je rencontra le sergent major : lequel parlementoit avec quantité de Turcs qui estoient sur une autre coline, à quelques 200 pas les uns des autres.

Chrétienne »; il y avait trois ans déjà qu'il y expédiait des bâtiments isolés. Mais c'est en 1642 seulement qu'une société particulière, *la Compagnie d'Orient*, lui prêta son concours et le mit à même d'organiser des armements suivis (Henri Froidevaux, *Documents inédits relatifs à la constitution de la Compagnie des Indes Orientales de 1642*, publiés dans le *Bulletin du comité de Madagascar (1898)*, p. 484).

1. Le Porto Bonel des anciens portulans, à huit milles au sud-ouest d'Alexandrette, n'a point d'équivalent sur nos cartes (Kretschmer, p. 670).

J'arriva sur cette conférance, laquelle je rompis et dis au sergent major : « Quelle capitulation faictez vous avec ses canailles? Ils ne vous rendront pas les testes de vos compagnons. Abattes cette bannière et allons à eux. Il les faut charger et avoir raison de vos amis. » — Il me dict : « Très volontiers! » et me dict : « Passés devant, je vous suis. » Ce que je fis avec mon petit bataillon, et descendis la coline. Je passa un petit ruisseau et monta droict aux ennemis : lesquels m'attendoient de fort près, mais avec estonnement. Ilz me tirèrent quantité de mousquetades et coups de flesche. Je fis tirer par mes soldatz de fort près. Les Italiens ne se hastoient pas beaucoup. Je leur fis quitter la coline et se mettre à la plaine. Les Italiens vindrent, me disans qu'il faloit combattre et aller brusler leur casal, qui estoit à une grande lieue et demy de là. Je leur dis : « Allons et souvenez-vous de ce que vous dictes. Car [pour le] faire[1], je vous en va montrer le chemin. — Nous vous suivrons », dict le sergent major, l'ayde duquel[2] se mist avec moy sans y penser.

Je descendis avec ma petite troupe qui servoit d'enfans perdus[3], et ces Messieurs les Italiens qui me suivirent jusques que je fus aux mousquetades avec les ennemis : lesquels estoient plus de 300, tant à pied qu'à cheval, et se retiroient devant nous du costé de leur casal en désordre. Car ses gens là ne vont au combat et ne s'en retirent jamais en gros, sont tousjours espars. Je les suivis sans relasche à coups de

---

1. Il y a en réalité ces mots sans aucun sens : « Car il faire... »
2. L'aide-major, comme l'appelle ailleurs Beaulieu.
3. Les enfants perdus étaient les éclaireurs qui précédaient l'avant-garde.

mousquet et leur fis passer une petite coline jusques où les Italiens me suivirent et ne passèrent pas plus advant. Je les fis descendre encores une plaine, au bout de laquelle estoit leur casal, que nous vouyions très bien. Les Italiens s'en retournèrent et se contentèrent de nous voir à l'escarmouche. Il en tumboit tousjours quelqu'un : nous nous eschauffasmes tellement à la suitte de ces gens que nous les menasmes jusques dedans leur casal, à la teste duquel ilz firent semblant de venir à nous. Ce qui nous fist former nostre petit bataillon et aller à eux : car devant ces canailles, il ne faut point bransler au manche : somme que je fis sonner la charge à nostre trompette, et allasmes les picques basses à eux. Ils nous tirèrent quelques mousquetades. Ils se mirent dedans leur village, où nous donnasmes. A l'entrée du village, il y en eust trois ou quatre de tués. Les femmes et enfans s'en estoient fuis et avoient tous abandonné leurs maisons, nous voyans venir. Nous leur fismes quitter le village, et se retirèrent dans un bois de meuriers blancs, qui estoit derrière. Je commanda à six ou à sept de mes compagnons de mettre le feu partout : les maisons de ce pays là ne sont que des barraques de bois et de terre. Avec le reste de mes compagnons, j'alla à eux et leur fis quitter le bois, que je garda jusques que le feu feusse mis par tout.

Alors, je fis sonner la retraitte et l'ordonna le mieux qu'il me fust possible, séparant mes 45 hommes en trois, sçavoir : quinze à chasque gros, composé de dix mousquetaires et cinq piquiers, qui marchoient à 20 pas les uns des autres[1]. Les ennemis vindrent sur

1. Dans l'*Arcenac de la milice françoise*, de Jacques de

nous jusques au nombre de plus de 800 qui s'estoient rassemblés, crians et menans grands bruits. Leur cavalerie se mist entre nous et nos vaisseaux. Nos Italiens s'estoient tous retirés, de sorte que ce fust à nous de faire bonne mine. Ils nous tiroient force mousquetades, mais un peu de loin. La cavalerie se mist en debvoir par trois ou quatre fois de venir à nous : ce qui nous obligea à former nostre petit bataillon et mettre nos petitz gros en un. Ilz vindrent jusques à la longueur de nos piques de nous. Je faisois tirer mes mousquetaires tous un à un, qui en tumboient à bon escient : ce qui les obligea à s'esloigner de nous, néantmoins nous tenans tousjours entre leur cavalerie et leur infanterie. Nous marchions tousjours, faisant souvent alte et leur monstrant tousjours les fers de nos picques de leur costé. Cette retraitte dura le moins trois heures. Ilz perdirent plus de 50 hommes.

L'effroy est une misérable chose : car je vous diray que l'ayde major des Italiens qui estoit avec moy, voyant quantité de petites talopes[1] et buissons de nertes[2] qui estoient dans la plaine, il s'imaginoist que

---

Fumée (p. 191), nous lisons ce passage, relatif à la façon dont « les picques flanquent les arquebusiers : pouvant la picque résister plus fermement contre l'impétuosité des chevaux, il est plus raisonnable que les flancs de la bataille soyent fortifiéz de picques ». Notons que ce traité de tactique militaire et navale parut à Paris, en 1607, peu de temps avant l'arrivée de Beaulieu-Persac dans la capitale.

1. « Une talope de bois » est « comme une grosse haye ou un petit bocqueteau » (Salnove, *Vénerie*, c. XIV; cité par Frédéric Godefroy, *Dictionnaire de l'ancienne langue française*, t. VIII, p. 634).

2. Nom vulgaire du myrte.

s'estoient des hommes, me disant : « *Signore, vedete, que de gente! Si la bonne nostre Done de Fiorence ne nous adiude, siamo tutti persi*[1]*!* » Je le fis bien taire. Nous marchasmes tousjours droict à nos navires, entre nous et lesquels y avoit un grand trouppeau de plus de 500 buffles, lesquels je deffendis de tirer, et que tout fust réservé pour les ennemis. Lesquels vindrent encores à nous. Mais ilz feurent si bien receus qu'ilz firent comme l'autre fois. Ilz se retirèrent et voulurent faire donner leurs gens de pied qui vindrent, criant si fort que, si nous eussions esté gens à nous estonner, nous estions mal à cheval[2].

L'on nous vouyoit des vaisseaux, mais poinct de secours, sinon que le chevalier de Saint-Forgeu[3], qui estoit sur le vaisseau de Monsieur de Beauregard, prit 18 mousquetaires sans que l'on le luy commandast, et vint pour nous soustenir. Mais nous n'avions plus grand chemin à faire pour estre à la faveur de nostre canon. Il y eust deux Turcs vestus de blanc, qui s'advancèrent plus que les autres, que nous envelopasmes entre nous et les prismes et amenasmes, achevant nostre retraitte. Nous touchasmes devant nous un petit troupeau de buffles et les approchasmes de la marine, et en tuasmes dix ou douze : ce qui ser-

1. Est-il besoin de traduire ce mauvais italien : « Monsieur, voyez, que de gens! Si la bonne Madone de Florence ne nous vient en aide, nous sommes tous perdus! »

2. Expression figurée, car mousquetaires et piquiers de Beaulieu allaient à pied.

3. Bertrand d'Albon de Saint-Forgeux, chevalier de Malte, devint mestre de camp en France, en Italie et en Lorraine : il fut tué en 1636 (La Chesnaye des Bois, *Dictionnaire de la noblesse*, article Albon).

vist grandement à nos malades. Ainsi nos canailles de Turcs nous quittèrent, et le lendemain vindrent à la marine faire bannière blanche pour retirer leurs deux hommes, que je leur changea avec des poules, beurre et moutons, fromage et autres choses pour nos pauvres malades et blessez. Ainsi nous nous retirasmes.

Monsieur de Beauregard me vint voir. Je luy fis mes plaintes de son sergent-major, lequel m'avoit laissé engagé parmy les ennemis. Et le lendemain, je luy dis, en présence de tous ceux qui estoient dans le vaisseau de Monsieur de Beauregard, sa lascheté, dont nous eusmes grand discours. Si cette petite retrette s'estoit faicte devant un roy ou général d'armée, il s'en fust parlé. Mais je n'ay que pour tesmoins que ceux qui estoient avec moy, dont il y en a encores quantité de vivans : Messieurs les chevaliers de Miraumont, d'Arérac[1] et de L'Escluse y estoient, et ont faict le

---

1. Le chevalier d'Arrérac se signalait le 12 mai 1622 dans un combat naval contre une trentaine de navires écossais qui pactisaient avec les rebelles de la Gironde. Avec six pataches en colonne double, il les attaquait de front, tandis qu'une des batteries du Château-Trompette et trois navires de Blaye les prenaient de flanc. Les Écossais perdirent quatre bâtiments, dont l'amiral, et furent mis en déroute (*La Deffaicte mémorable de trente navires escossoises, venant au secours de La Rochelle, par Monseigneur de Condé*. Paris, 1622, in-8°). — A la bataille navale de Saint-Martin-de-Ré, le 27 octobre 1622, entre l'amiral duc de Guise et l'amiral protestant Guiton, les trois pataches d'Arrérac couvraient les derrières du corps expéditionnaire qui se tenait sur la hanche de la flotte de guerre (*Estat de l'armée navalle du Roy, commandée par Monseigneur le duc de Guyse, admiral et lieutenant général de la mer*, par M. de Bontséguiran [Séguiran de Bouc], sergent-major de

voyage de Levant avec moy et tousjours bien faict dans nos occasions. Monsieur de Beaumont de Castelane y estoit aussi. Ce fust luy qui donna, avec dix mousquetaires et cinq piquiers, le premier dans le vilage. Je vous puis asseurer que tous ceux qui se trouvèrent là, firent tout ce qui se peust faire de bien en ceste occasion.

Nous séjournasmes quatre ou cinq jours et nous mismes à la voile, pensans sortir de se goulfe pour nous en aller à Sourch, faire voir à l'armille de Saiette nostre soultan. Mais il n'y eust aucun moyen de sortir de ce malheureux goulfe, y ayant du costé de la Sirie une montagne fendue en deux[1], au dessoubz de

l'armée navale. Bourdeaus, 1622, in-8°). — Arrérac était à l'arrière-garde à bord de *la Reine*, le 22 août 1638, lorsque fut détruite à Guetaria toute l'escadre espagnole de Don Lope de Hocès (Eugène Sue, *Correspondance d'Escoubleau de Sourdis*, t. II, p. 29, dans la Collection des Documents inédits).

1. Le Dschebel Musa, d'une altitude de 1,668 mètres, à l'extrémité du mont Amanus, domine en effet au sud du golfe le promontoire du ras-el-Chansir. Voici comment le décrit Bordier, qui l'avait franchi l'année précédente, en 1609 : « Cette montagne, — le mont Amanus, — est des plus fameuse et renomée d'Asie, tant pour son fréquant passage d'Alexandrette en Alep que pour la séparation qu'elle fait de la Syrie et Cilicie ou Caramanie, et s'estant en longueur depuis le mont Thaurus dont elle sort, et fourche du costé septentrional droit au mydy, s'alongent par la Cassiotide Psydienne, où puis elle change de nom selon les lieux où elle s'estant. De la cyme de ceste montagne, se voit quantité de pays, comme du ponant, la mer Médytéranée, l'isle de Chypre, les costes de Caramanie, Pamphylie ; du midy, les costes de Sirie, Égypte ; du costé de siroc, les commencemant des déserts d'Arabie ; et du levant, la Comaque et Sirie. Elle est appellé des Latins Amanus, des Italliens Monte Negro, de nous Montagne Noire et des Turcs Cara Dac, qui veux aussy dire Montagne Noirre. Bref,

laquelle faut passer, dont l'ouverture jette tant de vent que c'est une merveille. Nous fusmes constraintz de relascher en Alexandret, où nous demeurasmes longtemps sans en pouvoir sortir, et ne faisions rien que pescher. C'est le cul-de-sac de la mer de Levant. Il ne se peust passer plus advant. Les Turcs de la terre nous venoient veoir quelques fois, et se faisoit tousjours quelque petite escarmouche. Je m'enuyois grandement de manger mon biscuit en ce lieu là : où, ne pouvant rien faire, je me mis plusieurs fois à la voile pour en sortir. Mais il me falust tousjours revenir, ce que me desplaisoit bien fort.

Je demeura là jusques au premier dimanche de caresme[1], lequel jour nous fismes solennement célébrer la sainte messe à terre à la veue des ennemis, où les canonades ne feurent pas espargnées à l'élévation du prétieux corps de Nostre Seigneur. La messe finie, je dis adieu à Monsieur de Beauregard, résolu de sortir ou de périr. Il fist tout ce qu'il peust pour me retenir : ce qui ne peust.

nous commenceasmes à la monter au lever du soleil, cheminent sur les pantes des grands coustaux plaisant et agréables, pour la quantité et diversité de tant de sortes d'arbres, dont ce hault monts est remply de tous costé, à raison de quoy il a esté appellé Mont Noir; d'autant que de loing ou près qui le voit, il semble et paroist noir à cause du feuillage des grands arbres qui y sont, comme platanes, chycomore, chesnes communs et verts, et aux lieux les plus esminent des pins, sapins, smilacs, cèdres sauvages, ifs et tant d'autres que merveilles : et puis dire que nous cheminions à la frescheur des arbres » (*Relation d'un voyage en Orient*, par Julien Bordier, écuyer de Jean de Gontaut, baron de Salignac, ambassadeur à Constantinople (1604-1612). Bibl. nationale, ms. fr. 18076, fol. 450 v°).

1. Le 28 février 1610.

Je fus prendre congé de nostre sultan, qui me tesmoigna un grand desplaisir de ma séparation : car il m'aimoit, et pour tesmoignage de cela, il se déboutonna son propoint en me disant adieu. Il osta de dessus son estomach une grande pièce d'escarlate faicte en cœur en broderie d'or, et me la donna, me disant que c'estoit la pièce de son cœur et que je la gardasse pour l'amour de luy : Ains je me sépara de luy et ne l'ay veu du despuis[1]. Je vous ay dict cy devant ce que j'ay apris de sa vie de luy même et de ce Flamand qui estoit avec luy.

Je m'en retourna à mon vaisseau, dont l'ancre estoit à pic preste à partir, où estant arrivé, je fis mettre à la voile. Je salua toute la flotte de cinq coups de

1. Jachya vint pourtant en France et séjourna un certain temps à Paris. Nous possédons deux lettres, datées de Paris les 4 et 8 octobre 1615 et adressées à Charles de Gonzague, duc de Nevers, par le « Sultan Jachia, gran principe Ottomano » (Bibl. nationale, ms. fr. 4703, fol. 56 et 57). Le duc de Nevers, prétendant lui-même au trône de Constantinople, s'assurait tous les concours contre le sultan. Dernier descendant d'Andronic le Vieux, il était pour les Hellènes « l'empereur Constantin », et les évêques de la Grèce lui écrivaient dès 1612 : « Ne tarde point à venir au nom du Christ ». Pour seconder le mouvement insurrectionnel des montagnards du Maina, au sud du Péloponèse, il fonda l'Ordre de la Milice chrétienne, qui lui procura et des volontaires et des vaisseaux (Berger de Xivrey, *Mémoire sur une tentative d'insurrection organisée dans le Magne, de 1612 à 1619, au nom du duc de Nevers*, publié dans la *Bibliothèque de l'École des chartes*, t. II (1841), p. 532; Ch. de La Roncière, *Histoire de la marine française*, t. IV, p. 412). — On comprend par là que l'expédition de Beaulieu-Persac dans le Levant ne fut pas sans résultat : elle inaugura à l'égard de l'Islam une politique nouvelle, mais non avouée; car les marins français de la Milice chrétienne, pas plus que ceux de Beaulieu, ne combattirent sous pavillon fleurdelisé.

canon : ils me redirent mon salut. Ainsi, je partis ceste journée du goulfe avec grand péril ; car lors que nous feusmes au travers de la montagne, nous trouvasmes tant de vent que, quoy que j'eusse faict mettre toute mon artillerie et mes gens sur le vent, je vous jure que nous faillismes à trébuscher : nos voiles s'emplirent d'eau et le bord de dessoubz le vent dans l'eau, tant le vent estoit impéteux. Nous fusmes environ demy heure en ce péril, tout le monde en oraison. Mais résolu que j'estois de sortir, Dieu par sa sainte grace ouit nos prières, dont nous luy rendismes graces.

Chapitre XVIII.

Beaulieu propose au grand maître de Malte d'enlever La Goulette.

Cependant, j'eus de nouvelles que le gouverneur de Sarragouse[1] détenoit ma tartane et qu'avoit faict mettre tous les soldatz et mariniers en prison. Mais je l'envoya supplier de la m'envoyer à Malte. Autrement, je ferois représailles sur les vaisseaux de Sarragousse. Je tiré mon chemin vers Malte, où un calphat Sicilien, qui estoit dans mon vaisseau, très habille homme, m'occasionna par son conseil de faire entreprise sur les galères de Beserte[2] : et pour ce faire, je voulois prendre de gens frais à Malte. Mais Monsieur le Grand maistre, qui estoit Monsieur de Vignencourt[3], ne le voulust pas, mais bien m'envoya [dire] qu'il désiroit de me parler sur un escueil, qui estoit au bord de la mer.

1. Syracuse.
2. Bizerte.
3. Alof de Vignacourt.

Je le fus trouver après nostre salut. Il me demanda quel estoit mon dessein. — Je luy [dis] que c'estoit d'obéir aux commandemens que j'avois receu du Roy, de me rendre le plus tost qu'il me seroit possible à Marseille, et que, pour ce seul subject, je suppliois Monseigneur le Grand Maistre de ne permettre qu'aucun de mes gens se puisse désembarquer, et que, si Sa Seigneurie Illustrissime avoit pour agréable de me permettre seulement de mettre mes soldatz malades en terre et prendre quelques soldatz et mariniers de fraiz à Malte, et quelques vivres pour d'argent, ce me seroit une grande obligation : d'aultant que je désirois passer en Barbarie en me retirant, et essayer de faire quelque chose en passant.

— « Vous sçavés que je suis de vos amis : dites moy quel dessein avés vous de ce costé là : car si c'est chose où je vous puisse servir, je m'y employerai très volontiers. — C'est chose véritablement à quoy vous pouvés utilement servir et acquérir de l'honneur, d'aultant que le dessein que j'ay est plus digne de galères que de mon navire. »

Lors, je luy dis ce que je désirois faire et de la sorte que je le voulois exécuter : mais que, s'il vouloit estre de la partie, nous prendrions non seulement les galères de Beserte, mais la forteresse de La Goulette et tous les vaisseaux qui se rencontreront dessoubz. Je luy dis de la sorte qu'il me sembloit que la chose se peust faire. — Dont il appreuva fort ma proposition et me dict qu'il tenoit infaillible. — Je luy dis : « Il me reste encores 300 hommes qui sont soldatz expérimentés et de qui le courage m'est très cogneu. Je m'offre d'attaquer la forteresse, après que nous aurons pris ou failly les galères, en me donnant 200 hommes vostres, avec ce que je pourray sortir de mon navire. Je mettray pied à terre à la faveur de vos galères, lesquelles garderont, si le trouves à propos, et deffendront les advenues de la terre, par où les ennemis peuvent venir au secours de la dicte forteresse, qui est le long de deux chaussées, l'une qui vient du costé de Carthage et l'autre de Tunis : et mettant deux de vos galères la proue à terre sur le bord des dictes chaussées, hors de la portée de canon de la forteresse, elles empescheront le secours de terre, tant de la cavalerie qu'infanterie, dont le nombre n'est pas petit en ce païs là. Je donneray à la forteresse avec pétards et eschelles, qui ne peust estre secorue par ce moyen que de Tunis par l'estang : et devant que leur secours soit arrivé, le chemin estant assez long, y ayant douze mille qui sont quatre lieues, nous l'aurons emportée, n'y ayant que peu de gens dedans. »

Voilà ce que je dis à Monsieur le général des galères, lequel esprouva grandement mon dessein et mes propositions, et m'asseura que nous irions ensemble, et qu'il fairoit résoudre le grand maistre et le conseil, et qu'il me fairoit donner des vivres et permission de mettre mes malades à terre : et me demanda quel temps faloist à me préparer. — Je luy dis : 24 heures. — Lors, il m'embrassa et me dict adieu, et qu'il s'en alloit tout à l'heure faire assembler le conseil et luy faire entendre ce que je l'avois proposé, et qu'il me reverroit sur le soir pour me dire ce qu'il auroit esté résolu.

Nous nous séparasmes de la sorte : et le conseil s'assembla sur mes propositions et résoulut le plus promptement que faire se pourroit. Cela estoit le mercredy. Le jour de nostre partance fust arresté entre nous et résolu au samedy prochain. Il me dict qu'il avoit charge de s'accorder avec moy, en cas de l'exécution, de ce qui proviendroit du butin, et que la Religion et le Grand Maistre accordoient que mon navire tirast pour deux galères et demy[1]. A quoy je ne contesta aucunement, pensant plus à l'honneur que nous avions à acquérir qu'au butin. Voilà la résolution prise entre Monsieur le Général des galères et moy. Sur quoy, se retira, me priant de me préparer pour partir samedy.

Mais ils tindrent un autre Conseil le lendemain, qu'il ne fust pas semblable au premier : car la jalousie qu'ilz avoient contre moy, qui desja partant de leur port et à leur veüe huit mois auparadvant[2], fus brusler l'armée de Barbarie comme vous avez veu cy devant, fust si grande qu'ilz dirent que, si cette entreprise s'exécuttoit, proposée par moy, tout l'honneur m'en demeureroit et que la Religion n'auroit que la moindre part, qu'avec leurs galères, ils la pourroient exécuter sans moy et que, pour ce subject, il me faloit dire qu'ilz avoient un commandement très exprès du vice-roy de Sicile de faire partir les galères de la Religion, et que, durant le temps, ilz ne laissassent sortir de leur port aucun vaisseau ny barque : de sorte qu'ilz me payèrent de cette monoye, dont des chevaliers de mes amis me dirent le tout.

1. C'est-à-dire que la part de butin, allouée au vaisseau de Beaulieu, serait égale à celle que recevraient deux galères et demie.

2. En juillet 1609. C'est en mars 1610 que Beaulieu-Persac fit retour à Malte.

Chapitre XIX.

Beaulieu organise la défense du port de Marseille, que menacent les Espagnols.

Ainsi, je prins la routte de Marseille et accompagna quatre autres navires de Marseille, qui estoient à Malte et me donnèrent quelque paragante[1] pour les accompagner. Car ilz avoient peur des corsaires de Barbarie. Ainsi nous nous mismes à la mer. Arrivant entre la Sardaigne et Corsègue[2], au bouche de Boniface, nous feusmes chargés de vent impéteux, qui nous contraignist de donner fonds entre les deux isles, où ne séjournasmes guères. Le mauvais temps nous chassa de là et nous nécessitast de tailler nostre cable et perdre une hancre, qui a esté la seule que j'ay perdu en tout mon voyage.

Je me mis à la mer et sortis de ses isles, et je rencontra, en faisant ma route, deux galères de Florence qui avoient amainé tout bas arbres[3] et antennes. Mais me voyans avec mes conserves, arborèrent soudain et prindrent le vent de moy. Messieurs les Marseillois s'approchèrent de mon bord. Je faisois tousjours mon chemin ; les dictes galères s'approchant de nous, je leur fis tirer un coup de canon à bale qui leur passa dessus, d'autant qu'ilz n'avoient point de bannière. Lors, ils me firent cognoistre qu'elles étoient galères

1. Pourboire, de l'espagnol *para guantes*, mot à mot « pour les gants ».
2. Corse.
3. C'est ainsi qu'on appelle les mâts dans la langue du Levant.

de Florence, dont je portois la bannière, et m'envoyèrent leur faloupe[1], qui me dict que s'estoient galères de Florence. Je les fis saluer avec honneur, ayant la bannière de leur maistre.

Ainsi, nous nous séparasmes, et vins avec bon vent jusques à Marseille, où j'arriva le 14 de may, jour fatal à la France par l'exécrable parricide commis en la personne de son prince[2]. Je donna fonds fort près de la chaisne, pour le lendemain entrer dans le port : ce que je fis contre l'intention des Consulz, m'ayant faict fermer leur chaisne : laquelle je rompis passant par-dessus. Et fus plustost dans le port que ses Messieurs ne croyoient, dont ilz furent fort scandalisés. Je leur fis un salut de 50 coups de canon, ce qui estonna[3] tellement les maisons que toutes les vitres se mirent en pièces. Ils me vouloient faire faire quarantaine : mais me voyans dedans, ilz me permirent de mettre pied à terre. Ainsi, je finis ma navigation, et rendis tout l'honneur qu'il me fust possible à Messieurs de Marseille.

Je partis le 17 du dict mois pour aller à Aix trouver Monsieur du Vair, premier président au parlement de Provence : lequel, le 18 du dict mois, deux heures devant le jour, m'envoya quérir à mon logis. Il me dict ces mesmes motz : « Monsieur de Beaulieu, je sçay combien vous affectionnes le service du Roy. C'est pourquoy, ayant advis que les Espaignols ont une

---

1. Felouque, petite embarcation à rames pourvue d'un mât gréé à la latine.
2. C'est en effet le jour de l'assassinat de Henri IV par Ravaillac.
3. Ebranla.

grande entreprinse sur Marseille[1] et que, pour cest effect, il y a à Barcelonne 80 galères, je vous prie de retourner en diligence à Marseille et de rassembler le plus de vos gens que vous pourrez, et avec vostre vaisseau garder et deffendre l'entrée du port. J'escris à Messieurs le viguier et consuls de vous adsister et de faire tous par ensemble ce qu'adviserez bon estre pour la conservation de la ville[2]. »

1. Les Espagnols n'avaient cessé, durant tout le règne de Henri IV, de convoiter Marseille. Même après la paix de Vervins, ils songeaient à s'en emparer. En 1601, le comte de Fuentès, gouverneur du Milanais, avait équipé une grosse flotte dans ce dessein : mais le traître sur lequel il comptait, Maurice de l'Isle, fut démasqué et rompu vif. En 1605, Louis d'Alagonia de Mairargues promit aux Espagnols de leur mettre la ville entre les mains, dès qu'il en serait nommé viguier; ses lettres à l'ambassadeur Balthazar de Zuniga le trahirent; et le 19 décembre 1605, il eut la tête tranchée. En 1608, Marseille eut une nouvelle alerte, à l'annonce que soixante galères et six galions s'apprêtaient en Catalogne pour une destination inconnue (Antoine de Ruffi, *Histoire de la ville de Marseille*, seconde édition reveüe par M. Louis-Antoine de Ruffi, son fils. Marseille, 1696, in-fol, t. I, p. 448-450. — « Accord de Fasché », relatif à la conspiration de Mairargues en novembre 1605. Bibl. nationale, ms. fr. 4020, fol. 152).

2. Dans cette lettre, Guillaume Du Vair disait « que la plus infernale frénésie d'un abominable Arsacide auroit ravi à la France, d'une main sacrilège et parricide, le plus grand, le plus juste, le plus clément et le plus valereux monarque qui fut et qui ne sera jamais, Henri IV, roi de France et de Navarre, celui qui avoit restauré la religion et l'Estat » (Ruffi, t. I, p. 450). — A Naples, un groupe de conspirateurs ou « factionnaires », chassés de France, entre autres l'ancien gouverneur de Marseille, Louis d'Aix, et le secrétaire du feu maréchal de Biron, mort sur l'échafaud, ne cherchaient qu'à livrer la France aux Espagnols. Dès 1608, un capitaine normand de passage à Naples, Pierre Du Jardin de La Garde, avait été sol-

Je m'en retourna donc en dilligence, et fis ce qu'il me fust possible pour servir le Roy en cette occasion, prestant aux consulz[1] 20 colevrines et des bales pour tirer quinze cens coups de canon, 600 mousquetz et 500 grenades toutes chargées. C'estoit les nouvelles de la mort du Roy, qui luy avoient esté apportées par Monsieur de La Verdière[2], gentilhomme qualifié du

licité de tuer Henri IV « d'un coup de pistolet à la chasse du cerf » : les Espagnols profiteraient du désarroi, causé par cette mort, « pour venir fondre en France » avec une flotte toute prête. Du Jardin se hâta de venir en informer le roi à Fontainebleau (*Factum de Pierre Du Jardin, sieur et capitaine de La Garde, natif de Roüen, province de Normandie, prisonnier en la Conciergerie du Palais de Paris, contenant un abrégé de sa vie*. Paris, 1619, in-8°).

1. Les consuls prirent en effet d'énergiques mesures de défense : quatre corps de garde furent établis durant le jour, sept durant la nuit ; les canons tirés des vaisseaux furent hissés sur les remparts ; toutes les nuits, un capitaine faisait des rondes en dehors de la ville ; deux frégates prenaient le large tous les soirs, afin de signaler le plus tôt possible l'approche de la flotte espagnole ; un mestre de camp, Antoine de Forbin-Gardane, passait la revue des habitants répartis par centaines ou compagnies, etc. (Ruffi, t. I, p. 452).

2. La Verdière était en effet chargé d'un pli de la reine Marie de Médicis pour le premier président. Il brûla les étapes et ne mit que trois jours et demi pour aller de Paris à Aix : si bien que la Provence fut avisé, dès le 18 mai 1610, de l'assassinat du roi (Ruffi, t. I, p. 449). — Le sieur de La Verdière se signala à la bataille navale du 27 octobre 1622 livrée aux protestants de La Rochelle. Il était à bord du vaisseau amiral du duc Charles de Guise, *la Notre-Dame-de-Liesse*, et tomba blessé en se battant aux côtés de son chef (*Lettres de Monseigneur le duc de Guyse, général de l'armée navalle du Roy, escrites à Monseigneur le cardinal de Sourdis sur la deffaicte de l'armée navalle des Rochelais*. Bourdeaus, 1622, in-8°; Le P. Fournier, *Hydrographie* (1667), p. 260).

pays[1]. Néantmoins, il estoit très vray que les 80 galères estoient à Barselonne, ville capitale de Cateloigne en Espagne, qui n'est qu'à 24 heures de chemin de Marseille. J'y satisfis du mieux qu'il me fust possible pour le service du Roy. Je ne partis de Marseille que ses Messieurs n'eussent crié : « Vive le roy Louis », et que tout ne feust bien asseuré.

Lors, je pris congé de Messieurs de Marseille, lesquels tesmoignèrent au Roy et à la Reyne sa mère le service que j'avois rendu à Sa Majesté et à leur [ville] par leur escript. Je m'en alla dellà à Aix recevoir les commandemens de Monsieur le premier président, qui de sa part escrivit à Leurs Majestés ce que j'avois faict pour leurs services.

Voilà ce qui s'est passé dedans le commancement et la fin de mon voyage, dont la fin m'a esté très funeste et malheureuse, ayant perdu mon maistre, duquel j'attendois toute sorte d'honneur et de bien, comme Sa Majesté m'avoit faict espérer par ses lettres que j'ay encores[2], qui ne me servent que de tiltre d'honneur.

1. Voici ce qu'on écrivait de lui : j'ai « ouy dire à M. de Montmeyan, premier consul de l'année passée et oncle dudit sieur de La Verdière, que ledit sieur de La Verdière gouverne les Estats et que, dans deux ans, il gouvernera nostre maison de ville. Il faict tous les ans icy des brigues pour l'eslection des consuls et procureurs du pays, et faict estat de se fère eslire premier consul ». Lettre de Monyer au garde des sceaux de Sillery. Aix, 5 octobre 1609 (Affaires étrangères 1700, *Provence*, fol. 140 v°).

2. Ces lettres de Henri IV ne nous sont pas parvenues.

HISTOIRE DU SECOURS MENÉ EN L'ISLE DE RÉ

PAR LE SIEUR DE BEAULIEU DE PAIRSAC[1]

(1627).

Chapitre I.

Entrevue de Beaulieu-Persac avec Richelieu.

Lors que les Anglois firent leur descente dans l'isle de Ré[2], qui fut le jour de la Magdelaine l'an 1627[3],

---

1. Bibl. nationale, collection des Cinq-Cents de Colbert, vol. 2, fol. 129-142. — Bibliothèque de Carpentras, manuscrit 1827 (Peiresc LVIII, t. II), fol. 109-127.

2. George Villiers, duc de Buckingham et grand amiral d'Angleterre, pensait regagner en France le prestige que venait d'ébranler sa malheureuse expédition de Cadix. Avec les troupes de John Burgh embarquées à bord de ses 97 bâtiments, il disposait de 13,282 hommes (*Expeditio in Ream insulam*, authore Edouardo, domino Herbert, barone de Cherbury. Londini, 1656, in-8°. — Bibl. nationale, collection Dupuy, vol. 93, fol. 199).

3. 22 juillet 1627. — Le registre des décès de l'église Sainte-Marguerite, à La Rochelle, donne des détails précis sur l'arrivée de la flotte anglaise : « Cy finissent les enterrements de ladite année (1627), à cause que le 20 dudit mois, jour de saincte Marguerite, les Anglois parurent aux costes près l'isle de Ré, et le 22e, jour de saincte Magdelaine, ils firent leur descente à Sablonceau en ladicte isle, sur les six heures du soir. A raison de quoy, les catholiques oppressés par les huguenots de La Rochelle, rebelles au Roy et qui avoient appelé lesdits Anglois à leur secours, furent contraints de se retirer comme ils peurent. » Signé : « J. Jousseaume, prestre de l'Oratoire de Jésus » (Archives de la Charente-Inférieure, E, supplément 405, fol. 19;

le Roy estoit à Villeroy[1], malade. Quelques jours après, les nouvelles furent aportées et les advis donnéz à Monseigneur le cardinal de Richelieu, qui estoit auprès de Sa Majesté et logé près dudit Villeroy à un petit lieu nommé Chercon. Mondit seigneur le cardinal, craignant que les nouvelles de descente estans sceues de Sa Majesté, n'augmentassent le mal d'icelle, les voulut taire au Roy, et fit d'ailleurs toutes les diligences qu'il estoit nécessaire et possible de faire pour mettre ordre à la conservation de la citadelle commandée et défendue par Monsieur de Torax[2], et vigoureusement attaquée par les Anglois : ce qui fit que Monseigneur le cardinal, jugeant l'importance de la perte de ceste place, n'espargnast rien de ce qui pouvoit partir du soin de son affection au service du Roy. Il ordonnast de toutes parts ce qu'il jugeast nécessaire et propre pour le secours de ladite citadelle[3].

le registre a été déposé à la bibliothèque de la ville de La Rochelle, fonds de l'Oratoire).

1. Villeroy, érigé en marquisat en faveur du vieux secrétaire d'État Nicolas de Neufville de Villeroy (1615), est un magnifique château situé près de Mennecy, dans l'arrondissement et canton de Corbeil.

2. Jean de Saint-Bonnet de Toiras s'était signalé, en 1625, lors de la reprise de l'île de Ré sur les troupes de Benjamin de Rohan-Soubise, gentilhomme rebelle. Comme sergent-major de l'armée, il avait admirablement organisé le débarquement des régiments de Champagne et de la Bergerie, qui prirent pied dans l'île sous la protection de la flotte de l'amiral Henri de Montmorency et, le 16 septembre 1625, culbutèrent les troupes protestantes (*Relation véritable de tout ce qui s'est passé ès armées du Roy contre les rebelles, conduits par le sieur de Soubize, tant sur mer que sur terre, envoyée par M. de Thorax*. Bourdeaus, 1625, petit in-4°).

3. A l'insu du roi, trop malade pour qu'on pût le mettre au

J'en parle comme véritable tesmoin, estant lors à Paris, où j'avois pris congé de Sa Majesté, lorsqu'elle en partit pour s'en aller à Villeroy[1], désirant me retirer en ma maison : ce que j'estois sur le poinct de faire, lors que Monsieur le marquis d'Effiat[2] commandast au sieur de la Fosse, intendant de la maison de Monsieur le duc de Chevreuse, de me venir dire que je l'alasse trouver chez Monsieur de Fourcy[3]. L'estant allé trou-

courant de la situation, Richelieu prit sur lui de secourir la citadelle. Dans la journée du 29 juillet 1627, il dicta des instructions pour le commissaire Sauvé, envoyé à Bayonne chercher des pinasses, pour le comte de Grammont, gouverneur du Béarn, pour l'ingénieur Pompeo Targone, pour l'évêque de Mende, dépêché au Havre, pour trois capitaines envoyés aux Sables-d'Olonne, pour deux courriers expédiés à Blaye et au Blavet, etc. En quelques jours, toutes les forces navales de nos côtes, les moindres barques même, furent mobilisées (Michel de Marillac, *Relation de la descente des Anglois en l'isle de Ré : du siège mis par eux au fort et citadelle de Sainct-Martin*. Paris, 1628, in-8°, p. 66). Beaumont opérait du Port-Louis à Nantes, Beaulieu au sud de la Loire, l'abbé de Marsillac au sud des Sables-d'Olonne, Valençay à Brouage, Messignac en Gironde, Mantin au Blavet, Jonchée des Tourelles à Saint-Malo. Des Gouttes allait querir dix vaisseaux en Hollande, et Du Chalard allait faire appel à l'aide de la marine espagnole (Ch. de La Roncière, *Histoire de la marine française*, t. IV, p. 510).

1. Louis XIII quitta Paris aussitôt après avoir tenu, le 28 juin, le lit de justice où il fit vérifier le *code Michau*. Il s'acheminait vers le Poitou. Mais la maladie le terrassa en route et l'obligea à s'aliter au château de Villeroy.

2. Antoine Coeffier, dit Ruzé, marquis d'Effiat, surintendant des finances, avait épousé, en 1612, Marie de Fourcy, sœur de Henry de Fourcy.

3. Henry de Fourcy avait succédé à son père comme surintendant des bâtiments. Il habitait à Paris un hôtel qui existe encore, rue de Jouy, n° 9. Son père, Jean de Fourcy, mort en

ver, il me dit : — Monsieur le cardinal m'a ordonné de vous dire que l'alassiez promptement trouver. — Ce que je fis tout à l'heure mesme ; et arrivey tost après à Chercon où estoit mondit Seigneur, lequel s'estoit mis au lict, revenant de voir le Roy.

Je luy fis dire par Monsieur Murot que j'estois là pour recevoir ses commandements. Il commandast que l'on me fit entrer dans sa chambre, où estant, il me dit : — Et bien, Beaulieu, que dites-vous de cette descente et de ce qui se peut faire pour travailler les ennemis et secourir la citadelle[1]?

Je luy respondis que j'estois là pour recevoir ses commandements, et que les meilleurs avis pour ce subjet estoient de suivre les siens et ce qu'il ordonneroit, lorsqu'il me dit : — Vous avez esté à la mer et scavez que c'est. Que jugez-vous que l'on puisse faire contre ces gens-là? — Je ne puis (luy dis-je) faire aucun jugement de ce qui se peut faire ou entreprendre contre eux, tant pour le secours de la citadelle que pour faire quelque eschet sur leur armée. C'est chose qui ne se peut résoudre qu'en voiant[2] l'ordre que les ennemis tiennent, tant en leurs gardes que toute autre chose.

1625, prit une part importante à la direction des travaux du Louvre (Louis Batiffol, *les Travaux du Louvre sous Henri IV, d'après de nouveaux documents*, dans la *Gazette des beaux-arts* (1912), p. 179).

1. Marillac (p. 68) prétend que l'initiative de cette entrevue vint, non de Richelieu, mais de Beaulieu : « Le mesme jour (29 juillet), fut depesché le sieur de Beaulieu Persac pour exécuter les propositions par luy faictes, de brusler les vaisseaux anglois et trajetter des vivres en Ré. »

2. « Qu'en voiant » est répété deux fois.

Là-dessus, mondit seigneur me demandast si je voudrois m'employer en ceste occasion. Je luy respondis qu'il ne me faloit pas demander cela, et que je n'avois passion plus forte que celle de servir le Roy et de recevoir les commandements de Sa Grandeur, et qu'en son particulier, il sçavoit l'absolue puissance que de tout temps il avoit sur moy.

— Eh bien, dit-il, vous m'obligez, et ne le pouvez faire en meilleure occasion. Pourriez-vous partir bien tost pour aller trouver Monsieur d'Angoulesme[1] et Monsieur de Marillac[2], pour là aviser avec eux ce qui se pourra faire contre les ennemis.

— Je luy respondis : je suis prest; il ne me reste que vos commandements.

1. Charles de Valois, comte d'Auvergne, puis duc d'Angoulême, fils naturel de Charles IX et de Marie Touchet, venait d'obtenir le commandement de l'armée de Poitou. Il le devait au cardinal de Richelieu, car le choix du roi s'était arrêté sur le maréchal de Bassompierre. Le maréchal apprit de façon bizarre et inattendue sa disgrâce : « Je rencontray par la rue M. d'Angoulesme, lequel fit arrester son carrosse, m'embrassa et me dit : « Je vous dis adieu et pars dans deux heures pour « aller en Poitou. — Et quoy faire? lui dis-je. — Pour y com- « mander l'armée du Roy » (*Journal de ma vie. Mémoires du maréchal de Bassompierre*, publiés pour la Société de l'Histoire de France par le marquis de Chantérac. Paris, 1875, in-8°, t. III, p. 295).

2. Louis de Marillac, nommé maréchal de France deux ans plus tard, le 1er juin 1629. C'est son frère Michel qui a laissé la *Relation de la descente des Anglois en l'isle de Ré*.

Chapitre II.

Inspection de la défense des côtes.

Lors, mondit seigneur escript à Monsieur d'Angoulesme et donnast ordre à Monsieur d'Erbaut[1] de me donner une ordonnance de 500 escus pour mon voyage. Lesquels je fus recevoir à Paris de Monsieur Hardier, trésaurier de l'espargne : et partis tout soudain, et pris la poste et me rendis dans trois jours à Maran[2], où je rencontray Monsieur d'Angoulesme[3]. Lequel, après luy avoir rendu la lettre de Monseigneur le cardinal, me fit caresse et me donnast quantité d'embrassades et me dit :

— Nous verrons demain l'armée des ennemis de dessus la coste[4].

Le lendemain venu, il fut d'advis que je allasse au Plomb[5], qui est un petit port vis à vis de l'isle de Ré, à une lieue de tragette, lequel je trouvay d'assez bonne conséquence, assez mal gardé néantmoins. Je sonday

---

1. Raymond Phelipeaux d'Herbault, secrétaire d'État.
2. Marans, arrondissement de La Rochelle, chef-lieu de canton.
3. Le duc d'Angoulême s'était acheminé vers La Rochelle avec 7,000 hommes, 600 chevaux et 24 canons (Avenel, *Lettres et papiers d'État du cardinal de Richelieu*, t. II, p. 532).
4. Charles de Valois, duc d'Angoulême, nous a laissé, comme Beaulieu-Persac, des mémoires sur la descente des Anglais : *la Generalle et fidelle relation de tout ce qui s'est passé en l'isle de Ré, envoyée par le Roy à la Royne sa mère*. Paris, 1627, in-8°.
5. Le Plomb, petit port situé à 8 kilomètres au nord de La Rochelle.

l'ouverture et entrée dudit port, pour me rendre certain quels vaisseaux et de quel port il y en pourroit entrer. Les ennemis faisoient leur garde à l'ouverture avec quantité de pataches ; et mesmes tous les soirs, ils se mettoient à portée du mousquet de la terre, en garde vis à vis du port, pour empescher qu'il n'entrast ne sortist aucunes barques. Je pris une chaloupe que je fis bien armer et me mis à la mer, approchant les ennemis de plus près qu'il m'estoit possible : ce qui les obligeast d'envoier quatre chaloupes après moy ; devant lesquelles je me retiray et partis du Plomb, et m'en revins le long de la coste.

Je passey par un autre port nommé Coudevache[1], où je trouvay sept ou huit petites barques des nostres, chargées de quelque farine pour essaier de passer à la citadelle[2] : ce qu'ils n'ont peu faire, combien que le Plomb et ledit Coudevache semblent bien estre les deux lieux les plus propres pour passer à la citadelle, estans les plus près de toute la coste. Mais, pour moy, je n'apreuvay jamais que l'on hazardast le secours de ce costé là, et en dis mon avis à Monsieur de Beaumont[3] : d'autant que les ennemis pouvoient voir des

1. Queue-de-Vache était un petit port creusé au xve siècle dans des prés au sud-ouest d'Esnandes. Il était complètement ensablé au xviiie siècle (Arcère, *Histoire de la ville de La Rochelle et du pays d'Aunis*. La Rochelle, 1756, in-4°, t. 1, p. 114).
2. De Saint-Martin-de-Ré.
3. Par lettres de commission du 6 août, le maître de camp de Beaumont avait reçu la surintendance de toutes les galiottes, barques et chaloupes ramassées de Nantes au Fort-Louis, près de La Rochelle, pour ravitailler la citadelle de Saint-Martin : et, de concert avec l'ingénieur d'Argencourt, il avait mission

hunes de leurs navires, qui estoient en garde au devant desdits ports, les préparatifs que les nostres faisoient jour et nuit. S'il n'eust esté question que d'aller au fort de la Prée[1], très facilement on y pouvoit passer : d'autant qu'après avoir passé les gardes, desquelles l'on ne pouvoit courre fortune que de quelque canonade, on n'avoit rien plus à craindre. Ce qui n'estoit pas semblable pour aller à la citadelle Saint-Martin, devant laquelle tout le corps de l'armée[2] estoit à l'ancre, en tel ordre que rien qui peust partir desdits Coudevache et Plomb, n'y pouvoit aborder : de sorte que tous les préparatifs que l'on y avoit fait de vivres, furent inutiles pour la citadelle.

Après avoir visité Coudevache, je rengey la coste, la suivant jusques à l'emboucheure de la rivière de Maran[3] : dans laquelle je vis un grand navire de cinq à six cens tonneaux en garde, avec trois chaloupes attachées à son arrière. Ce qui m'obligeast à demeurer jusques à l'entrée de la nuit sur la coste, pour voir de quelle sorte ces gens faisoient leur garde et le moien qu'il y auroit d'entreprendre sur eux et leur navire. Je vis donc sur le soleil couché qu'ilz envoyarent une de leurs chaloupes en garde au dedans de la rivière,

---

de mettre en état de défense Le Plomb, La Tranche, etc. (Avenel, *Lettres et papiers d'État du cardinal de Richelieu*, t. II, p. 547; *Mercure françois*, t. XIV, p. 4).

1. Au nord-est de Saint-Martin-de-Ré.
2. Du bourg de la Flotte jusqu'à la fosse de Loix, la flotte de Buckingham s'étendait en un immense demi-cercle, formant un barrage de vaisseaux, de poutres et de câbles entremêlés (Marillac, p. 123). Une série d'estampes de Jacques Callot représentent ce blocus de Saint-Martin-de-Ré.
3. La Sèvre Niortaise, qui baigne Marans.

avancée devant leur navire de quelques deux ou trois mousquetades : ce qu'aiant considéré, je m'en revins à Maran, où je dis à Monsieur d'Angoulesme et Monsieur de Marillac ce que j'avois veu et ce qui m'en sembloit, et que, pour ce qui estoit du Plomb, il y faloit mettre quelque ordre, d'autant que la garde que l'on y faisoit, n'estoit bastante d'empescher[1] les ennemis d'y entrer et de brusler les barques, et qu'il estoit à propos, s'ils le trouvoient bon, de faire quelques pièces à l'entrée dudit Plomb pour empescher que les ennemis n'y peussent aborder : ce qu'ils apreuvarent et y envoiarent dès le lendemain travailler. Que pour Coudevache, il se pouvoit mieux garder, d'autant que l'entrée estoit assez difficile. Et que, pour le navire qui estoit en garde à l'emboucheure de la rivière, qu'il me sembloit aisé à brusler, ce que j'offrois d'entreprendre, en me donnant huit chaloupes armées et équippées d'hommes et les feux d'artifices nécessaires, et me promettois de luy faire courir grand fortune. Ce fut une proposition sans effect, car il ne se trouvast ne chaloupe, ne feu d'artifice.

Monsieur d'Angoulesme deslogeast de Maran le lendemain et s'en allast à Dompierre[2], où il ne séjournast qu'une nuit, aiant fait marcher toute ceste nuit le régiment des Gardes qui s'allast loger à Nestré[3], proche de La Rochelle, qui depuis a tousjours esté le quartier du Roy tant que le siège a duré. Monsieur d'Angoulesme estant à Nestré, toujours dedans les pensées des moiens de secourir Monsieur de Torax et luy don-

1. Suffisante pour empêcher...
2. Dompierre-sur-Mer, canton de La Rochelle.
3. Aytré, à 4 kilomètres de La Rochelle, dans le sud.

ner des vivres, il me dit qu'il estoit d'avis que j'alasse jusques à Brouage[1], suivant ce que Monseigneur le Cardinal luy mandoit, pour voir quelle sorte de vaisseaux il se pourroit trouver audit Brouage propres pour servir au secours.

Chapitre III.

Organisation à Brouage de la flottille de secours.

Je partis et m'en alley audit Brouage, où je rencontray Monsieur le marquis de Brésay[2], qui me fit voir tous les vaisseaux luy mesme, entre autres un vaisseau qui n'estoit pas parachevé, qui estoit une espèce de galère, que Monsieur de Brésay commandast que l'on achevast en diligence, ne pouvant pas juger quel service l'on pourroit tirer dudit vaisseau qu'il ne fut achevé. Je vis donc tout ce qui estoit dans ce port. Je trouvay Monsieur le marquis de Brésay grandement affectionné, suivant l'ordre exprès qu'il en avoit de Monseigneur le Cardinal, de ne rien espargner pour le secours de Monsieur de Torax.

Je m'en retournay à Nestré, où je trouvay Monsieur le duc d'Angoulesme et Monsieur de Marillac, ausquels je racontay ce que j'avois veu à Brouage et en quel

---

1. Brouage, fondée par Jacques de Pons, inaugurée en 1565 par Charles IX, avait été cédée en 1626 à la reine-mère par Timoléon d'Épinay Saint-Luc; et la reine en avait confié la lieutenance à Richelieu le 4 février 1627 (Bibl. nat., Dupuy 380, fol. 38, 40; Affaires étrangères 787, *France* 44, fol. 204).

2. Urbain de Maillé, marquis de Brezé (1598-1650), maréchal de France en 1632, avait épousé en 1617 la sœur du cardinal de Richelieu, Nicole Du Plessis-Richelieu.

estat les vaisseaux estoient, les asseurant de la diligence de Monsieur de Brésay, qui arrivast deux ou trois jours après audit Nestré, aiant receu une dépesche de Monseigneur le cardinal, parmy laquelle il se trouvast une lettre pour moy de mondit Seigneur, dont la teneur estoit : qu'aiant receu la lettre, je m'en allasse à Brouage, où je rencontrerois Monsieur de Valencé[1], avec lequel il avoit résolu un secours pour la citadelle de Ré; qu'il espéroit que j'y contribuerois de ma part tout ce qui dépendroit de moy, et que je m'assurasse qu'il feroit tellement valoir mes services envers Sa Majesté que, par là, je cognoistrois l'estime qu'il faisoit de moy : avec quantité d'autres paroles capables d'obliger un homme moins affectionné à servir le Roy et exécuter les commandements de mondit seigneur, que moy, à faire des merveilles.

Je vis donc, dès le jour mesme, Monsieur de Valencé qui estoit de retour de Brouage, auquel je monstray la lettre de mondit seigneur. Après l'avoir leue, il me

1. Achille d'Estampes, commandeur de Valençay, né à Tours le 25 juillet 1593, mort à Rome le 7 juillet 1656, avait de glorieux états de services. Capitaine d'un galion à la bataille navale de Saint-Martin-de-Ré le 27 octobre 1622, il était encore aux côtés de l'amiral duc de Guise lors de la campagne contre Gênes : par brevet du 4 mai 1625, l'amiral du Levant l'avait à cette occasion nommé maréchal de bataille de la flotte (Affaires étrangères 1700, *Provence* 277, fol. 298). Mais où Valençay s'illustra, ce fut au siège de La Rochelle, en 1628. Par deux fois, en mai et en octobre, il tint tête à la flotte anglaise, qui ne put forcer le blocus malgré la supériorité écrasante de ses forces (Ch. de La Roncière, *Histoire de la marine française*, t. IV, p. 544). Créé cardinal le 14 décembre 1643, il commanda les troupes pontificales, lors de la guerre du pape Urbain VIII contre le duc de Parme en 1644.

dit qu'il n'avoit rien résolu avec Monseigneur le Cardinal, mais qu'il avoit proposé un secours, et que, si on luy vouloit donner six mille hommes et des vaisseaux pour les embarquer et mettre à terre, qu'il combattroit les ennemis[1]. Je fus trouver Monsieur d'Angoulesme et Monsieur de Marillac, ausquels je monstray la lettre que j'avois receue, et leur dis la response que m'avoit fait Monsieur le commandeur de Valencé. Ilz ne me dirent autre chose, sinon qu'il faloit aviser ce qui se pourroit faire pour ce secours. Je leurs dis que c'estoit à eux à y donner l'ordre nécessaire, que pour moy, très volontiers, j'y contribuerois de ma vie, ainsi que je l'avois asseuré à Monseigneur le Cardinal, en prenant congé de luy et en recevant ses commandements. Ilz me dirent qu'il falloit se servir des vaisseaux qui estoient à Brouage, qu'ilz n'en avoient, ny n'en sçavoient d'autres dont on se peust servir, et qu'ilz jugeoient que le secours de la citadelle estoit difficile, mais qu'il faloit hazarder de jetter des vivres et des gens de guerre le plus que l'on pourroit dans le fort de la Prée, afin que, par ce moien, l'on travaillast les ennemis pour rendre le secours de la

1. « La proposition envoyée par Monsieur d'Angoulesme de jetter six mil hommes dans l'isle de Ré pour tailler en pièces les Anglois est fort bonne, disait Richelieu, pourveu qu'ilz y puissent porter des vivres pour un mois. » 7 septembre (Avenel, *Lettres et papiers d'État du cardinal de Richelieu*, t. II, p. 584). Toiras estimait à 8,000 hommes de troupes « la puissance capable de combattre les Anglois »; et pour les transporter, il fallait, selon lui, 300 barques et chattes montées de cinq matelots, et 80 chaloupes équipées de neuf hommes (« Mémoire que l'homme de M. Toiras a porté. » Affaires étrangères 787, *France* 44, fol. 91).

citadelle plus facile, et qu'il faloit que je m'en alasse à Brouage faire préparer tous les vaisseaux que je trouverois propres pour embarquer 800 hommes de guerre, des munitions, vivres et autres choses nécessaires. Je leur dis que j'estois tout prest à faire ce qu'ilz me commanderoient. Ilz tindrent leur conseil là dessus et me demandarent si je ne trouvois pas qu'il fut à propos de joindre quelcun avec moy. Je leurs dis qu'il en seroit ce qu'il leurs plairroit. Ilz me dirent qu'il faloit que le sieur de L'Isle d'Autry [1], parent de Monsieur le commandeur de Valencé, fut de la partie. Je leurs dis que très volontiers et qu'ilz ne me pouvoient donner pour compaignon personne que j'estimasse plus que luy, qu'il estoit scavant à la mer, que je m'asseurois

1. Philippe d'Estampes, chevalier de L'Isle, servait de lieutenant au vice-amiral Théodore de Mantin, lors de la campagne de 1622 : séparé de son chef par la tempête, il ne put participer au glorieux combat de Syracuse, livré aux corsaires barbaresques (*la Grande et mémorable victoire emportée par les navires de Monseigneur le duc de Guyse..., suivant la lettre véritable escrite par le sieur de Mantis* [Mantin]. Paris, 1622, in-8°). Valençay et L'Isle commandaient, à la bataille navale du 27 octobre 1622, deux des galions que l'amiral duc Charles de Guise amenait du Levant contre les protestants rochelais (Arch. nat., *Marine* B^4 1, fol. 53; Bibliothèque du dépôt des cartes et plans de la marine 7288, fol. 5 v°). Le chevalier de L'Isle s'était résolument porté au secours du vaisseau amiral de Guise, *la Notre-Dame-de-Liesse*, investi par Guiton et une trentaine de navires rochelais (Ch. de La Roncière, *Histoire de la marine française*, t. IV, p. 444). En 1632, il fut délégué par Richelieu aux côtes d'Afrique, en qualité de commissaire royal, pour inspecter le Bastion de France et nos autres établissements d'Algérie (Paul Masson, *Histoire des établissements et du commerce français dans l'Afrique barbaresque (1560-1793)*, p. 44).

qu'il feroit tout ce qui pouvoit partir d'un brave homme, que je n'avois point de jalousie, ny passion autre que de servir et de parier de ma vie en ceste occasion, laquelle j'estimerois heureusement employée en l'y perdant, ce service estant de telle importance au Roy et à toute la France que je m'estimerois heureux d'y servir non seulement en commandant, mais en qualité de simple soldat.

La commission de ce secours nous fut expédiée, à Monsieur de L'Isle et à moy, suivant les résolutions prinses entre Monsieur d'Angoulesme et Monsieur de Marillac, de faire nostre descente avec les 800 hommes proposéz audit fort de la Prée : et faisoit Monsieur d'Angoulesme commandement au capitaine Barrière, commandant dedans ledit fort, de nous recevoir et prendre l'ordre de nous, de ce que nous aviserions bon estre pour le service du Roy. Nous partismes à l'instant et nous en allasmes à Brouage, Monsieur de L'Isle et moy, pour là faire nos diligences à équiper les vaisseaux que nous jugerions propres pour pouvoir embarquer nos gens et nos vivres : ce que nous ne rencontrasmes pas, d'autant que la galère ne nous peust servir, et aussi peu les galiottes. De sorte qu'il nous falut prendre des basteaux de pescheurs que l'on nomme traversiers, qui sont de petits vaisseaux du port de dix-huit à vingt tonneaux. Nous n'en trouvasmes, tant à Brouage qu'aux environs, que treise qui peussent servir, encor en très mauvais estat. De quoy nous donnasmes avis à Monsieur le marquis de Brésay, qui promptement commandast que l'on les fit acommoder, et que l'on envoiast quérir tous les charpentiers et calfats des environs de Brouage, et tous les mariniers qui se pourroient rencontrer : lesquels, estans quasi tous huguenots, il faloit amener à coups de bastons et les garder dans les prisons de Brouage. Ainsi nous fimes nos diligences, Monsieur le marquis aiant commandé que l'on préparast toutes les munitions, tant de vivres que de guerre et autres choses nécessaires au secours des assiégéz, afin que, dès que les vaisseaux seroient accommodéz, on les peust embarquer.

Je fus, sur ces entrefaites, trouver Monsieur d'Angoulesme, luy donner avis que nous n'avions que treise vaisseaux, sur lesquels il estoit impossible d'embarquer les 800 hommes proposéz pour le fort de la Prée, et qu'il nous suffiroit d'en avoir 200, et qu'il faloit hazarder d'aller à la citadelle : ce qu'ilz treuvarent à propos, et pour ce subjet commandarent 200 hommes du régiment de Monsieur Du Chastelier-Barlot[1], commandé par deux de ses capitaines, l'un nommé Monsieur de Gotrey et l'autre Lavarane, avec deux lieutenants et deux enseignes, lesquels nous embarquasmes quelques jours après.

Monsieur de Lonay-Rasilly[2], commandant en Holé-

1. Léon Du Chastelier, sieur de Barlot, était maréchal de camp depuis 1625. Né en 1582, il mourut en 1646.
2. Claude de Rasilly, sieur de Launay (né en 1593, mort le 22 mai 1654), fut l'un des meilleurs marins du règne de Louis XIII. Compagnon de son frère François lors de notre expédition coloniale au Maranhâo (1612), il était capitaine en second du *Saint-Louis* à la bataille navale du 27 octobre 1622; et le *Saint-Louis* fut un des vaisseaux les plus engagés durant cette sanglante action, qui coûta aux protestants rochelais quinze cents hommes. Le 17 septembre 1625, au combat décisif qui anéantit la marine rochelaise, Claude se distingua encore à la tête du même vaisseau et donna le coup de grâce

ron, eut ordre de Monseigneur le Cardinal de s'embarquer avec nous et de servir à ce secours, où il fit ce qu'il peust de sa part, estant plus cogneu des mariniers de ces isles que nous. Ainsi, nous embarquasmes nos vivres, nos munitions et nos gens de guerre avec toute sorte de diligence. Monsieur de Cusac[1] estoit à Brouage de la part de Monseigneur le Cardinal, et s'embarquast volontaire dedans le traversier de Monsieur de L'Isle et autres volontaires avec moy, qui, nous voians mettre à la mer, vindrent dans une petite barque la nuit après nous, où ils coururent grand for-

à la *Vierge*, battant pavillon vice-amiral des insurgés. Gouverneur d'Oléron lors de la descente anglaise, il devint ensuite premier chef d'escadre des vaisseaux du roi en Bretagne, vice-amiral des armées navales (1639) et ambassadeur en Angleterre (Mis de Rasilly, *Généalogie de la famille de Rasilly*. Laval, 1907, in-4°, p. 338). Launay-Rasilly montait, comme vice-amiral, la *Couronne*, magnifique bâtiment de 2,000 tonneaux, qui n'avait son pendant dans aucune marine de guerre de l'époque (le P. Fournier, *Hydrographie* (1667), p. 44). Il coopéra à presque toutes nos entreprises coloniales : actionnaire pour sept mille livres dans la Compagnie de Saint-Christophe (1629), il projeta la création d'une Compagnie française au Maroc en 1631 et se fit concéder par la Compagnie de la Nouvelle-France le Port-Royal et le fort de la Hève en Acadie (15 janvier 1634) (Mis de Rasilly, p. 356).

1. Après avoir fait son apprentissage de marin aux côtés de Beaulieu, Cahusac reçut le commandement d'une hirondelle légère, *la Licorne*, au siège de La Rochelle (Affaires étrangères 792, *France* 49, fol. 67). En 1629, général de l'armée navale que Richelieu envoyait aux Antilles, il bombardait le fort Charles, que les Anglais avaient élevé dans l'île Saint-Christophe (« Récit du voyage que j'ay fait aux Indes occidentales avec M. de Cahuzac, général de l'armée navalle »; Affaires étrangères, *Mémoires et documents*, *Amérique*, vol. IV, fol. 93).

tune de se perdre. C'estoit Messieurs de Gribauval, d'Anery, de Roquemont[1], Bellebrune, Repré, Brouilly[2], tous de la maison du Roy, lesquels je receus dans mon bord.

Chapitre IV.

Beaulieu-Persac, serré de près par les croiseurs anglais, est forcé de gagner les Sables-d'Olonne.

Ainsi, nous prismes congé de Monsieur de Brésay et sortismes du port de Brouage, résolus d'aller à la citadelle ; mais estans à la mer, les vents changèrent et nous vinrent bien fort contraires : ce qui nous obligeast de relascher à la rade de Saint Urgent[3], où nous séjournasmes jusques au lendemain midy que nous jugeasmes qu'il nous faloit oster de là, n'estans en aucune seurté ne défendus d'aucune forteresse : ce qui nous fit aller soubs le fort d'Holéron, car il n'y avoit aucune apparence de demeurer là sans estre attaquez des ennemis, et nostre secours perdu.

1. Claude de Roquemont commandait, l'année suivante, les quatre vaisseaux dieppois que la Compagnie des Cent-Associés expédiait au Canada. Mais déjà l'amiral britannique David Kirke était dans le Saint-Laurent avec des forces supérieures. Après un furieux combat, Roquemont, blessé au pied, dut amener son pavillon (juillet 1628) (Gabriel Sagard Théodat, *Histoire du Canada*. Paris, 1636, in-8°, p. 951 ; Champlain, *Voyages* (éd. 1632), 2ᵉ partie, livre II, chapitre v, et livre III, chapitres ɪ et vɪ ; H. Kirke, *The first english conquest of Canada*. London, 1871, in-8°).

2. M. de Brouilly était capitaine au régiment de Chappes (Marillac, p. 159).

3. Lisez : la rade de Saint-Trojan-les-Bains, sur le rivage sud-est de l'île d'Oléron.

Estans arrivez soubs le fort d'Holéron, ces Messieurs, ennuyez de la mer, mirent tous pied à terre et Monsieur de Launey aussi, gouverneur du fort. Pour moy, j'y fus le lendemain pour voir Monsieur de Maillesay[1] et Monsieur de Coutenan[2] : lesquels aiant veu, je m'en retournay aux traversiers tenir compaignie à nos mariniers, car d'autres gens n'y en avoit il un seul, tandis que nous demeurasmes là. Je n'en partis ne nuit ne jour, sinon qu'un soir que Monsieur de Maillesay me retint à souper, la mer estant grosse et le vent contraire, je fus contraint de demeurer à terre à mon grand regret : mais je n'y retournay plus et couchay tousjours dedans mon traversier.

Il arrivast, quelques jours après, quatorze navires des ennemis qui nous vinrent garder et se mirent entre l'isle d'Ey[3] et nous, dedans le courau de Brouage, à une petite portée de canon de nous : ce qui me fit mettre à terre et aller trouver Monsieur de Maillesay et Monsieur de Coutenan, ausquels je proposay d'entreprendre sur ces vaisseaux, que je croiois que l'on les pouvoit brusler ; et que, pour ce subjet, s'ilz l'apreuvoient, il faloit envoier à Brouage et mander à Monsieur le marquis de Brésay d'envoier les cinq vaisseaux à feu qui estoient dedans le port de Brouage avec ses chaloupes, et qu'il les fit partir à la

1. Henri II d'Escoubleau de Sourdis, évêque de Maillezais, plus tard archevêque de Bordeaux et chef du Conseil de l'armée navale.
2. Timoléon de Bauves, seigneur de Coustenan, « gentilhomme qualifié, un des plus méchants maris de France », est des plus maltraité par Tallemant Des Réaux (*les Historiettes*, 2ᵉ éd. par Monmerqué, t. VI (1840), p. 13).
3. L'île d'Aix.

marée de la nuit, ce qu'il fit. Lesdits vaisseaux estans arrivez, il fut question de résoudre avec Messieurs de Maillesay et de Coutenan l'exécution de ma proposition. Pour ce subjet, ilz envoiarent quérir les capitaines des vaisseaux à feu et leurs firent entendre la résolution qu'ilz avoient prise d'essaier de brusler les navires, et qu'ilz croioient qu'il n'y en eust aucun d'eux qui, très volontiers, ne s'aquittast de son devoir : qu'ilz estimoient qu'ilz n'avoient pas pris ceste charge, sans estre bien résolus de faire ce que l'on leurs commanderoit, qu'ilz se préparassent pour la marée de la nuit, et qu'ilz seroient accompagnez des galiottes et chaloupes.

Lesdits capitaines s'excusarent, disans que leurs vaisseaux n'estoient pas bien en estat. Ce n'estoit pas où le mal les tenoit, cela ne dépendant que de leur courage, lequel ilz ne voulurent tesmoigner en ceste occasion. Ce qui m'obligeast de dire à Messieurs de Maillesay et de Coutenan, que c'est que ces gens-là estoient plus d'intérest que d'honneur, et qu'il leur faloit offrir de l'argent. Monsieur de Maillesay leurs offrit deux mille escus, en cas qu'il en bruslassent un. Tout cela ne fut capable de les esmouvoir, de sorte qu'il les falut laisser là. Ce qui nous fit résoudre, avec les deux galiottes et chaloupes[1], de les aller visiter et leurs faire tirer des mousquetades, croiant que cela les obligeroit à venir avec leurs chaloupes à nous : ce qu'ilz ne voulurent faire. Ainsi la nuit se passast, où Monsieur de Maillesay prit sa part de la fatigue, estant sorty d'Holéron avec cent mousquetaires, lesquels il conduit sur une pointe à la mer pour nous

1. Les Anglais.

soustenir, en cas que nous fussions suivis des ennemis. Nous nous en revinsmes à nostre poste, ou nous demeurasmes assez longtemps, attendans tousjours les vents propres à nous conduire à la citadelle[1], lesquels nous furent tousjours contraires, ce qui nous ennuioit grandement, mangeans nos vivres et perdans nos gens.

Ce qui nous obligeast, Monsieur de L'Isle et moy, d'envoier devers Monsieur d'Angoulesme pour sçavoir ce que nous avions à faire, veu le temps et le peu d'apparence qu'il y avoit de pouvoir conduire nostre secours à la citadelle du lieu où nous estions. Il ne nous fit aucune response, ne luy, ne Monsieur de Marillac, remettans cela à Monsieur l'évesque de Mande[2], lequel estoit arrivé à Nestré avec ordre du Roy et de Monseigneur le Cardinal de ce que nous avions à faire : lequel nous escript de nous en aller aux Sables d'Olonne[3], et que là nous trouverions d'autres vaisseaux, chargez de ce qui estoit nécessaire aux assiégez, et que cela fortifieroit tant plus nostre secours : que, pour ce subjet, Monsieur le duc de La Rochefoucauld[4], Monsieur de Nîmes[5] et luy s'en alloient aux Sables nous attendre[6] : ce qui me fit

1. De Saint-Martin-de-Ré.
2. Daniel de La Motte-Houdancourt, évêque de Mende, mourut le 5 mars 1628 des fatigues endurées durant le siège de La Rochelle.
3. Chef-lieu d'arrondissement de la Vendée, sur l'Océan.
4. François V, duc de La Rochefoucauld.
5. Claude de Saint-Bonnet de Toiras.
6. Dès le début du siège de Ré, [Augustin de] Beaulieu, que Marillac distingue nettement de Beaulieu-Persac (p. 68), avait été envoyé aux Sables-d'Olonne pour préparer un convoi de

résoudre de partir dès que le temps me le permettroit. Et fis avertir et commanday que tout le monde s'embarquast pour partyr au premier temps, ce qui fut le lendemain au soir.

Monsieur de L'Isle nous quittast et s'en retournast à l'armée, de sorte que je demeuray seul à la commission. Monsieur de Launey s'embarquast avec moy. Monsieur de Cusac demeurast dedans le traversier de Monsieur de L'Isle. Messieurs d'Énery et de Roquemont ne se voulurent jamais séparer d'avec moy, me faisans plus d'honneur que je ne méritois. Aussi ne sçaurois-je assez estimer la valeur de ces deux cavaliers. Je fus prendre congé de Messieurs de Maillesay et de Coutenan.

Je partis la nuit; la lune retardoit, ce qui nous servit, car les ennemis ne nous peurent voir; et feusmes à l'ouverture du pertuis de Momusson[1] à la lune levée, passage très dangereux et contre l'avis de la pluspart de nos pilottes. Nous passasmes ce pertuis et nous mismes à la mer avec assez beau temps, faisans nostre route droit aux Sables d'Holonne. Nous passasmes à la veue de l'isle de Ré et fusmes aperçeus des gardes des ennemis, qui donnarent l'alarme : ce qui fit mettre quantité de vaisseaux à la voile, les-

---

secours, tandis que son frère, David de Beaulieu, également capitaine de vaisseau, allait armer des vaisseaux en Bretagne dans la presqu'île de Rhuys. « La difficulté de trouver vingt navires olonnois pour exécuter les commandements » de Richelieu, vu le « peu d'affection » des Olonnais à servir, obligea Augustin de Beaulieu à aller quérir à Nantes des chattes et autres bateaux (Beaulieu à Richelieu, Nantes, 14 août : Affaires étrangères 1503, *Bretagne* 88, fol. 304).

1. Le pertuis de Maumusson, au sud de l'île d'Oléron.

quelz me coupèrent chemin et nous contraignirent de mettre le cap à la mer, nous esloigner d'eux et leur oster la cognoissance de nous. Nous navigasmes toute la nuit, tenans le large, essaiants néantmoins d'accoster l'isle Dieu[1] : mais ce fut ce que nous ne peusmes, les vents nous estans contraires, si peu qu'il en faisoit, car nous eusmes de grand calme, ce qui nous servit aucunement, aians tous des rames qui nous servoient bien fort, faisant voguer nos soldats et mariniers. Il le faloit ainsi, car nous avions tousjours à nostre veue les ennemis.

Cela durast trois jours et trois nuits, ce qui ennuioit grandement nos gens, tant nos capitaines que nos soldats et mariniers qui se plaignoient de voguer continuellement : ce qui m'empeschoit fort, car ilz crioient tous après moy, disant qu'il faloit relascher à la rivière de Bourdeaux[2], ce que je ne désirois aucunement. Car, si nous eussions relasché, tous nos mariniers et soldats s'en fussent fuis, et par conséquent nostre convoy perdu. Je ne sçavois de quelle sorte contenter ces mariniers. Je priay Monsieur de Launey qui les cognoissoit tous, auquel ilz avoient créance, de parler à eux, ce qu'il faisoit. Néantmoins, ilz ne se pouvoient résoudre à tenir la mer, l'eau nous manquant, de sorte qu'un soir nous parlasmes tous ensemble, et prenoit l'avis des uns et des autres, pour gaigner tousjours temps et couper chemin à leurs crieries.

Je voulus prendre celuy de Monsieur de Cusac comme des autres. Il me dit qu'il faloit aler en Ré

1. Ile d'Yeu.
2. La Gironde.

ou en Holonne et que c'estoit nostre ordre. Je le sçavois aussi bien que luy; mais tant que les ventz et la marée nous seroient contraires, nous ne pouvions afferer[1] ne l'un ne l'autre. Il persistoit qu'il falloit aller là. J'en avois autant d'envie que personne : mais je ne pouvoit forcer ny les vents ny la mer. Je dis à ces pilottes et maistres de barques qu'ilz fissent ce qu'ilz devroient. Sur quoy, nous eusmes quelques paroles, Monsieur de Cusac et moy. La nuit venue, nous tinsmes tousjours la mer, essaiants d'acoster l'isle Dieu. Nous passasmes la nuit avec grand calme, nous servans tousjours de nos rames.

Le jour venu, nous nous trouvasmes au travers de l'isle Dieu et vismes la terre de l'isle. Je regarday sy tous nos vaisseaux me suivoient. Je vis Monsieur de Cusac, qui avoit essaié de se séparer de nous, lequel fit rencontre de deux pataches des ennemis, dont l'un fit chasse sur luy, ce qui luy fit rendre le bord et faire vent derrière, la partie n'estant esgale. Ce patache l'aprochoit fort, et croy que, n'eust esté que je me mis en devoir d'aller audit patache avec quatre ou cinq de nos traversiers, il eust incommodé Monsieur de Cusac. Nous voyant aller à luy, il reprit le bord de Ré et nous laissast faire nostre chemin.

Nous navigasmes tout le jour sans rien voir, aprochans tousjours d'Olonne. Nous arrivasmes la nuit sur la barge d'Olonne, qui est un grand banc de sable, au bout duquel il y a des roches dont le rencontre est très dangereux. Le jour estant venu, nous vismes le clocher de Saint-Gisles[2] et celuy d'Olonne, ce qui

---

1. Jeter le fer ou mouiller l'ancre.
2. Saint-Gilles-sur-Vie.

nous resjouit : et tost après, nous arrivasmes à la rade des Sables. Nous avions encore ceste nuit-là de bonne marée pour nous conduire en Ré ; mesme les vents vinrent au naurd, ce qui m'obligeast de ne vouloir entrer dedans le port et mander à Monsieur l'abbé de Marsillac, qui estoit là de la part de Monseigneur le Cardinal[1], de faire venir à la rade les vaisseaux et barques chargez pour le secours, afin que, si les vents demeuroient où ilz estoient, nous peussions partir la nuit. Ce qu'il fit en diligence et fit sortir Canteloup[2] et d'autres barques avec deux petits vaisseaux à feu, qui se vindrent mettre auprès de nous. Tout cela estoit leste.

Chapitre V.

Les équipages, saisis de panique, désertent en masse :
Beaulieu les ramène dans le devoir.

Le soir venant, les vents sautèrent au surouest, qui nous estoit tout contraire, ce qui nous obligeast le lendemain à entrer dedans le port, n'aiant plus de marée qui nous peust servir. Monsieur de Marsillac

---

1. Dès le 28 juillet, Richelieu « se résolut d'envoyer l'abbé de Marsillac qui est à luy, pour le cognoistre vigilant et actif et très ardent à ce à quoy on le commet, et luy bailla de l'argent pour aller sur les lieux, et par toutes diligences, inventions et artifices et à prix d'argent faire que, d'Olonne et de toute la coste jusques à Chef de Baye, on peust faire tenir des farines et biscuits dans ledit fort » de Saint-Martin-de-Ré (Marillac, p. 64).

2. Le 29 juillet, « furent dépeschéz et partirent trois capitaines de mer, Beaulieu, Courcelles et Cantelou, pour aller faire armer les vaisseaux en Olonne » (Marillac, p. 68).

me fit l'honneur de me venir voir dedans mon traversier, auquel il me trouvast sur mon matelas, très mal de défluction qui m'estoit tombée sur un genouil, qui me donnoit la fièvre bien fort, et amenast Monsieur de Cusac avec luy, sur l'avis qu'il en avoit eu que nous avions eu quelques paroles. Il nous fit embrasser. Il me demandast si je me voulois désembarquer, me disans que je serois mieux à terre.

Sur ce, survint Monsieur de Chiverry[1], gouverneur des Sables, qui estoit bien fort de mes amis, lequel me fit porter chez un bourgeois des Sables où je me fis traiter, attendant l'arrivée de Monsieur le duc de La Rochefoucaud et de Messieurs les évesques de Mande et de Nimes : lesquelz estant arrivez le lendemain, ilz tindrent leur conseil par plusieurs fois dans ma chambre, où j'estois au lict très mal. Pour les vaisseaux que Monsieur l'abbé de Marsillac[2] avoit fait charger, ilz estoient tous prestz, de sorte qu'avec ce que nous amenasmes de Brouage et ce qu'ilz joindrent à nous, nous estions trente-cinq voiles, tant barques que traversiers, pinasses et le flibot de Cantelou : nostre flotte estoit assez jolie[3].

1. Aide de camp du maréchal de camp Léon du Châtelier-Barlot, lors de la campagne de 1622 contre les protestans rochelais, Chiverry s'illustra à la bataille de l'île de Rié en chargeant les troupes de Benjamin de Rohan-Soubise, qui furent mises en déroute (*Mémoires pour servir à l'histoire*, tirés du cabinet de Messire Léon du Chastelier-Barlot (1596-1636). Fontenay, 1643, in-4°, p. 33).

2. Louis de La Rochefoucauld, dit l'abbé de Marsillac, fils du duc François V de La Rochefoucauld, fut abbé de Saint-Jean-d'Angély et évêque de Lectoure. Il vécut de 1615 à 1654.

3. Le 29 août, Augustin de Beaulieu écrivait des Sables-d'Olonne à Richelieu : « Il y a 35 chattes de Barbastre, Noir-

Il nous fallut attendre la marée à venir et demeurasmes treize jours aux Sables, les vents nous estans toujours contraires jusques au sixiesme octobre. Ces Messieurs avoient appelé à leur conseil des plus fameux et des meilleurs mariniers des Sables, entre autres le sieur de Richardelle[1], tous la pluspart huguenots. Richardelle, très bon marinier et fort cognoissant en ces mers, lequel je tenois fort affectionné à Monsieur de Torax, j'estimois qu'il seroit de la partie. Mais il se contentast d'y envoier son filz[2], lequel avoit desja conduit une barque soubs la citadelle et qui avoit fait une bonne action[3], qui conten-

moutier et Bouyn qui sont toutes prestes en ce lieu, puis 15 pinasses de Biscaye qui arrivèrent il y a deux jours. Elles auroient accompaigné ce qu'envoye Richardière; mais il semble qu'il ne voeille en ce fait prendre l'advis de qui que ce soit » (Affaires étrangères, *Mémoires et documents* 787, *France* 43, fol. 109).

1. Richardière avait un grief personnel contre les Rochelais. A la réquisition de la municipalité de la Flotte (île de Ré), le maire de La Rochelle avait saisi comme forban *le Grand-Océan*, dont Richardière était capitaine, et l'avait fait brûler le 22 juin 1619 (Bibl. nat., ms. fr. 15958, fol. 368).

2. Richardière, dit le capitaine Maupas.

3. De sept barques expédiées le 22 septembre de la rivière Saint-Benoît, quatre durent se replier sur les Sables-d'Olonne, une cinquième, commandée par le baron de Saugeon, fut capturée; et seul, Maupas parvint à forcer le blocus. Il jetait au pied de la redoute, qui couvrait Saint-Martin du côté de la mer, trente soldats du régiment de Chappes et des vivres pour quarante-huit heures. Au reflux, les Anglais tentèrent d'enlever la redoute et de brûler la barque. Ils y perdirent sans résultat nombre d'hommes (*le Vray journal de tout ce qui s'est passé en l'isle de Ré depuis la descente des Anglais jusques à leur rembarquement*. In-8°, p. 53. — Lettres de l'abbé de Marsillac et du marquis d'Esplan de Grimaud à Richelieu. Sables-

toit son père jusqu'au point de croire que son filz ne devoit obéir à personne.

Mesme, en la présence de ces Messieurs, il en dist quelque chose, ce qui m'obligeast à luy dire que, si Monsieur le duc de la Rochefoucaud et ces Messieurs jugeoient à propos que lui ou son filz commandasse le secours, encore que j'en eusse la commission, pour ne retarder le service du Roy et le secours[1], je me soubsmettois de luy obéir et que, s'il n'y avoit difficulté que de ma part, je serois son soldat.

— Il dit alors que son filz m'obéiroit et non à d'autres.

— Ce sera tout ainsi qu'il vous plairra, dis-je. J'estois malade à la mort.

— Il demandast que son filz fit l'avant-garde, d'autant qu'il sçavoit le chemin qu'il faloit tenir.

— Je luy dis que très volontiers je le voulois, et que Monsieur de Cusac et moy demeurerions, l'un sur sa main droite et l'autre sur sa gauche, et que les pinaces demeureroient derrière nous, qui feroient le corps de la bataille avec quelques traversiers et barques. Le flibot, avec le capitaine Perroteau et autres barques, furent ordonnées pour la retraite.

d'Olonne, 22 et 24 septembre : Affaires étrangères 786, *France* 43, fol. 221, 228).

1. Il y avait urgence à secourir les assiégés. Toiras avait fait parvenir cet avis en date du 28 septembre : « Les pinasses peuvent passer en tout temps. Si vous voulez sauver cette place, envoyez les moy le huict du moys d'octobre pour le plus tard : car le soir du huict, je ne seray plus dans la place, faulte de pain... M. de Richardel et Du Lac promettent d'amener les pinasses ou les chattes, quel temps qu'il face. Je vous supplie instament les bailler au plus hardy » (Affaires étrangères, 788, *France* 45, fol. 16).

Ainsi chacun se préparast à se mettre en rade dès que les vents nous pourroient servir.

Il arrivast des nouvelles que le secours qui estoit préparé à Coudevache et au Plomb avoit voulu passer pour aller à la citadelle, et qu'il avoit esté tout taillé en pièces jusques au nombre de 400 hommes[1] : ce qui mit une telle espouvante parmy nos soldats et mariniers qu'ilz s'enfuirent la pluspart[2]. En aiant fait mes plaintes à Monsieur le duc de La Rochefoucaud, il envoiast en diligence à Lusson[3] et autres passages pour arrester ces canailles : lesquels furent la pluspart ramenez aux Sables et tous mis entre les mains de la justice. Et fit-on leur procès promptement, tous condampnez à estre penduz.

Ce fut un avis que je donnay à Monsieur le duc de La Rochefoucaud et à Monsieur de Mande, afin que ces misérables, se voians condempnez à la mort, ne peussent avoir recours à autre qu'à moy, qui avois la commission de conduire le secours, qu'ilz me priassent

---

1. De vingt-cinq chaloupes qui avaient quitté ces petits ports le 1er octobre, quatre succombèrent après un sanglant combat, trois s'échouèrent, le reste prit la fuite. Des Rochelais, commandés par François Augré et Jean Forant, avaient aidé les Anglais à leur barrer la route (Pierre Mervault, Rochelois, *le Journal des choses les plus mémorables qui se sont passées au dernier siège de La Rochelle*. Rouen, 1671, in-8°, p. 105).

2. Déjà, les Basques du capitaine Valin avaient déserté. « Mon visadmiral m'a joué d'un de ses tours qui m'a lisansié tous les matelotz, écrivait Valin à l'abbé de Marsillac. Il faut que j'atande à servir jusques à ce que M. l'évesque de Mande et M. Desplans [de Grimaud] m'aient faict recouvrer des matelotz. » 22 septembre (Affaires étrangères 786, *France* 43, fol. 213).

3. Luçon, chef-lieu de canton de la Vendée.

d'intercéder et parler pour eux envers Monsieur le duc et Monsieur de Mande : ce qu'ilz firent. Je les attendois là, et leurs fis donner et remettre la vie, à condition qu'ilz l'emploieroient fidèlement et courageusement en cette occasion. Les juges et officiers de la justice des Sables me les amenarent liez et garrottez dans ma chambre, en me disant :

— Monsieur le duc de La Rochefoucaud et Monsieur de Mande vous envoient ces gens icy pour en faire ce qu'aviserez bon estre : leur vie est entre vos mains. Ilz sont tous condampnez à la mort.

Lors, ilz se jettèrent tous à genouil devant mon lict, où j'estois très mal. Je leur dist ce qu'il me sembloit de leur lascheté, et leurs fis cognoistre leur faute. Ilz estoient plus de six vingts mariniers, sans lesquelz tout nostre convoy estoit inutile. Ces Messieurs de la justice, qui sçavoient bien ce qui en devoit arriver, me dirent tous :

— Ilz sont en vostre puissance; leur vie ne dépend que de vous. Donnez-la leur, Monsieur ; ilz serviront le Roy fidèlement.

— C'est de quoy je doute fort, dis-je, si la fin n'est meilleure que le commencement. Néantmoins, si vous m'en asseurez, Messieurs, et qu'ilz vous jurent maintenant et à moy, soubz la charge duquel ilz sont et qui les commande en cette occasion, qu'ilz serviront fidèlement, très volontiers, je leurs remets la vie pour l'employer à ce service, à condition toutefois que ceux qui y manqueront, ne seront pas absous de vostre jugement. Ilz sont tous de ces quartiers et cogneus de vous. C'est pourquoy, s'il y en a aucun, soit maistre de barque ou matelot, qui ne fasse son devoir, vous me promettez qu'en recevant mes plaintes, vous en ferez la justice?

Lors, ces Messieurs les regardèrent tous à genouils, tremblans, et leurs dirent :

— Que dites-vous à cela?

— Tous d'une voix dirent qu'ouy, et qu'ilz feroient si bien leur devoir qu'on ne seroit pas en cette peine.

Lors, je leurs remis la vie et, les aiant fait lever, je leur recommanday de crier : Vive le Roy. Ce qu'ilz firent avec grand allégresse.

— Mais, dis-je, avant que sortir de cette chambre, il faut que vous tiriez tous au sort qui demeurera le coulpable de vostre fuite : car il faut que quelcun meure pour servir d'exemple, puisque vous ne voulez pas nommer l'auteur.

Comme l'on faisoit les billets, il y en eust un qui dist qu'il ne faloit pas que les innocents patissent pour les coulpables, et que c'estoit véritablement luy qui avoit parlé le premier de s'en aller, et qu'il se soubsmettoit à la mort. Je fis donc reconduire celuy là dans la prison, ce qui obligeast tous les autres à me le demander avec de grandes protestations de faire des merveilles. Je le leurs promis, et leurs comanday de s'en retourner chacun à son bord, sans que pas un y manquast, et leurs dis qu'il faloit partir au premier vent qui nous seroit propre : ce qu'ilz m'asseurassent de faire tous. Et me priarent d'avoir pitié d'eux, me disans qu'ilz n'avoient pas un sou, et que ceux qui les avoient ramenez, leurs avoient tout osté. J'avois aussi peu d'argent qu'eux, car j'avois tout dépendu, et le mien et celuy de mes amis. Néantmoins, veu que peu de chose en ces occasions fait beaucoup, je priay

Monsieur le chevalier de La Fayette[1], qui estoit lors aux Sables, qui équipoit un patache, de prester 50 escus, que je leur donnay. Ainsi ilz s'en retournarent tous à leur bord.

Le mesme jour, je receuz encore une lettre de Monseigneur le cardinal, qui me fut envoiée de Brouage, par laquelle il me convioit de faire ce qu'il se promettoit de moy en ce secours, m'asseurant que l'honneur et le bien ne me manqueroient jamais. Je me suis aquitté de ce qu'il désiroit de moy, avec tout autant d'affection et de fidélité que jamais homme aura à l'exécution de ses commandements. Je suis encore dans l'attente des effets des paroles de mondit seigneur. Il en sera ce qu'il luy plairra. J'ay encore ses lettres, les aiant laissées, lors que je partis pour aller à la citadelle, entre les mains d'un de mes amis, craignant de les perdre avec tout le reste que j'avois.

J'estois tousjours au lict très mal. Néantmoins, j'avois commandé à nos maistres des traversiers et pilottes que, dès que les vents se tireroient au nauouest, ilz me vinssent avertir, par ce qu'il ne faloit perdre un quart d'heure de temps.

Chapitre VI.

Ordre de bataille de la flottille aux Sables d'Olonne.

C'estoit le quatriesme d'octobre, la marée très bonne, mais les vents contraires. Monsieur le duc[2] et

---

1. Philippe-Emmanuel de La Fayette, chevalier de Malte, est porté sur les états de l'année 1635 comme capitaine entretenu en la marine (Eugène Sue, *Correspondance de Henri d'Escoubleau de Sourdis*, t. III, p. 399). Il mourut en 1651.
2. De La Rochefoucauld.

Messieurs les évesques[1] vindrent le lendemain me voir et, me plaignans de me voir si mal, me disoient qu'il n'y avoit point d'apparence que je peusse servir en cette occasion. J'estois véritablement très mal, mais tousjours résolu d'aller finir ma vie soubs les bastions de la citadelle, et de périr ou de la secourir. Ilz firent venir le sieur de Richardelle et autres des Sables pour prendre leur avis, de la sorte que nous devions passer nostre secours. Ilz furent tous d'advis qu'il nous faloit ranger la terre de l'isle et, pour ce subjet, aller quérir les Baleines[2], et passer entre la terre de l'isle et l'armée des ennemis, qui estoit le chemin qu'avoit tenu le capitaine Valin[3] avec ses

1. De Nîmes et de Mende.
2. La pointe des Baleines, à l'extrémité septentrionale de l'île de Ré.
3. Arrivé le 27 août aux Sables-d'Olonne avec seize pinasses de Bayonne, Biarritz et Saint-Jean-de-Luz, le capitaine Valin avait embarqué cent vingt soldats du régiment de Champagne : le baron de Saugeon, Vernatel, Terraube, Cursol, Canteloup, Salières, Perroteau, Bezas, Coimpy, Oudart, Du Lac, Lommerat avaient pris chacun le commandement d'une pinasse. Et, dans la nuit du 6 septembre, l'escadrille, doublant la pointe des Baleines, passait à toute vitesse près des vaisseaux de grand'garde, puis au travers du barrage, qu'une soudaine tourmente avait disloqué. Canteloup, chargé de l'arrière-garde, arrivait premier « à ventre déboutonné ». A deux heures du matin, le 7 septembre, treize feux allumés au sommet de la citadelle de Saint-Martin signalaient au continent l'heureuse arrivée de treize pinasses. Tous, officiers et marins, furent récompensés, qui de chaînes d'or ou de commandements, qui de gratifications (« Discours véritable de tout ce qui s'est passé en l'isle de Ré despuis quinze jours, avec l'heureuse arrivée des pinaces », Bibl. nat., collection Dupuy, vol. 93, fol. 200; Lettres de La Forest-Toiras et de Le Clerc, général des vivres. Coup-de-Vache, 7 septembre. Affaires étran-

pinaces, il y avoit environ six sepmaines, où il ne fit aucun mauvais rencontre. Nous pensions de pouvoir passer plus facilement par là qu'autrement, passant sur le Couronneau, qui est un ban de sable près de Saint-Martin.

L'affaire fut arresté de la sorte, et que le sieur de Maupas, filz de Richardelle, feroit l'avant-garde avec cinq barques et deux traversiers, qui estoient celuy de Monsieur de Cusac et le mien, l'un sur la droite et l'autre sur la gauche dudit Maupas : les pinaces, flibot et autres traversiers à la bataille; et à la retraite, le capitaine Perroteau avec tout le reste des barques[1]. Monsieur le marquis de Grimeau[2] et le

gères 788, *France* 45, fol. 5, 13; « Mémoire contenant les récompenses que le Roy veult faire à ceux qui servent au secours de Ré ». Affaires étrangères 787, *France* 44, fol. 81, publié par Avenel, *Lettres et papiers d'État du cardinal de Richelieu*, t. II, p. 597).

1. L'escadrille ne comprenait pas moins de quarante-six bâtiments et sept cent soixante hommes : quatorze barques ou traversiers à l'avant-garde, guidée par Maupas, que flanquaient à droite le bâtiment amiral de Beaulieu-Persac et à gauche celui de Cahusac et de Brouilly. Dix pinasses, douze traversiers formaient le corps de bataille sous les ordres d'un officier béarnais qui s'était signalé au siège d'Ostende; cet officier, Étienne d'Andoins, venait d'amener un nouveau contingent bayonnais de quatorze pinasses (Archives de Bayonne, BB 21). Canteloup, à bord d'un flibot, et Perroteau, à la tête des barques olonnaises, étaient à l'arrière-garde (l'évêque de Mende à Richelieu, 5 et 8 octobre. Affaires étrangères 786, *France* 43, fol. 258, 265; *Récit véritable du secours entré en l'île de Ré, conduit par les seigneurs et capitaines ci-après nommés, le 8e et le 9e du présent mois d'octobre 1627*. Paris, 1627, in-8º).

2. Esprit d'Esplan, marquis de Grimaud.

sieur de La Rivière-Puigreffier[1] estoient aux Sables et ne nous tesmoignarent jamais de vouloir venir avec nous que le jour que nous nous mismes à la rade, qui fut le sixiesme octobre, sur les quatre heures du soir.

Mes pilottes m'estans venus avertir que les vents tiroient en aurouest[2], je quittay le lict et me levay en diligence, et dis adieu à mon hoste. Je me fis porter à la marine[3], où je rencontray Monsieur le duc de La Rochefoucaud et Messieurs les évesques de Mande et de Nime et Monsieur l'abbé de Marsillac, desquels je pris congé et receus leurs commandements. Ilz furent tous estonnez de me voir embarquer en l'estat auquel j'estois. Je dis à Monsieur le duc que nous ne partirions pas cette nuit asseurément, car les vents remonteroient, et aurions du mauvais temps. — Mais asseurez-vous, luy dis-je, que je mourray dans cette occasion ou que je secourray la citadelle : le meilleur

---

1. Le jour où Beaulieu-Persac reçut de Richelieu ses instructions, le 29 juillet, « fut aussi dépesché le sieur de la Rivière-Pigreffier, avec commission pour aller en Olonne amasser toutes les chaloupes, barques et vaisseaux qui vont à rame, pour la mesme fin d'empescher ladite communication [entre la flotte anglaise de blocus et l'Angleterre] et jetter des vivres en Ré » (Marillac, p. 69). — La Rivière-Puygreffier, cinq ans auparavant, apportait à l'amiral Charles de Guise la nouvelle de la paix accordée aux protestants, au moment où l'amiral de Guise allait achever l'escadre rochelaise de Jean Guiton, battue le 27 octobre 1622 à Saint-Martin-de-Ré (*Mémoires pour servir à l'histoire*, tirés du cabinet de M. Léon Du Chastelier-Barlot, p. 18).

2. Au nord-ouest.

3. La côte est appelée « la marine » dans le langage des marins du Levant.

marché qui m'en puisse arriver sera d'estre pris ; mais je couperay l'estacade[1].

Ainsi je me séparey d'avec eux. M. l'évesque de Nimes me donna sa bénédiction, les larmes aux yeux. Je fus porté par un fort honnête homme nommé Frappier, messager de Poitiers, qui se rencontra là, et, me voiant si foible que je ne pouvois me soustenir, me prit à son col et m'emporta dans mon traversier. Estant embarqué, chacun fit diligence de son costé et nous tirasmes à la rade[2], où nous ne fusmes pas plutot que les vents sautèrent au surouest, le temps le plus contraire qui nous pouvoit arriver, lequel durast

1. C'était, je l'ai dit, un immense barrage de poutres, de câbles et de navires entremêlés, qui décrivait un vaste demi-cercle autour de Saint-Martin, depuis le bourg de la Flotte jusqu'à la Fosse de Loix. Les Anglais avaient dû se résoudre à l'établir après de multiples échecs pour clore d'autre manière la ceinture du blocus : une gigantesque batterie flottante avait été balayée par les vents, et des épaves chargées de pierres, n'avaient pu tenir sur ces fonds de roc, drossées par les courants (Marillac, p. 123; *le Vray journal de tout ce qui s'est passé en l'isle de Ré depuis la descente des Anglois jusques à leur rembarquement*, in-8°, p. 46).

2. Une relation contemporaine nous permet d'apprécier l'importance de l'armement confié à Beaulieu-Persac : « Voicy ce qui entra dans l'isle [de Ré] : soixante gentilshommes qualifiéz, deux cens cinquante soldats, près de cinq cens matelots, deux commissaires de l'artillerie, seize canonniers, trois hommes pour les mines, toutes sortes de médicamens, vingt-cinq milliers de poudre, dix milliers de plomb, huit cens paires de souliers, grande quantité de chemises, cent pipes de vin, grande quantité de biscuits, farine et chair pour plus de deux mois » (*Relation du siège de La Rochelle sous le très chrestien et invincible Roy Louis XIII à présent heureusement régnant*, dans Cimber et Danjou, *Archives curieuses de l'histoire de France*, 2e série, t. III, p. 69).

toute la nuit, avec si grande tourmente à la mer que nos pinaces furent contraintes de rentrer dans le port, où elles se fussent perdues, n'eust esté que tous les vaisseaux tindrent à la rade.

Monsieur le duc m'envoiast sur les sept heures du soir le filz de Monsieur de La Roche du Montet me dire que luy et Messieurs les évesques s'en alloient à la Tranche[1], où ilz feroient faire des feux à la coste, afin de nous en donner cognoissance; la nuit estoit fort obscure. Je luy dis que ces feux ne nous serviroient de rien pour cette nuit, par ce que le temps nous estoit contraire. Je le priay d'asseurer ces Messieurs que nous ne perdrions un moment de temps et que j'espérois que ce seroit pour l'autre nuit, qu'estoit la nuit du jeudy venant au vendredy la dernière marée, et qu'asseurément Dieu nous donroit le vent propre à l'effect de nostre dessein. Ainsi s'en retournast ce gentilhomme.

Nous passâmes toute la nuit avec ce mauvais temps, qui durast jusques au lendemain sur les quatre heures du soir, que le temps changeast tout à coup et ravalast en aurouest, qui estoit celuy que nous demandions à Dieu : lequel nous priasmes de nous le continuer, n'aiant plus que cette marée. Les pinaces revindrent à leur poste toutes, et ces Messieurs qui s'en estoient retournez aux Sables, ne pouvant souffrir la mer; lesquelz revenus, j'envoyay à Monsieur de Grimaud le sieur de La Liberté, qui faisoit la charge de sergent majour à nostre petite flotte, qui est très brave homme, — il est maintenant des mousquetaires

---

1. La Tranche, à l'entrée du Pertuis-Breton, fait actuellement partie de l'arrondissement des Sables-d'Olonne.

du Roy, — pour prendre l'ordre de luy : lequel il ne voulut donner et vint luy-mesme le recevoir de moy, dont je me défendis tant que je peus; mais pour ne perdre point temps, je le luy donnay, qui fut : « Vive le Roy! Passer ou mourir! » Ainsi il s'en retournast à son bord, qui estoit dans la barque de Maupas.

Chapitre VII.

La flottille passe au travers de la flotte de blocus.

J'envoiay le sieur de La Liberté avec ma chaloupe donner l'ordre à tous les autres vaisseaux et les avertir tous qu'ilz eussent l'œil sur moy, afin que, lors qu'ilz me verroient appareiller, chacun en fit de mesme. Les sept heures et demie venues, je commençay à serper[1] mon ancre et mis à la voile, ce que fit toute la flotte en mesme temps, et nous mismes à la mer. Nos pilottes furent d'avis que nous missions le cap à la mer, par ce, disoient-ilz, qu'il estoit trop tost pour faire nostre route, qu'il faloit bien prendre nos mesures et que la pleine mer ne pouvoit estre qu'entre une et deux, et qu'il suffisoit que nous commençassions nostre route sur les neuf heures et demie, que nous avions les vents et la marée fraiz, et qu'en peu nous arriverions.

Nous commençasmes donc nostre route à neuf heures et demie, et nous embarassames un peu les uns parmy les autres, qui fut qu'en lieu de me trouver sur la main droite de Maupas, je me trouvay sur la

1. *Serper le fer* pour *lever l'ancre* était une expression usitée dans la marine du Levant.

gauche. Nous rengeasmes la coste de Poitou. Ces Messieurs, qui nous devoient faire des feux à la Tranche, s'endormirent, et n'en vismes point, mais bien ceux de la citadelle, par lesquelles nous nous gouvernasmes, les faisant promptement lever à l'aiguille[1], et voir par quel vent ilz nous demeuroient : ce qui se fit diligemment parmy nous. Les ennemis, en mesme temps, en firent grande quantité, et à la terre et dans leurs vaisseaux, pour nous oster la cognoissance de ceux de la citadelle. Monsieur de Taurax[2] nous aians donné avis par le sieur de Maupas de la sorte qu'il feroit les siens, qui estoit l'un au bord de la mer et l'autre sur un bastion de la citadelle, nous changeasmes la route qui avoit esté résolue d'aller quérir les Baleines et ranger la terre de l'isle. Nous nous tirasmes le plus que nous peusmes à celle du Poitou, jusques à ce que nous eusmes cognoissance de l'armée des ennemis, laquelle nous ne tardasmes guères à voir.

Je m'aprochay du vaisseau de Maupas et parlay à Monsieur de Grimaud qui devoit passer le premier. Je luy dis :

— Allons, Monsieur, faites force de voiles. Vous voiez où il nous faut aller. Commandez à vos gens de couper vostre mesane[3].

— Ilz me disent, dit-il, qu'il faut encore attendre.

— Rien, rien, dis-je : tout vient bien.

Je vis qu'ilz ne coupoient point leur mesane et qu'ilz ne faisoient aucune diligence à faire force de voile. Je dis alors à Monsieur de Launey :

1. Repérer à la boussole.
2. Toiras.
3. Misaine ou mât d'avant.

— Monsieur, passez à la proue et je demeureray au timon. Passons devant. Commandez moy la vie, nous passerons au travers de l'armée : les feux de Monsieur de Torax nous monstrent nostre chemin.

Il y eust un des navires des ennemis qui tirast un coup de canon. Je dis : — Voilà l'alarme. Nous en verrons bien d'autres. — En mesme temps, je commanday que l'on fit force de voiles, et les fis guinder de haut en haut et couper nostre mesane. Mon traversier alloit très bien de la voile, ce qui fit que je fus tost parmy l'armée et bien loing devant nostre flotte. Ce ne fut pas sans estre bien canonné, car de passer au milieu de 150 navires et de la longueur des dits navires, je vous laisse à penser quelque tintamare de canons et de mousqueterie. Cela a esté cogneu à tant de gens que je n'en daignerois parler d'avantage. L'on voioit le tout de la terre.

Comme je fus au milieu de l'armée, le vent nous calmit, ce qui durast fort peu et revint très frais. Les ennemis estoient très bien avertis de ce qui s'estoit résolu aux Sables; mais Dieu, protecteur des intérests du Roy, nous fit changer la route. Ainsi, passant au milieu de leur armée, j'arrivay sur l'estacade, fort près de la citadelle, qui estoit de quantité de navires attachez de grands câbles les uns aux autres, l'un au beaupré et l'autre traînant quatre pieds dans la mer, qui fut celuy qui nous arrestast entre deux grands vaisseaux où j'aborday[1], le vent estant frais et la

---

1. Suivant le P. Placide de Brémond, qui montait la barque de Maupas, le bâtiment amiral de Beaulieu-Persac fut victime d'un accident. Voici comment : Maupas soutenait un violent combat aux côtés du traversier amiral : le chirurgien venait

mer fort haute, là où le [choc] me jettast sur l'un des vaisseaux, lequel soudain saisist mon mas avec des chesnes et cordages, et couparent tous nos hauts bans[1] d'un costé.

Ainsi j'estois arresté et vivement tormenté de canonades, de mousquetades, de coups de pierre et toute autre sorte de chose qu'ilz nous pouvoient jetter. Joignans leur vaisseau, ilz tuoient nos gens à coups de pique et coups d'espée : ce qui estonnast tellement mes soldats et mariniers qu'ils ne sçavoient quel chemin prendre pour se défendre, fors deux ou trois, lesquelz vinrent à moy me dire qu'il falloit jetter des gens à la mer pour couper ce câble, et qu'ilz avoient coupé celuy

d'être emporté par un boulet; le mât de misaine s'était écroulé sur le marquis de Grimaud; cinq chaloupes bordaient et entouraient la *Marguerite* qui faisait eau. Maupas était à l'avant, pistolet d'une main, « capabod » de l'autre; les chevaliers de Montenac et de Villiers étaient à bâbord et à tribord, un sergent à l'arrière : le chapelain Placide de Brémond travaillait à la pompe. Mousquetaires, canonniers, artificiers, cinquante hommes attendaient silencieux à leur poste, quand au cri des Anglais : « Amène! », riposta le commandement : « Tire! » Et une salve terrible coucha bas nombre d'adversaires. D'un coup de « tarrabat » qui tranche un gros câble, le contremaître Coussage a ouvert un passage dans l'estacade : *la Marguerite* a franchi le blocus. Mais le bout du câble, tombé sur le traversier de Beaulieu-Persac, accroche le gouvernail et, par une forte houle, entraîne le traversier contre un grand vaisseau britannique (*Relation du P. Placide de Brémond, bénédictin, faite à Sa Majesté à son retour de l'isle de Ré, du passage miraculeux de vingt-neuf barques que M. le cardinal envoya à M. de Toiras en la citadelle de Saint-Martin-de-Ré, ensemble les combats de mer et de terre rendus par les Anglois pour empêcher le convoy.* Paris, 1627, in-8°).

1. Nos haubans.

du beaupré. Je leur dis : — Mettez-vous y, et prenez des haches et des cies. — Ce qu'ilz firent et s'y mirent deux, l'un nommé Maturin Gabareul, pilotte. Après avoir cié le câble, ilz me vinrent dire :

— Monsieur, le cable est coupé.

Ne m'apercevant pas que les ennemys eussent saisy nostre mas, je criay que l'on guindast les voiles, ce qui nous fut inutile, les hauts bans estant coupéz et le mas saisy. Nos gens estoient tellement estonnéz des bruits que faisoient ces Anglois, que chacun songeoit à sa vie. Il sautast dans nostre vaisseau trois des ennemis et entrarent par la proue, et vinrent tousjours blessans ou tuans des nostres. Les cables estant coupéz, les navires des ennemis s'alarguarent les uns des autres, qui fut le salut de la citadelle. Les trois soldats vinrent jusqu'à moy, dont le premier me portast un coup d'espée, lequel je parey, et luy donnay un coup de pistolet dans la teste à bout touchant : il tumbast sur moy, mort. Son compagnon vint après luy avec une demye pique, lequel me manquast aussi. Je luy donnay un coup de pistolet dans l'estomach, et tumbast roide mort. Aiant tiré mes deux pistolets, je voulus mettre l'espée à la main : mais je ne trouvay que le fourreau. Le sieur de La Guette[1], qui estoit à Mon-

---

1. Cet ancien page de la reine Henriette d'Angleterre doit être identifié, sans doute, avec le capitaine de La Guette qui figure comme capitaine entretenu en la marine près le grand maître de la navigation : « États au vray de la recette et dépense faite par Mᵉ François Leconte, trésorier général de la marine de Ponant. 1635 » (E. Sue, *Correspondance de Henri d'Escoubleau de Sourdis*. Paris, 1839, in-4°, t. III, p. 370, Collection de documents inédits).

sieur de Mande, aiant perdu son espée, me tirast la mienne du costé.

Je pris celle d'un marinier et m'avancey pour aller à la proue, pour empescher qu'il n'en entrast davantage. Lors, le sieur de La Guette me dit :

— Je ne me soucie plus de mourir : j'en ay tué un.

Je luy respondis que ce n'estoit pas assez. Les pierres nous tumboient de toutes parts, coups de pique et coups de mousquets. Ces canailles crioient tant qu'ils pouvoient en leur langage et nous au nostre, sans entendre rien de tout ce que nous disions. Comme je vis qu'il n'y avoit plus d'espérance de se pouvoir garentir et que je ne voiois rien paroistre de nostre flotte, et qu'il faloit se résoudre de capituler ou de brusler et mettre le feu dans nos poudres, l'un crioit la vie, les autres offroient rançon. Je m'en alley à la proue, où je rencontray un commissaire de l'artilerie qui s'estoit embarqué avec nous, lequel capituloit avec les ennemis pour luy sauver la vie et de l'argent. Je le fis taire et demanday :

— Qui est-ce qui parle là?

Il y en eust un qui escorchoit un peu le françois. Je luy demanday qui il estoit. — Il me dit qu'il estoit contremaistre du navire. — Je luy dis qu'il me fit parler à son capitaine, lequel me parlast, mais en anglois : Je n'entendis rien de ce qu'il me disoit. — Il me fit dire que je me rendisse, qu'il ne me feroit point de mal. — Je regardois tousjours du costé des Sables, si nostre secours ne paroissoit point. Ne voyant rien venir, je dis à ce capitaine que je sçavois qu'il n'y avoit point de quartier pour nous parmi eux, qu'il faloit tous mourir, et qu'ilz n'en auroient pas meilleur compte

que nous, et que j'alois mettre le feu dans les poudres.
— Ce qui le fit parler, me disant par sa foy qu'il me feroit bonne guerre et que je ne fisse point mettre le feu. — Je demanday son nom et qui il estoit. — Il me dit qu'il estoit de Londre et qu'il se nommoit capitaine Thomas Anfric. — Je luy dis qu'il me fit parler à quelque autre personne de qualité plus relevée que luy, et dans la parole duquel je peusse prendre créance : ce qui fit qu'il appelast un autre capitaine nommé Grin[1].

En ces entrefaites, j'aperceus cinq barques des nostres qui passoient fort près de moy, toutes de front. Après en vint d'autres et les pinaces, de sorte qu'il en passast jusques au nombre de vingt huit. Le capitaine des pinaces[2] parlast à moy et me voulut acoster. Je luy criay qu'il passast et qu'il ne s'arrestast point[3]. Mais voiant ma chaloupe derrière luy, laquelle j'avois très bien armée, et mis vingt quatre

1. Green.
2. Étienne d'Andoins.
3. En mémoire de ce fait d'armes et du sacrifice des deux amiraux, qui sauva la citadelle de Saint-Martin, Louis XIII fit exécuter un grand tableau allégorique par le peintre tourangeau Claude Vignon. Le compagnon de Beaulieu et son digne émule, Claude de Launay-Rasilly, en fut le bénéficiaire. Un vaisseau, battant pavillon royal au grand mât et à l'arrière le pavillon rouge, vogue vers l'île de Ré et la citadelle de Saint-Martin qu'on aperçoit dans le fond. Au premier plan, sous les traits de Neptune et d'Amphitrite que la Renommée s'apprête à couronner, l'on voit Claude de Rasilly et sa femme Perrine Gaultier : le blason des Rasilly est entouré de lauriers, et au-dessus du groupe flotte la devise : *subdidit Oceanum*. Le tableau est reproduit en tête de la *Généalogie de la famille de Rasilly*, publiée par le marquis de Rasilly. Laval, 1903, in-4°; cf. aussi p. 351, pour la description du tableau.

bons hommes dedans, je criay à celuy qui la commandoit qu'il m'abordast. C'estoit un nommé Gabareul le Flibot d'Oléron. Il ne me voulut point aprocher. S'il m'eust abordé avec les gens qu'il avoit, je pouvois prendre le navire aisément, la pluspart de l'équipage dudit navire estant en garde à la terre de l'isle, où ils estoient avec plus de 150 barques, chaloupes ou galiottes. Si nous eussions suivy la résolution prise aux Sables, il ne s'en fut eschapé pas un de nous.

Voiant nos barques dessous la forteresse et que, de trente-cinq que nous estions, il y en avoit 28 d'arrivées, jugeant le secours assez puissant pour sauver la citadelle et la garentir des mains des ennemis[1], je me résolus de faire nostre capitulation le plus honorablement qu'il me seroit possible et parlay donc aux ennemis, le boutefeu à la main, leurs disant que nostre vaisseau estoit chargé de poudres et que, n'y aiant point de quartier parmy eux, il valoit autant [être] roty que bouilly, que je sçavois de quelle sorte ilz avoient traité les nostres depuis quatre ou cinq jours. Ilz me jurarent et protestarent que je ne recevrois aucun mal. Ilz ne vouloient pas comprendre les mariniers dans leur traité : ce qui me fit leur dire qu'il

1. Outre les équipages des barques, Maupas amenait comme renforts quatre-vingts soldats du régiment de Châtelier-Barlot, aux ordres des capitaines de Santerre et La Varenne, du lieutenant Maisonblanche et des enseignes Chalonière et La Tour (« Journal ou histoire journalière de tout ce qui s'est passé dans l'isle de Ré depuis l'entrée des Anglois jusques au jour de leur défaitte et de leur fuitte, par un gentilhomme ayant esté en toutes les occasions arrivées dans ledit siège », 20 juillet-14 novembre. Bibl. nat., collection des Cinq-Cents de Colbert, volume 2, fol. 156 v°).

faloit que tout ce qui me restoit d'équipage, eust la vie, ou qu'autrement il faloit brusler. Ilz m'acordarent donc ce que je voulus.

Chapitre VIII.

Du navire-hôpital de la flotte britannique, Beaulieu, prisonnier, suit les attaques des assiégeants et leur déroute.

Ce capitaine Grin estoit homme d'assez bonne mine[1]. Je leurs fis obliger l'honneur de leur Roy, celle de leur patrie, semblablement de leur général et eux, avec tous les serments qui se pouvoient faire, de sorte que, soubs ces asseurances, nous touchasmes à la main[2]. Lors, je donnay mon pistolet que j'avois rechargé durant le parlement, et l'espée que j'avois prise au marinier, au sieur de Calotis, commissaire de l'artilerie, auquel je dis qu'il jettast cela dans la mer et que la capitulation estoit faite comme ilz avoient tous ouy.

— Je m'en vais entrer dans leur vaisseau : voiez de la sorte qu'ilz me traiteront. S'ilz me tuent ou me rendent aucun desplaisir, mettez le feu dans les poudres.

Ainsi j'entray dans leur vaisseau, où estant, je vis que ces gens me parloient avec respect et honneur, et qui m'en donnast bonne opinion. J'avois si grand soif

1. Le capitaine John Green avait amené une partie de la cavalerie anglaise. Son vaisseau avait été transformé durant le siège en navire-hôpital. Certificat à lui délivré le 3 janvier 1628, à Plymouth (John Bruce, *Calendar of State papers, domestic series of the reign of Charles I (1627-1628)*. London, 1858, in-8°, p. 519).

2. Nous nous touchâmes la main, en signe de marché conclu.

qu'il ne se pouvoit dire d'avantage. Je leur demanday à boire. Ilz me donnarent une grande pleine cane de bière, laquelle ne fut capable de m'estancher la soif, et leurs en demanday encore. — Ilz me demandarent si je voulois du breuvage. — Je leurs demanday que c'estoit. — Ilz me dirent que c'estoit du vin et de l'eau. — Je leur dis que très volontiers j'en prendrois. J'estois seul avec eux, ce qui me fit dire à mes compagnons que je croiois que ces gens nous tiendroient ce qu'ilz nous avoient promis.

Lors, le sieur d'Enery et de La Guette montarent dans le vaisseau, lesquelz le capitaine Grin amenast dans le sien. Je leurs dis qu'ils pouvoient descendre dans nostre vaisseau et qu'ils n'attendissent pas qu'il arrivast d'autres barques des leurs qui le saccageassent et qui le pillassent : et puis que nous estions leurs prisonniers, il estoit raisonnable qu'ilz eussent le butin. Ilz avoient telle crainte que le feu se misse dans nos poudres, qu'à peine peurent-ilz se résoudre de descendre dans le vaisseau. Monsieur de Launey, avec d'autres des nostres, montarent dans le vaisseau où j'estois. Les ennemis nous sépararent les uns d'une part et les autres de l'autre. Ilz mirent le sieur de Calotis et de La Liberté en bas en fonds de cale, et les liarent. Je leur dis que c'estoit gentilshommes qui ne méritoient d'estre traitéz de la sorte. Ilz les firent remonter en haut et les déliarent. Ainsi la nuit se passast.

Je m'enquis de tous mes compagnons ce qu'estoit devenu Monsieur de Roquemont. On ne m'en sceut dire aucune nouvelle, ce qui m'affligeast grandement, croiant qu'il fut mort. Voila de la sorte que nous fusmes pris et que nostre capitulation fut faite. Ceux qui ont esté pris avec moy, en pourront rendre tesmoniage et de la sorte que tout s'y est passé.

Le jour venu, il vint un Anglois parler au capitaine de nostre vaisseau, lequel nous dit soudain qu'il faloit aller à Saint-Martin trouver le milour duc. Nous dismes que très volontiers, nous ferions ce qu'il leur plairroit. Ilz nous embarquarent dans une chaloupe, Monsieur de Launay et moy; nous en allant à Saint-Martin, nous rencontrasmes un capitaine de vaisseau, qui dit à celuy qui nous conduisoit qu'il nous ramenast, et que le duc l'avoit commandé, ce qu'il fit. Nous passasmes près du vaisseau du capitaine Grin, où estoit Monsieur d'Enery et le sieur de La Guette. Je priay le capitaine qui nous conduisoit de nous permettre de voir ces gentilshommes : ce qu'il fit. Et entrasmes dans le vaisseau de Grin, d'où, après nous estre embrasséz et parlé ensemble, il s'en falut retourner à nostre vaisseau.

Y estant arrivéz, il vint un gentilhomme anglois, nommé Kairy, vestu à la françoise et qui parloit françois comme nous, ce qui me fit croire qu'il estoit françois. Je luy dis que je m'estonnois grandement de voir des François avec des Anglois. Il me dit qu'il estoit filz d'un Anglois et d'une Angloise, mais qu'il estoit né à Paris, son père aiant esté ambassadeur en France par deux fois[1], et que véritablement il avoit du desplaisir de nous voir prisonniers, et encore plus de ce

1. Beaulieu commet une erreur en écrivant Kairy. L'ambassadeur anglais, père de l'officier de marine, s'appelait Thomas Parry. Envoyé une première fois par le roi Jacques près de Henri IV, il était en effet revenu à Paris comme plénipotentiaire pour signer, le 24 février 1606, un traité de commerce

que nous leur avions osté la citadelle, dans laquelle ilz espéroient entrer sur les neuf heures, et que, pour ce subjet, ilz avoient couché à terre, la capitulation estant faite[1], et que maintenant il ne faloit plus qu'ilz songeassent la [prendre], estant secourue de la sorte, et qu'ilz croioit qu'ilz s'en iroient bien tost et que Monsieur le duc[2] me verroit ce jour là mesme, et qu'il le luy avoit ouy dire après qu'on luy eust raconté de la sorte que nostre capitulation estoit faite, fulminant grandement contre ceux qui nous avoient pris qu'ilz ne nous eussent noyéz. Lesquelz racontarent que nostre vaisseau estoit chargé de poudre et que, nous voians en résolution de perdre nostre vaisseau et quantité d'autres, ilz nous avoient acordé tout ce que nous avions voulu, que pour eux ilz avoient satisfait ce qu'ilz nous avoient promis, et que maintenant estans entre ses mains et en sa puissance, c'estoit à luy de faire de nous ce qu'il luy plairroit. Ce gentilhomme me dit qu'il leurs respondit la dessus :

— Je ne suis pas homme à violer des paroles données ; c'est pourquoy je veux aller voir ce capitaine.

A quoy il ne manquast l'après disnée. J'estois mal-

entre la France et l'Angleterre (voyez les lettres de Henri IV publiées dans Cimber et Danjou, *Archives curieuses*, 2ᵉ série, t. II, p. 347).

1. La citadelle de Saint-Martin devait être rendue le 8 octobre, « incontinent qu'il serait jour », lorsqu'un bruit insolite, deux heures avant l'aube, éveilla la garnison. C'était la flottille de secours qui se frayait un passage. L'arrivée de ces vingt-huit barques sauva les assiégés (La Madeleine, gentilhomme saintongeais, « Véritable recueil des choses plus remarquables arrivées à la descente et siège de Ré », Affaires étrangères 787, *France* 44, fol. 109).

2. Buckingham.

mené et couché sur un ban. Comme le duc venoit, on me dit :

— Voicy Monsieur le duc qui est à bord.

Je me levay. Il entrast un gentilhomme devant luy, homme de fort bonne mine et fort bien vestu, lequel je saluay, pensant que ce fut luy. Il me dit :

— Je ne suis pas Monsieur le duc, Monsieur.

Lors, il entrast. Je fus à luy le saluer. Il rougist grandement me voiant ; je m'attendois qu'il me parleroit. Lors, je luy dis :

— Monsieur, vous faites trop d'honneur à vos prisonniers de les venir voir : je crois que l'on vous a conté de la sorte que nous avions fait nostre capitulation. C'est pourquoy, estant généreux comme vous estes, nous ne doutons aucunement que vous ne l'observiez.

— Je le feray asseurément, estimant vos personnes et vostre nation bien fort. Mais je ne puis pas m'imaginer que vous ne soiez des diables ou du moins personnes condampnées à la mort, qui, pour vous en rédimer, avez voulu hazarder vostre vie à secourir cette place, laquelle je ne croiois pas le pouvoir jamais estre.

— Je luy dis : Monsieur, parmy nostre nation, on n'a pas acoustumé de se servir de personnes condempnées à la mort pour faire de bonnes actions : car l'on se bat à qui aura de l'employ.

— Et bien, dit-il, vous avez amené des barques qui ne sont pas encore deschargées : je m'en vais les envoier brusler tout maintenant.

La mer estoit calme, sans vent : car dès lors que nos barques furent soubs la citadelle, le vent cessast et la mer calmit de telle sorte qu'elle sembloit une eau dormante : ce qui me fit juger qu'il seroit très difficile de brusler les barques. D'autant qu'il faloit qu'ilz remorquassent leur brusleau avec des chaloupes, n'y aiant point de vent; ou, s'il en faisoit, c'estoit si peu que rien. Encor venoit-il du costé de la citadelle. Lors, il me montrast quantité de chaloupes, galiottes et autres vaisseaux de rames qui s'estoient assemblées pour aller brusler lesdites barques, ce qui l'obligeast à me dire adieu, et qu'il s'en alloit faire partir ces barques et ce vaisseau à feu pour brusler les nostres.

Il s'embarquast, et estant un peu alargué du vaisseau où j'estois, on luy tirast un coup de canon de la citadelle, chargé de cartouches, lequel investit sa barque de toutes parts, et courut grand fortune d'estre tué. Néantmoins, il ne laissast de passer outre et de s'en aller faire partir ses barques, qui allarent bravement et courageusement attaquer les nostres, qui estoient défendues de dessus la falèse de la citadelle et de ceux qui estoient dans lesdites barques. Ilz poussoient leur vaisseau à feu devant eux et le conduirent jusques à la longueur d'une pique des nostres, lesquelles furent bravement défendues, et les ennemis repoussez avec grande perte de leurs gens. La nuit venue, ceux de la citadelle, avec les équipages desdites barques, deschargèrent en diligence ce qui estoit dedans. Ainsi la citadelle fut renvitaillée de vivres et d'hommes[1].

Je ne vis oncques le duc du depuis. Il m'envoiast le lendemain un secrétaire du roy d'Angleterre,

1. Les assiégés se plurent à narguer les Anglais. Dindons, chapons et victuailles dansaient au bout des piques, lorsque les Anglais, croyant la garnison exténuée par la faim, s'avan-

nommé Bicher[1], lequel me trouvast couché sur des voiles du navire, tant j'estois mal. Il me dit :

— Je suis icy de la part de Monsieur le duc, pour vous demander au vray quel est le secours que vous avez jetté dedans la citadelle.

— Ce sont, luy dis-je, des vivres pour quatre mois et des munitions de guerre pour autant et pour le moins 600 bons hommes, sans y comprendre les mariniers des barques.

Là dessus, il me dit qu'il avoit commandement de me faire conduire dans un des navires du Roy, parce que j'estois mal dans celuy là. Je luy dis qu'il en feroit ce qu'il luy plairroit. Ilz nous laissarent encor pour ce jour là. Mais le lendemain, ilz nous emmenarent dans d'autres vaisseaux. Je fus amené à celuy qui avoit aporté Monsieur de Soubize[2], qui estoit une remberge

---

cèrent pour recevoir la capitulation. Chaussures, cabans pour les sentinelles, charbon de terre pour les bivouacs, médicaments pour les malades, il n'était sorte de provisions que la flottille n'eût apportée (Marillac, p. 166).

1. William Becher avait été envoyé dès le mois de juin 1627 à La Rochelle, pour obtenir la coopération des protestants avec l'armée de Buckingham. Il nous a laissé un Journal relatant, du 23 juin au 16 juillet, les vicissitudes de ses négociations (John Bruce, *Calendar of State papers, Domestic series of the reign of Charles I (1627-1628)*, p. 274).

2. Benjamin de Rohan, duc de Soubise, avait été l'instigateur de la descente des Anglais. Il leur avait persuadé qu'ils emporteraient facilement Ré, puis Bordeaux (Affaires étrangères 787, *France* 43, fol. 113). Soubise avait « pris la qualité d'admiral des estrangers en Angleterre, pour commander à tous ceux qui se joindraient aux navires anglois, avec 4,000 écus de pension » (Avenel, *Lettres et papiers d'État du cardinal de Richelieu*, t. II, p. 779).

nommée *la Nompareille*[1], qui servoit de vice-admiral au duc[2]. Monsieur de Launey et moy nous estions ensemble. Estans arrivéz sur ce vaisseau, ilz nous separarent, et menarent ledit de Launey à un autre vaisseau. Ilz me laissarent mon valet pour me servir.

Ainsi nous demeurasmes prisonniers l'espace de six sepmaines, durant lesquelles nous voions toutes les attaques et tout ce qui se passoit entre eux et ceux de la citadelle. Quelques jours après nostre secours, ilz rembarquarent leurs canons, ce qui me faisoit juger qu'ilz vouloient lever le siège, ce qu'ilz avoient résolu entre eux[3]. Mais Monsieur de Soubize et ceux de La Rochelle leurs dirent[4] que ce secours n'estoit rien et qu'il n'estoit pas entré 200 hommes là dedans et qu'ilz n'avoient pas pour quinze jours de vivres, qu'il faloit les attaquer de vive force, et que la pluspart de ceux qui estoient dedans estoient demy morts : ce qui les obligeast à leurs faire des attaques presque tous les jours.

Ilz passarent ainsi le temps l'espace de cinq sepmaines et quelques jours. Enfin, ilz se résolurent de

---

1. *Nonsuch*.
2. En réalité, le pavillon du vice-amiral Lindsey flottait sur *le Repulse* et celui du contre-amiral Harvey sur *le Victory*. Le grand amiral, Buckingham, montait *le Triumph*, et le commandant des troupes, John Burgh, *le Vanguard* (Lord Lansdowne's, *Works*, t. II, p. 316; Clowes, *The royal Navy*, t. II, p. 65).
3. Les Anglais s'estimaient perdus, en cas de jonction de la flotte espagnole de Don Fadrique de Toledo avec l'escadre que l'amiral duc Charles de Guise assemblait dans le Morbihan (Affaires étrangères 787, *France* 43, fol. 113; Ch. de La Roncière, *Histoire de la marine française*, t. IV, p. 531).
4. Les Rochelais, menacés d'abandon, firent surseoir le départ. Le 13 octobre, leurs députés signaient un pacte d'alliance avec Buckingham, dont ils renforçaient aussitôt l'escadre

donner un assaut général qui fut le samedy devant le lundy qu'ilz s'en allarent[1]. Ceux du vaisseau où j'estois, qui m'avoient dit trois ou quatre jours auparavant que cet assaut se devoit donner, me vindrent quérir sur les sept heures du matin dans la chambre où j'estois, me disans :

— Venez voir prendre la citadelle.

— Je leur dis : Dieu vous en garde.

Nous montasmes sur le tillac où, dans demy quart d'heure après, ilz tirarent trois coups de canon, dont le premier estoit pour se préparer, l'autre pour marcher et l'autre de donner[2]. Il ne se vit jamais rien de plus furieux, ny de plus imprudemment attaqué que ceste place, laquelle ilz vouloient emporter de vive force à coups de mains. Ilz furent paiéz de leur témérité. Le combast durast plus de deux heures. Je n'ay jamais veu tant de feu qu'il s'en fit là de part et d'autre, de la quantité de leurs mousquetades. Ainsi ilz furent repoussez et commencèrent dès le soir à faire diligence d'embarquer leurs équipages qui estoient en terre.

Ilz redoutoient grandement le secours qui estoit descendu au fort de la Prée[3]. Je leurs dis que celuy-là

d'une vingtaine de barques et de pataches, commandées par Abraham Chevalier, l'ancien capitaine de pavillon de l'amiral Jean Guiton (Mervault, *le Journal des choses les plus mémorables qui se sont passées au siège de La Rochelle*, p. 114).

1. Le samedi 6 novembre (Marillac, p. 197).

2. « A l'instant, on tira trois coups de canon du camp des ennemis, qui estoit le signal de l'attaque » (Marillac, p. 197).

3. Le régiment des gardes, celui de Beaumont et les mousquetaires, embarqués au Plomb, avaient gagné le 30 octobre le fort de La Prée dans l'île de Ré. L'organisateur du convoi, le maréchal de Bassompierre, faillit couler deux ramberges anglaises qui s'étaient aventurées sous nos batteries de côtes

en appeloit un autre[1] et qu'ilz seroient combatus avant que sortir de ceste isle. Ilz commençarent, dès le dimanche au soir, à retirer leurs troupes qui estoient du costé de Sainte-Marie[2] et autres bourgs le long de la marine, et ceste nuit la mesme du dimanche venant au lundy, Monsieur le mareschal de Chombert fit sa descente du costé de la mer Sauvage[3]. Lequel, aiant

en poursuivant un détachement (*La Descente du régiment des Gardes du roi et celui du sieur de Beaumont en l'île de Ré.* Paris, 1627, in-8°).

1. Richelieu écrivait effectivement au maréchal de Schomberg, le 26 octobre : « Ma pensée est que, pour jouer au plus seur, veu l'inconstance des vents, il faut avoir des gens embarquez de tous costéz pour ne pas manquer à faire passer promptement des gens de guerre. Je crois que, s'il y avoit mil hommes embarqués aux Sables, ils seroient les premiers à passer » (Avenel, *Lettres et papiers d'État du cardinal de Richelieu*, t. II, p. 684). Les régiments de Vaubecourt, de Ribeyrac et d'Urbelière devaient former le convoi des Sables.

2. Sainte-Marie-de-Ré, Charente-Inférieure, arrondissement de La Rochelle, canton de Saint-Martin-de-Ré.

3. Le maréchal Henri de Schomberg avait avec lui des troupes tirées des régiments de Navarre, du Plessis-Praslin, de la Meilleraye et de Piémont, les gentilshommes de la reine, les chevau-légers du roi. Tant à Oléron qu'à Brouage, le cardinal de Richelieu s'était occupé lui-même d'organiser la flottille de transport. Dans la nuit du 7 au 8 novembre, le maréchal quittait la rade de l'île d'Aix, passait par le pertuis d'Antioche, parait, sonde en main, le rocher de Chauveau et se guidait sur des feux de repère allumés à Sainte-Marie par le commandeur de Valençay. Trente-quatre barques déposaient sans encombre un millier de fantassins et cinquante cavaliers, qui marchaient droit au bourg de La Flotte et ralliaient les contingents débarqués au fort de La Prée (*L'Ordre tenu en l'avant-garde, bataille et arrière-garde de l'armée de Sa Majesté, conduicte par M. le mareschal de Schomberg*, publié à la suite du *Vray journal de tout ce qui s'est passé en l'isle de Ré depuis la descente des Anglois*, p. 119).

assemblé ce qu'il avoit amené et Monsieur de Canaples[1] averty, qui estoit au fort de la Prée avec le régiment des gardes du Roy, marcharent tout droit à Saint-Martin, à ce que j'ay appris des ennemis, lesquels, pensant se retirer en l'isle de Loy[2], à laquelle ilz avoient fait un pont pour recevoir leurs gents[3], ils furent vigoureusement suivis de mondit seigneur le mareschal, de Monsieur de Torax et de Monsieur de Marillac, lesquels les obligearent de tourner visage par deux ou trois fois, faisans mine de vouloir combattre. Néantmoins, l'épouvante se mit si fort parmy eux qu'ilz firent filer leurs drapeaux et gens de pied. Leur cavalerie estoit entre eux et la nostre, et fut si vigoureusement chargée par les nostres, à ce qu'ils me dirent, qu'elle se renversast sur eux, ce qui les mit en tel désordre que de là s'ensuivit leur déroute[4].

J'en voiois bien quelque chose du vaisseau où j'es-

1. Charles de Créquy-Canaples, maréchal de France depuis 1621 et duc de Lesdiguières depuis 1626, emporté par un boulet le 17 mars 1638.
2. Loix, Charente-Inférieure, arrondissement de La Rochelle, canton d'Ars-en-Ré.
3. « Ledit duc de Bouquinquan s'achemine pour faire retraite au lieu de Loye, où, pour cet effet, avoit disposé, quelques jours auparavant, un pont de bois... Leur armée n'étoit que la moitié passée que leur pont rompt en passant une pièce de canon » (*Siège de La Rochelle. Journal contemporain (20 juillet 1627-4 juillet 1630)*, éd. L. de Richemond. La Rochelle, 1872, in-8°, p. 33).
4. Ces détails sont conformes à la relation de la *Deffaite entière des Anglois et leur honteuse fuitte et retraitte de l'isle de Ré* (Paris, 1627, in-8°), à la seconde relation, par le maréchal de Schomberg, de la défaite des Anglais dans l'île de Ré (Bibl. nat., ms. fr. 20154, fol. 1385) et à la relation anglaise datée du *Triumph*, 5 novembre (John Bruce, *Calendar of State*

tois, mais je ne pouvois pas juger ce que se pouvoit estre. Ilz y laissarent cinquante de leurs drapeaux et plus de dix-huit cents morts. Ilz m'avouarent qu'il y estoit demeuré plus de 300 gentilshommes des meilleures familles d'Angleterre, et quatre ou cinq de leurs couronnels. Je vis le nombre des officiers morts, qui se montoit jusqu'au nombre de cinquante-six capitaines ou lieutenans, sans comprendre les menus officiers. Mon valet fut plustost averty de ceste déroute que moy, m'estant retiré dans ma chambre où je lisois. Il me vint dire :

— Monsieur, vous estes perdu. Voila le capitaine Rou, qui me vient de dire que les François avoient coupé la gorge aux Anglois en terre, mais que vous et moy en patirions. Il y en aura bien peu de reste, s'il n'y en a pour nous oster d'icy.

Néantmoins, je demeuray quelque temps dans ma chambre. Sur le soir, je montay sur le tillac, où je rencontray ledit Rou qui se promenoit, auquel je demanday ce qu'il y avoit. Il me dit que les Anglois et les François s'estoient battus et qu'il en estoit demeuré plus de 4,000 sur la place, et que les leurs s'estoient retiréz dans l'isle de Loy. Lors, ilz s'assemblarent quantité d'Anglois qui se parloient les uns aux autres en me regardant, ce qui m'obligeast à me retirer dans ma chambre et attendre l'heure du souper : à laquelle heure ils me vinrent demander si je voulois souper. Je leurs dis qu'ouy et m'en allay souper.

Nous mettans à table, il arrivast deux capitaines bien fort crottéz, lesquelz estoient à ladite déroute. Il

papers, domestic series of the reign of Charles I (1627-1628), p. 423).

y en avoit un qui parloit très bon françois, lequel se mit à table auprès de moy. Après souper, nous nous retirasmes dans ma chambre, luy et moy, et luy offris la moitié de mon lict qu'il ne voulut accepter. Il me racontast franchement toute leur disgrace. Je luy demanday s'ilz avoient perdu de leurs drapeaux et s'il estoit mort beaucoup de leur gens. Il me dit :

— Que trop, tant de l'un que de l'autre.

Et s'en allast ainsi, sans me respondre autre chose.

Chapitre IX.

Entretien de Beaulieu avec l'amiral duc de Buckingham.

Le lendemain, je ne voiois que barques et esquifs raportér blesséz aux vaisseaux de tous costéz. Le duc se rembarquast sur le soir, environ les trois ou quatre heures, qui estoit le mardy[1]. Il séjournast à la rade encore cinq ou six jours : durant lequel séjour, il fit un très mauvais temps, et perdirent la pluspart de leurs barques et chaloupes. Il m'envoiast quérir cinq jours après s'estre rembarqué, et fus conduit à son vaisseau par le capitaine George Roux, lieutenant de celuy dans lequel j'estois prisonnier[2].

Lors que j'arrivey à son bord, il se promenoit sur le pont et demandast qui j'estois. Le capitaine George luy respondit que c'estoit Beaulieu. Lors, il s'avançast

---

1. Le 9 novembre.
2. Au retour en Angleterre, George Rous demanda effectivement le commandement de la *Nonsuch* en remplacement du capitaine Rous. Plymouth, 23 janvier 1628 (John Bruce, *Calendar of State papers, domestic series of the reign of Charles I (1627-1628)*, p. 527).

luy mesme jusques sur le bord du vaisseau, dans lequel j'entray et le saluay. Il me fit mille sorte d'honneurs. Après m'avoir entretenu long temps sur son pont, il me menast dans sa chambre[1], où estant, il m'entretinst de force choses, entre autres de Monseigneur le Cardinal, duquel il parloit fort dignement et avec force honneur, et des grandes louanges de son courage et de son esprit, me disant que c'estoit le premier homme du monde, et attribuant tout son malheur à la bonne conduite et diligence de Monsieur le mareschal de Chombert et de Monsieur de Torax, duquel il estimoit le courage et les ruses dont il[2] se servoit dans plusieurs traitéz qu'il avoit fait semblant de faire avec luy pour gaigner tousjours du temps : de quoy il s'accusoit luy mesme d'avoir failly.

Après cela, il me dit qu'il avoit envoié un gentil-

1. Beaulieu ne nous dit rien de la cabine du grand amiral. Voici quelle description suggestive en donne Tallemant des Réaux (les Historiettes, 2e édition de Monmerqué, t. II (1840), p. 160) : « Le duc de Buckingham prit un gentilhomme de Xaintonge, nommé Saint-Surin, homme adroit et intelligent, et qui savoit fort bien la cour. Il lui fit mille civilités, et lui ayant découvert son amour, il le mena dans la plus belle chambre de son vaisseau [le Triumph]. Cette chambre étoit fort dorée; le plancher étoit couvert de tapis de Perse et il y avoit comme une espèce d'autel où étoit le portrait de la Reine, avec plusieurs flambeaux allumés. Après, il lui donna la liberté, à la condition d'aller dire à M. le Cardinal qu'il se retireroit et livreroit La Rochelle, en un mot, qu'il offroit la carte blanche, pourvu qu'on lui promît de le recevoir comme ambassadeur en France. Il lui donna aussi ordre de parler à la Reine de sa part. Saint-Surin vint à Paris et fit ce qu'il avoit promis. » — Quoi qu'il en soit de cette anecdote, la mission confiée à Beaulieu-Persac, on le verra, fut toute différente.

2. Toiras.

homme nommé Dalbier à Monsieur de Chombert touchant les charges des prisonniers d'une part et d'autre, dont il n'avoit eu aucune résolution, mondit seigneur de Chombert s'en remettant à l'attente des commandements du Roy, lesquels il vouloit recevoir sur ce subjet. — Je luy dis qu'il n'avoit pas subjet de se plaindre de Monsieur de Chombert, veu que cela dépendoit véritablement du Roy et qu'il n'avoit garde d'entreprendre de faire les changes sans ordre exprès. — Il me respondit là dessus qu'il le feroit bien, luy. — Je luy dis qu'il y avoit plus d'apparence qu'il le peust faire, luy qui estoit à 200 lieues de son maistre que Monsieur de Chombert qui n'estoit qu'à deux lieues du sien.

— J'ay du desplaisir de cela pour l'amour de vous autres. Je seray contraint de vous emmener en Angleterre.

— Cela dépend de vous, dis-je, nous sommes vos prisonniers.

Là-dessus, on lui dit que son disner estoit prest. Il me dit : Allons disner. — Et appellast quatre ou cinq coronnels escossois et hirlandois, me disant :

— Ceux-cy sont catoliques.

Il ne se voulut jamais seoir devant moy et me mit sur sa main droite, malgré que j'en eusse. C'estoit sa trop grande courtoisie qui l'obligeoit à cela. Après le disner, chacun se retirast, et demeuray seul avec luy. Il me dit mille choses qui seroient trop longues à raconter. C'est pourquoy je laisse cela pour revenir au désir qu'il avoit de retirer ses prisonniers, jusques à me dire que, hors le baron de Monjoye[1], on ne tenoit

---

1. Montjoy-Blount, lord Montjoy, s'était fait remarquer, dès

pas un homme qui peust donner cent escus de rançon, et que l'on faisoit grande estime du couronnel Gré[1], qui estoit un pauvre soldat, qui n'avoit jamais eu un plus grand honneur que d'avoir esté des gardes du corps du feu roy Henry le Grand; et que, dans cette occasion, il avoit fait la charge de lieutenant de l'artilerie, que c'estoit véritablement un très brave homme, courageux, mais fort pauvre. Et que, pour le baron de Monjoye, il n'estoit pas riche, mais qu'il avoit espousé une de ses niepces qui l'aimoit passionnément, et que, lorsqu'il seroit de retour en Angleterre, cette femme ne voiant pas ledit Monjoye, elle croiroit absolument qu'il fut mort et qu'elle le[2] tourmenteroit de telle sorte que cela luy donnoit de l'apréhension de la voir. Pour ce subjet, il me priast d'aller trouver Monsieur de Chombert luy dire que, s'il avoit agréable de luy remettre le baron de Monjoye, en luy laissant deux de ses nepveux pour ostages, qu'il l'obligeroit, et que, si cela n'estoit suffisant, qu'il luy donneroit pour cinquante mille escus de pierrerie entre les mains.

Je luy dis que, si Monsieur de Chombert n'avoit eu des nouvelles du Roy, je n'y raporterois pas plus de contentement que d'Albier. — Il me dit qu'en cas que Monsieur de Chombert n'eust eu des nouvelles du

---

le début du siège, par la vigueur de ses attaques. Les 27 et 28 juillet, il avait enlevé une trentaine de nos mousquetaires. Aussi les Anglais furent-ils particulièrement sensibles à sa captivité (John Bruce, *Ibidem*, p. 275). Louis XIII ne cite que « le Milord Monjoye et le colonel Gray » dans sa lettre du 30 novembre (Marillac, p. 246).

1. Le colonel Andrew Gray.
2. Buckingham.

Roy, je m'en allasse moy mesme au quartier du Roy en parler à Sa Majesté, tant pour mon intérest que pour celuy de tous mes compagnons. — Je luy dis que je ferois ce qu'il me commandoit.

Il m'avoit dit auparavant que, si le temps luy venoit bon, il mettroit à la voile tout à l'heure mesme, ce qui m'obligeast de luy dire :

— Vous m'avez dit telle chose : en cas que cela arrive et que je ne vous rencontre pas, que vous plaist-il que je devienne.

— Vous ferez ce qu'il vous plaira, dit-il, soit de vous en aller chez vous ou de demeurer auprès du Roy.

— Mais à quelle rançon me remettez-vous, luy demandis-je?

— Il me respondit : Point du tout. Vous estes prisonnier du Roy mon maistre. Je vous donne ce qui dépend de moy, y allast-il de cent mille escus. Mais si vous voulez venir en Angleterre, vous y serez le très bien venu et n'y recevrez que de l'honneur. Je vous en donne ma parole.

— Lors, je luy dis : Monsieur, je suis doublement prisonnier; l'Angleterre fut-elle par delà les Indes, je ne manqueray de vous y aller trouver.

Là dessus, je voulus prendre congé de luy pour partir et m'en aller à Saint-Martin trouver Monsieur de Chombert, pour ce qu'il se faisoit tard. Comme je voulus sortir de sa chambre, il me dit :

— Je n'attends que le vent pour m'oster d'icy.

— Et quoy, Monsieur, dis-je, voudriez-vous pour peu de jours laisser icy vos prisonniers, sans attendre mon retour devers le Roy, en cas que je ne fasse rien avec Monsieur de Chombert.

— Il me dit : Pardieu, non pas, quant ma femme et mes enfans seroient prisonniers, car les vivres me manquent : jusqu'à l'eau, nous n'en avons plus.

Je ne croiois véritablement pas qu'ils fussent pressez jusques à ce poinct. Mais je le cogneus bien le lendemain[1]. Je voulus donc prendre congé de luy. Il me dit :

— Je songe que ce me sera un grand desplaisir, et encore plus grand à tous ces Messieurs les François

---

1. La détresse de la flotte britannique, à la suite de ce long blocus, était inimaginable. L'épidémie était telle à bord qu'on se demandait anxieusement s'il resterait assez d'hommes pour amarrer les vaisseaux, au cas que la croisière durât encore un mois. Pour rendre salubre le *Vanguard*, un esprit délié s'ingéniait : lavage à grande eau tous les deux jours, au vinaigre toutes les semaines, assainissement de l'air en brûlant du goudron et de l'encens, en promenant dans les entreponts des bassines de charbons incandescents, n'empêchaient point pourtant que, de deux cents hommes valides, la moitié était hors de service quatre jours après. Mais il faut citer textuellement la lettre écrite par Mervyn à Nicholas, secrétaire de Buckingham, au début de décembre : « All the ships are so infectious that I fear if we hold the sea one mouth, we shall not bring men enough home to moor the ships. You may think I make it worse, but I vow to God that I cannot deliver in words... The poor men bear all as patiently as they can... I much wonder that so little care be taken to preserve men that are so hardly bred. I have used my best cunning to make *the Vanguard* wholesome. I have caused her to be washed all over, fore and aft, every second day; to be perfumed with tar burnt and frankincense; to be aired thwixt decks with pans of charcoal; to be twice a week washed with vinegar... Yet if to-day wet get together 200 men, within four days afterwards we have not one hundred » (M. Oppenheim, *A history of the administration of the royal Navy and of merchant shipping in relation to the Navy*. London, 1896, in-8°, t. I, p. 231).

qui sont nos prisonniers, de les emmener en Angleterre. C'est pourquoy je vous prie, trouvez bon que je les envoie tous quérir et les ramenez tous de ma part au Roy, et luy dites que je croirois faire un trop grand crime envers Sa Majesté d'emmener ses subjets, mes prisonniers, en Angleterre, et que je supplie Sadite Majesté de leurs donner la liberté elle mesme, les y renvoiant pour en faire ce qu'il luy plairra.

— Lors je luy dis : Monsieur, vous me dispenserez, s'il vous plaist, de cette charge. Vous estes sur l'attente d'aprendre les intentions du Roy, dans lesquelles je m'asseure que vous aurez du contentement. C'est pourquoy vous trouverez bon de garder et de retenir vos prisonniers. Ce seroit vouloir prendre un avantage sur la courtoisie que vous devez attendre de mon maistre.

— Il me respondit : Vous estes trop glorieux.

— Prenez, dis-je, Monsieur, ceste qualité pour vous, qui en tesmoignez là une action très grande. C'est pourquoy, si vous désirez que je reçoive vos commandements, il s'en va temps.

— Il me dit : Vous ne voulez pas accepter ces prisonniers.

— Non, dis-je, Monsieur.

— Lors, il me dit : Partez donc.

Et demandast si sa barge estoit preste. On luy dit qu'ouy. Me voiant sans espée, il commandast au capitaine de ses gardes nommé Hunguet, très gentil cavalier, de m'aller quérir son espée et son baudrier, laquelle il me donnast et me la mist au col, me disant :

— Je vous la donne pour en servir le Roy vostre maistre.

— Je l'accepte, dis-je, à cette condition, et de vous en servir en vostre particulier, lors que le temps me le permettra.

Chapitre X.

Beaulieu va trouver Richelieu et Louis XIII.

Il m'embrassast par quatre ou cinq fois. Ainsi je m'embarquey et m'en alley à Saint-Martin, où je rencontray Monsieur le mareschal de Chombert et Monsieur de Torax sur le port, qui se promenoient, ausquels je fis la révérence et mes compliments. Je dis à Monsieur de Chombert le subjet qui m'avoit amené là.
— Il me dit qu'il ne pouvoit rien en cela et qu'il estoit sur l'attente des commandements du Roy.

Le lendemain matin, je fus voir Monsieur de Monjoye au logis de Monsieur de Canaple, où aians parlé ensemble, il me dit que nous allassions en haut à une chambre haute voir ce que devenoit l'armée. Nous la vismes toute à la voile qui prenoit la route d'Angleterre. Ce pauvre gentilhomme demeurast fort estonné. Je le consolay du mieux que je peus, en luy disant qu'il faloit se résoudre et qu'il ne recevroit que toute sorte d'honneur du Roy, que je trouvois que j'estois plus à plaindre que luy, n'aiant qu'à s'en retourner en Angleterre, et moy j'estois obligé d'y aller et d'en retourner si je pouvois[1].

1. Le 3 janvier 1628, en effet, on signalait l'arrivée à Douvres de Beaulieu, prisonnier sur parole de Buckingham, avec le colonel Gray et le capitaine Donne (John Bruce, *Calendar of State papers, domestic series of the reign of Charles I (1627-1628)*, p. 502).

Là-dessus, je le quittay et m'embarquay pour aller trouver le Roy. Lors que je fus à Nestré, je fus trouver Monseigneur le cardinal, aiant esté pris en servant le Roy par son commandement et sur la mer, dont il est général[1], afin qu'il me présentast à Sa Majesté. Je luy racontay ce qui s'estoit passé en notre secours, de la sorte que j'avois esté pris et comme quoy j'avois esté traité du duc de Boquinquan. Il me commandast de m'en aller trouver le Roy, où je fus dans mon habit de prisonnier, qui estoit de fort mauvaise grâce. Sa Majesté, néantmoins, me fit plus d'honneur que je ne méritois et voulut sçavoir de moy de la sorte que le duc de Boquinquan m'avoit traité. Je le luy racontey tout. Après luy avoir dit comme le duc luy avoit voulu envoier tous les prisonniers françois et de la sorte que je les avois refusé, le Roy me dit :

— Vous avez bien fait.

Il me demandast quelle espée j'avois au costé. Je luy dis que c'estoit celle du duc de Boquinquan et son baudrier qu'il m'avoit donné, n'en aiant point, et que c'estoit à condition d'en servir Sa Majesté qu'il me les avoit donné.

Voilà ce qui s'est passé dans le secours de la citadelle et dans le rencontre de ma prison.

1. Le cardinal de Richelieu était, depuis octobre 1626, grand maître, chef et surintendant général de la navigation et commerce de France.

APPENDICES

I.

Paris, 18 novembre 1608.

Lettre d'Antonio Foscarini, ambassadeur de Venise, au doge[1].

M. de La Varenne, favori du roi, a fait préparer au Havre deux grands vaisseaux, qu'il compte envoyer dans le Levant de conserve avec un grand bâtiment acheté en Hollande et un quatrième vaisseau de ligne. Le chef de l'escadre, Mgr Joseph [Beaulieu], courra sus aux infidèles sous la bannière de Savoie pour le plus grand profit de M. de La Varenne, mais pour notre dam. Aussi, demain matin, à l'audience royale, demanderai-je l'interdiction de cette perfide opération.

... Il signor della Varena, che tiene luoco molto principale nella gratia del Re[2], ha datto ordine che siano preparati due gran bertoni all' Ave di Gratia, luoco nella Normandia sopra l'Occeano. Et havendo fatto comprare in Holanda una gran nave et molto bene armata, la fa passare ad unirsi alli detti due bertoni et un' altro gran vas-

1. Archives des Frari à Venise, *Dispacci degl' ambasciatori Veneziani*, filza 39, I[a] : copie à la Bibliothèque nationale, ms. italien 1760, fol. 156 : analyse dans Horatio F. Brown, *Calendar of State papers and manuscripts relating to English affairs, existing in the archives and collections of Venice*. Londres, 1904, in-8°, t. XI (1607-1610), n° 365.
2. Guillaume Fouquet, marquis de La Varenne, remplissait en effet près du roi Henri IV une mission de confiance : devenu son porte manteau, après avoir été le cuisinier de Madame, il

sello, che tutti quattro ben armati d'huomini et d'arme, pensa far passare a prima ora nel Mediteraneo per corseggiare nei mari di Levante, et se bene vien ditto per depredar infideli, si può però raggionevolmente credere et timere di peggio.

Il capitano destinato sopra questi quattro vasselli si chiama Monsignor Giosef, huomo di qualche esperienza[1] et che si è lasciato intendere di voler apportare gran utile al ditto signor della Varena, che ha pensiero di mandare un suo figliuolo sopra di detti vasselli, che porteranno la bandiera del signor duca di Savoja. Domani mattina, che haverò l'audienza da Sua Maestà, farò efficace officio perche sia prohibita cosi perfida operatione, conoscendo io benissimo quanto ella riussirebbe dannosa alla navigatione et interessi della Serenità vostra.

Parigi, 18 novembre 1608.

II.

Paris, 20 novembre 1608.

Lettre d'Antonio Foscarini, ambassadeur de Venise, au doge[2].

Je remontrai au roi qu'il n'aurait pas dû autoriser l'armement de M. de La Varenne contre les Turcs, dans le moment où il s'interposait entre Turcs et Vénitiens : que d'ailleurs les

---

portait ses billets doux. C'est ainsi qu'il acquit des titres aux fonctions de contrôleur général des postes, puis de conseiller d'État (Tallemant des Réaux, *Historiettes*, 2ᵉ édit., t. 1, p. 145).

1. La lettre du 17 décembre, reproduite ci-dessous, identifie avec Beaulieu-Persac ce « Monseigneur Joseph, homme de quelque expérience ».

2. Archives des Frari à Venise, *Dispacci degl' ambasciatori Veneziani*, filza 39, Iᵃ : copie à la Bibliothèque nationale, ms. italien 1760, fol. 158, 159 : analyse dans Horatio

corsaires pillaient indifféremment chrétiens et infidèles, amis et ennemis. — Henri IV me répondit que, du fait que l'escadre arborait la bannière de Savoie, on pouvait conclure qu'elle n'avait reçu de lui ni licence, ni congé. — Peu satisfait de cette réponse, j'insistai dans l'après-midi près des ministres. Et ce matin, le premier commis de M. de Villeroy est venu me mander que MM. de La Varenne, Montauban, etc., avaient reçu défense expresse de laisser partir les vaisseaux.

… Passai poi a parlare delli interessi delli vasselli che faceva preparare il signore della Varena per andar in corso nelli mari d'Alessandria et Soria; et considerai che, quando anco dovessero impiegarsi a' soli danni de' Turchi, non haverebbe dovuto hora permetterlo, mentre ella e per interposi perche il signor Turco concedi a Vostra Serenità con esborso di denaro e annua pensione isola di qualche consideratione. Et aggionsi poi che quelli che vano in corso, dipredano indifferentemente a' Turchi et Cristiani, amici et nemici; et mi dilatai quanto conveniva, facendole anco sapere la spesa che fa, et li vasselli armati che tiene fuori Vostra Serenità per estirpare quelli che vano turbando la navigatione, et corsegiando particolarmente li detti mari, nelli quali ha tanto interesse per il negotio della piazza di Venetia, et altre città da mare, di quel serenissimo dominio.

Mi rispose il Re, che dal partire questi vasselli per navigare sotto la bandiera del signor duca di Savoja, si poteva scoprire, che non vi fosse sua licenza ne assenso : che non haverebbe mancato mai in ogni cosa di suo potere far conoscere la sua ottima volontà verso il comodo et servitio di quella serenissima Republica.

F. Brown, *Calendar of State papers and manuscripts relating to English affairs, existing in the archives and collections of Venice*, t. XI, n° 367.

... Non mi essendo parso tanto risoluto quanto haverei desiderato la riposta di Sua Maestà intorno al proibire la uscita alli quattro bertoni da corso, dopo mangiare, mi sono adoperato con questi ministri in modo tale, che questa mattina poco prima di mezo giorno, et stato per ordine regio fatto sapere al signore della Varena, a Montoban et altri che ne havevano parte, che debbano astenersi, sotto serie pene, dal far sortire li vasselli sopraditti. Et immediate fu mandato il primo comesso di Monsignor di Villeroy a farmi ciò sapere, attestandomi la continuata ottima dispositione di Sua Maestà et di esso signore in tutte le cose di comodo della Serenità vostra...

Parigi, 20 novembre 1608.

III.

Paris, 17 décembre 1608.

Lettre d'Antonio Foscarini, ambassadeur de Venise, au doge[1].

Dès que la maladie m'a permis de quitter la chambre, j'ai été remercier M. de Villeroy et le grand chancelier de la promptitude avec laquelle ils avaient entravé le départ des quatre vaisseaux de M. de La Varenne pour les mers d'Alexandrie et de Syrie. Leur commandant, Mgr Joseph, dit Beaulieu, est parent d'un certain Beauregard, capitaine du galion et des autres vaisseaux du grand-duc de Toscane, qu'il devait rallier. M. de La Varenne a déjà donné ordre de mettre en vente ses vaisseaux : si quelqu'un de malintentionné les achète, je travaillerai à ruiner de même ses desseins.

Serenissimo Principe,

Sabato otto, dopo quindici giorni d'indispositione, comin-

---

1. Archives des Frari à Venise, *Dispacci degl' ambasciatori*

ciai per gratia del Signor Dio, a uscir di casa. Le prime visite, ch'io feci, furono al signor di Villeroy et al gran Cancelliere, ai quali resi, come conveniva, molte gratie per lo affetto con il quale havevano procurato et ottenuto lo stesso giorno che gliene feci istanza, l'ordine da Sua Maestà per prohibire al Signor della Varenna et altri interessati l'uscita alli quattro vasselli, che dovevano passare in corso nelli mari di Soria et Alessandria.

Mi fu risposto, dall'uno et dall'altro in conformità, che havevano trovato il Re per se stesso et per l'ufficio prima fatto da me ottimamente disposto, in maniera che alle prime parole hebbero in risposta, che era risoluto di farlo. Onde fu immediate fatta la intimatione molto severa, come all'hora mi fu fatto sapere per il primo comesso di esso signore di Villeroy.

Ho inteso che quel tale Monsignor Jiosef detto Boliu[1], che doveva patroniggiare li detti vasselli, e cognato di un certo chiamato Boregard, che era in corso con il galione et bertoni del Gran Duca, ove ha carica molto principale. Costui, come mi viene affermato, haveva intelligenza con altri corsari, di maniera che, quando non li fosse stato prohibito l'uscire, haverebbe fatto gran male. Il sopradito signor della Varena ha gia dato hordine che siano venduti li detti vasselli : et potendosi dubitare, che costui inviti altri con promesse di gran acquisiti a comprarli staro ben avertito, et, quando capitassero in mano di chi havesse poco buona intentione, procurero a poter mio che li succedi il medesimo, che è incontrato al predetto della Varena et altri interessati, del che non dubito punto...

Parigi, 17 dicembre 1608.

Veneziani, filza 39, I[a] : copie à la Bibliothèque nationale, ms. italien 1760, fol. 170.

1. Beaulieu-Persac.

IV.

Paris, 28 janvier 1609.

Lettre d'Antonio Foscarini, ambassadeur de Venise, au doge[1].

A la nouvelle que les vaisseaux du grand-duc de Toscane avaient fait un grand butin sur la caravane qui passait du Caire à Constantinople, les espérances de La Varenne et consorts se sont ranimées. M. de La Varenne a essayé de faire rapporter l'interdiction prononcée contre le départ de son escadre. En présence du roi et des trois principaux ministres, il a montré qu'il était nécessaire pour la France d'acquérir sur mer la réputation militaire dont elle jouissait déjà sur terre, que tous les princes autorisaient la course et que de tous Venise se plaignait. — Avisé du fait, j'ai obtenu en audience royale confirmation de l'interdiction. Beaulieu, désespérant d'en venir à ses fins, a appareillé pour Malte avec un seul des quatre vaisseaux et sans congé.

Serenissimo Principe,

Fu li giorni passati quì divulgata voce, che li bertoni del gran Duca habbino fatta una preda di gran numero de' schiavi et buona parte del casna [caravana] del Cairo, che sene passava a Constantinopoli[2]. Il signor della Varenna et altri interessati, mossi da nove et maggiori speranze, hanno proveduto con ogni spirito di far ritrattare l'ordine datto da Sua Maestà che prohibisce l'uscita alli cinque vasselli armati da loro per farli passare in corso nelli mari di Soria et Alessandria.

1. Archives des Frari à Venise, *Dispacci degl' ambasciatori Veneziani*, filza 39, I[a] : copie à la Bibliothèque nationale, ms. italien 1760, fol. 202.

2. J'ai raconté plus haut (p. 92, n. 1) ce que fut cette bataille du 20-21 octobre 1608.

Ha il detto signore della Varena considerato prima alli tre principali ministri et poi anco con buona occasione a Sua Maestà, della quale e favoritissimo, che, come la Francia vale nell' arti militari in terra, cosi dovrebbe aquistar peritia in quella del mare. Che tutti li principi della Christianità non solo permettono a suoi suditi lo essercitarsi, ma concedono anco la propria bandiera ad altri. Che la Serenità vostra non si duole per ciò con il Granduca, ma con altri principi minori : onde non e di raggione che lo faci meno con la Maestà Sua. Che se le Signorie vostre Eccellentissime havessero fatto stima di dimostratione cosi affettuosa di Sua Maestà, la haverebbono almeno fatta ringratiare con il mezzo del suo ambasciatore presso le Eccellenze vostre et con il mio.

Jo, assicurato di tutto ciò, per levare la forza alli sopradetti uffícii et confirmar maggiormente l'animo di Sua Maestà, fui domenica otto dimandar l'audienza per render le gratie al nome delle Signorie Vostre Eccellentissime, come con le mie de 11 dicembre li scrissi, che haverei fatto. Mi fù destinato per il giorno seguente, che, andato al Re, li dissi che la Serenità vestra haveva agradita la prontezza della Maestà Sua et l'effetto nell' impedire l'uscita alli detti vasselli da corso, et che pero a nome et per comissione di lei, ne rendevo a Sua Maestà affettuose gratie. Et mi dilatai in alcune altre poche parole dello stesso contenuto.

Mostro il Re di stimare et agradire questa natura di ufficio; et mi rispose che, com' io sapevo, al primo moto que feci, resto vietata l'uscita, et che poi, havendo di novo Monsignor della Varena et altri fatto novi et efficaci tentativi, promettendo che sarebbono andati uniti con quelli del Granduca, ne haverei inferito offesa che a' vasselli di Infideltà, non dimeno glelo haveva vietato, per far cosa grata alle Signorie Vostre Eccellentissime... Che il cavalier Boliu[1], havendo perduto ogni speranza di poter ottenere il suo desiderio, se ne era passato in compagnia di alcuni altri cavalieri di Malta sopra un vassello a drittura verso quell' isola et obedienza del Gran Maestro...

Mi sono certificato della partita del cavalier Boliu seguita nello stesso modo a punto che mi disse Sua Maestà, et che li detti vasselli gia armati si vanno disarmando. Spero che l'haver rotto questo viaggio havera levato ad altri di mala volontà la speranza di simili tentativi. Gratie.

Parigi, 28 gennajo 1609.

V.

Marseille, 4 juin 1609.

Arrêt du parlement de Provence condamnant à mort ou aux galères l'équipage d'un forban anglais, capturé par Beaulieu-Persac[2].

Veu par la Cour le procès criminel et procédures faictes par le lieutenant de l'admiraulté du Levant en la ville de Marseille, à la requeste du substitut du procureur général du Roy querellant en larcin et vollerie faicte ez mers sur les subiectz de Sa Majesté contre Pierre Boneton, cappitaine de navire armé en guerre et gentilhomme de la ville de Plumeur, au royaulme d'Angleterre, Thomas Collin, Thomas Gaudin, Oleroy Pil, Pierre Gliton, Jehan Godefroy, George Wouech, Siprian Lidebay, Jehan Benes, Thomas Congue, Guilheaumes Simes, Robert Gillet, Emanuel Tresais, Nicolas Heiden, Jehan Numan, Edoart Lac, Paul Hichins, Estienne Arie et Edouard Lidebay, Anglois, querellés et prisonniers debtenu[s] aux prisons dudict Mar-

---

1. Beaulieu-Persac.
2. Archives des Bouches-du-Rhône, série B, parlement de Provence, arrêts à la barre de 1609.

seille; sentence dudict lieutenant du quatriesme de ce moys, par laquelle auroint déclaré lesdictz Boneton, Pil, Gliton, Siprian, Edouard Lidebay, Goudefroy, Vouach, Benes, Congue, Simes, Gillet, Tresais, Hedin, Numan, Lac, Hichins et Estienne Aries, attainctz et convaincus des cas et crimes à eulx imposés, pour la repparation desquelz les auroit condamnés à faire amande honnorable ung jour de plaidoyer, teste et piedz nudz, la hard au col, tenant ledict Bonneton une torche ardente entre ses mains, et là demander pardon à Dieu, au Roy et à justice, et en après estre ledict Boneton livré entre les mains de l'exécutteur de la haulte justice qui luy fera faire le tour acoustumé; mené et conduict au devant du Pallayx où, sur ung eschaffault qui à ces fins sera dressé, avoir ledict Boneton la teste tranchée et portée sur une bigue à teste de more, à l'entrée et embouchement du port, et son corps au lieu patibullaire. Et lesdictz Goudin, Pil, Gliton, Vouetch, Siprien et Edouard Lidebay, Congue, Gillet, Tresay, Heiden, Numan, Hichins et Aries condamnés à servir le Roy en ses galères, par force, durant leur vie, et lesdictz Coullin, Simes et Goudeffroy, à servir aussy le Roy en sesdictes gallères pour dix ans, avec deffences d'en sortir à peyne d'estre pendus et estranglés, et au cappitaine de les laisser sortir à peyne de dix mil livres et autres contenues aux édictz et ordonnances de Sa Majesté et arrestz de la Cour; et lesdictz Lac et Bins à estre fouettés par tous les lieux et careffours dudict Marseille jusques à effuzion de sang et après bannis perpétuellement du royaulme de France, avec inhibitions de y hanter ny fréquenter, ny dans les mers d'icelle, à peyne de la vie. Tous lesquelz condamnés adcisteront à l'exécution dudict Boneton, lequel semblablement auroit condamné en cinq cens livres d'amande envers le Roy, et luy et les autres querellés sollidèremant à restitution entière du navire, artilherie et autres choses déprédées aux subiectz de Sa Magesté, ou sa légitime valleur suyvant la vériffication qu'en sera somairement faicte ; et à ces fins ledict navire du Hâvre de Grâce et artilherie estant au pouvoir dudict sieur de Beaulieu, sera admené au port et hâvre dudict Marseille pour estre conservé à celluy ou ceulx à qui appartient, sy mieulx n'ayme ledict de Beaulieu bailher bonne et suffizante caution du prix dudict navire, artilherie, fornimentz et équipages, et icelluy suyvant l'estime qu'en sera faicte par expertz que seront accordés, sans préjudice audict de Beaulieu des frais et despens qu'il pourroit avoir faict à l'occazion de la susdicte prinse et conduicte dudict navire en ces mers ; — appel interjecté par lesdictz querellés de ladicte sentence, requeste présentée à la Cour par ledit Pierre de Boneton du jourd'huy et les conclusions du Procureur général du Roy, ouy le rapport du commissaire, tout considéré :

Il sera dict que la Cour, sans s'arrester à la requeste dudict Boneton, a déclaré et déclare lesdictz appellans non recepvables en leur appel ; a renvoyé et renvoye les parties et mathière audict lieutenant pour fère mettre à exécution sadicte sentence sellon sa forme et teneur. Néantmoingz, a faict et faict inhibitions et deffances audict lieutenant et autres lieutenants de ce ressort d'user en semblables mathières de ces mots « par jugement souverain », ains leur enjoinct de mettre en leurs sentences ces mots : « En dernier ressort », suyvant l'édict.

Du Vair.   Guérin.

Présents : Monsieur le Premier Président, monsieur le président de Bras, monsieur le président Carriollis, messieurs Bermond, C. Arnaud, S. de Saint-Marc, J.-P. Olivier, J.-L. Laidet, J. de Villeneuve, A. Joannis, J. Masargues.

Guérin.

Suivant le susdict arrest de renvoy, M° Anthoine de Besson, greffier en l'admiraulté, a recouvert un sacz de pièces sur lesquelles ledict arrest a esté donné ce 4 juing 1609.

De Bosco.

VI.

Tunis, 24 mai 1609.

Lettre de Guillaume Foucques, capitaine de la marine royale, à Henri IV sur les corsaires tunisiens.

Sire[1],

J'advertis Vostre Magesté par la présente, qui acompagne ma première[2], que, nous ayant estés amenés par devant le Carosseman, qui est celuy qui nous tient captifs et qui ce dit roy de Thunis, comme aussy il le l'est, — car il faut que le bacha que le Grand Seigneur a envoyé, luy cedde tout, — nous avons trouvé ung nommé Monsieur Berengier, corse de nassion, qui ce dit enbassade de Vostre Majesté pour tirer les François de ceste captivité, accompagné d'un nommé Lucdovicq son frère, lesquelz avoient amené avecq eux quarante six Teurcs de vostre ville de Marseille pour eschange des François. Il y avoit quatre ou cinq jours qu'ils estoient arrivés, lhors que nous fusmes amenés. Je le suppliay que, puisqu'il estoit envoyé de la part de Vostre Magesté, qu'il nous demandast et qu'il nous fist dellivrer, voyant que nous estions pris soubz la banière de France et sans avoir faict résistance. Lequel fit responce que Carosseman ne luy vouloit randre aulcung François et que seullement luy bailloit le nombre de trante et tant de François, et que c'estoit à son occasion[3] : d'autant qu'ilz estoient de long-

---

1. Bibl. nationale, ms. fr. 16146, fol. 249.
2. Du 21 mai 1609, reproduite en partie ci-dessus, p. 30, note.
3. Kara-Osman finit par bailler 46 Français en échange des 46 Turcs, avec 23 ballots de soie comme cadeau pour Béren-

temps grands amis et qu'ils avoient mangé le pain ensamble quelque temps, et non pour les Teurs qu'il avoient amenés, ny à l'occasion du Roy, et que sy Vostre Magesté vouloit de luy quelque chose, que Vostre Magesté luy escrive et que, pour le Grand Turc, il ne fera rien pour luy; en lui payant son tribut, il est quitte. Voyla la responce qu'il nous a faicte.

Mais il y a ysy grand nombre de François captifz despuis trois ou quatre années en sa, tant de Ponant que du Levant, de Provance, du Languedoc, Gascongne, Xainctonge, Onix, Bretagne, Normandye que autres provinces de vostre royaume : et mesmes jusques aux Turcs, lesquels ont quelque conpation de nous, ils nous ont informés au vray que ledit Béringier négossioit pour ses affaires particullières de marchandises avecq le Teurs, comme nous avons recongneu tout despuis : car ils ont esté ysy luy et l'autre [Luc]dovic fort longs temps, et mesmes qu'ils achattent fort grand nombre de marchandises prises par ses volleurs, tant des Flamans, François, Anglois que Vénétiens que autres nations, soient qu'ilz ce mettent en défance ou non : car conbatant ou non combattant, les font tous en mesme callité. Car en général perdons les biens, la vie et libertés, tant François, Flamans que Anglois, ormis les Anglois forbans, lesquelz du tout ont renié Dieu pour estre en leur liberté parmy eux et ruyner la chrestianté.

gier, nous apprend Foucques dans le récit qu'il a écrit au retour de captivité (*Mémoires portants plusieurs advertissemens présentéz au Roy par le capitaine Foucques, capitaine ordinaire de Sa Majesté en la marine de Ponant, après estre délivré de la captivité des Turcs, avec une description des grandes cruautéz et prises des chrestiens par les pyrates Turcs de la ville de Thunes, par l'intelligence qu'ils ont avec certains François renégats.* Paris, 1612, in-8°; réimprimé par Cimber et Danjou, *Archives curieuses de l'histoire de France*, 1re série, t. XV, p. 363).

Ceux qui sont ysy dessus dénommés, lesquelz soubz le manteau de vostre envoy, sont encores beaucoup pis que les Anglois déclarés publiquement, car ils sont le moyen de la vollerie pour leurs cruautés, hérésie, sodomie, ruyne publicque de la chrestianté que font à présent ces ennemis de Nostre Seigneur Jésus Christ. Il n'y a que quatre ans qu'ilz ne pouvoient armer ysy en toutes leurs forces que deux galliottes. Il n'y avoit point trantes esclaves chrestiens, et à présent, il y en a plus deux milles de toutes les provinces de la chrestianté. Il n'y a que trois ans que ung capitaine anglois, nommé capitaine Garde[1], lequel a esté la première instruction des Turcs pour le faict des navires, et par les prises des grans navires françois, flamans et ytalliens, ils peuvent armer dix et douze vaisseaux bien fortz et six gallères qui sont tous soubz la puissance de ce Carrosseman.

En ce voyage, ils sont sortis six vaisseaux, qui fut le deuxiesme d'avril 1609, duquel mois ils nous prindrent le quinsiesme jour, et furent en voyage jusques au septiesme de may ensuivant : auquel temps de cinq ou six semaynes, ont faict quatorse prises, neuf ou dix Flamans, Anglois, Provansaus et ung Vénétien et nous. Et le tout en partie se faict ces chosses par les moyens et avis des susdits dénommés de Marseille et leurs consors Corses, habitans en vostre ville de Marseille : lesquelz ont donné avis aux gallères d'ysy, qui estoient cinq gallères, aconpagnées de trois gallères d'Argers, que commande Moratou-raïs : lesquelles falloient mettre dans ung certain port où ils ne pouvoient avoir secours d'aulcung lieu. Estant les gallères de la chrestianté adverties, les alloient trouver et estoient sur elles[2], les tenant prises dans ledit port, sans l'advis des

1. Ward.
2. « Il y a deux ans et demy », ajoute Foucques dans ses *Mémoires*, soit en 1606 ou 1607.

susdits, où il s'y seroit délivré deux milles chrestiens : car ils se sauvarent à la portée du mousquet desdites gallères chrestiennes : qui est cause d'une grande ruyne pour la chrestienté, que pour le proffit particullier d'aulcuns, tant de mal ce face. Ceux-cy dessus dénommés de vostre ville de Marseille ont escrit audit Carosseman qu'il ce donnast de garde d'un capitaine anglois qui s'appelle Robert Éliat, bien affectionné à vostre service[1].

Luy estant il y a longs temps au service du grand duc de Florance, qui ha heu l'honneur de ce voir au service de Vostre Magesté, et estant au service du grand duc, la disgrasse l'accompagna et le temps qui luy fut contraire, ce trouvant en ces parties, y vint mouiller l'ancre auprès de La Gollette, près du lieu où les navires d'ysy sont ordinairement, qui est distans de la ville de Thunes de trois lieues. Où estant alhors ledit Carosseman, lequel ce voyant sans aulcune autre considération, fit armer comme estant tout prest trois vaisseaux qui l'alarent aborder et le prindrent esclave.

Il n'y avoit gayre qu'il estoit party de Marseille, là où Monsieur de L'Autière[2] l'avoit fort favorisé comme estant de ses amis. Mais sachant à Marseille sa prise, ceux ysy dénommés de Marseille escrivirent à Carosseman qu'il se donnast de garde de luy et qu'il estoit venеu pour brusler ces vaisseaux et gallions, et que, pour l'affection qu'ilz portoient à sa prospérité et le desir de son bien, son repos et sa victoyre, qu'ils l'advertissoient au vray de cela, et à cause de la bonne conversation et alliance qu'ils avoient

1. « Un gentilhomme anglois appelé Liat estoit allé exprès, il y a dix mois, pour brusler leurs navires à La Goulette », spécifie Foucques dans ses *Mémoires*.

2. Peut-être Montigny de La Hottière qui possédait deux vaisseaux dès 1598 (Arch. nationales, K 1601, p. 25; E 2^b, fol. 121). Dans ses *Mémoires*, Foucques cite à propos d'Éliat un autre nom : « M. d'Alincourt le cognoist », écrit-il.

ensamble et qu'ils le fissent mourir, d'autant qu'il estoit l'ung des premiers à l'antreprise de Bonne[1], ne désirant autre chose en ce monde que son amitié et son commerce comme de tout temps. Les lettres ont estés leues et confrontées devant tout le peuple audit capitaine Robert Elyat. Et aussy font trafic de nous, car s'ils ce vouloient monstrer vertueux François, nous fussions tous délivrés. Mais il ne veullent poinct en fère ma[n]syon que premier, ils n'ayent toutes leurs marchandises, lesquelles ils prétendent.

Mesmes par leurs moyens, est venu en ce lieu un maitre fondeur de canon amené [par] Suberan[2], lequel a faict deux piesses de canon, et mesme n'ont apporté de Marseille deux piesses toutes montées; et mesmes jusques aux chesnes pour enchesner les povres chrestiens, ils les font venir toutes faytes de Marseille, et cependant demeurons ysy à souffrir milles cruautés. Et s'il venoyt dix ou douze bons navires des États avecq sept ou huict gallères, ils confondroient et ruyneroient tout ce qui est ysy, et mettroient tout le détroict libre, partant que ses susdits Marseillois non feussent advertis, car ils sont plus Mores que François. Il reste encores à tirer d'isy par les moyens de vostre othorité et des Teurs qui restent en vostre puissance, employant quelque honnorable gentilhomme et vertueux François qui pourra recognoistre la vérité de ceste affaire, qui sera à l'onneur et contantement de vostre royalle Magesté et au grand service de Dieu, vous asseurant que Vostre Magesté aura conpassion de ses povres subgectz. Nous demeurons tous prier Dieu pour l'heureuse

1. Bône.
2. Soubeiran, gentilhomme de l'amiral duc de Guise. Dans ses *Mémoires*, Foucques donne toute une liste des suspects, commissaire de l'artillerie de Provence, maître fondeur de Marseille, consul de France à Tunis..., tous complices de Kara-Osman.

prospérité de vostre Mayson royalle comme estant vos très humbles et affectionnés sugectz.

Vostre très humble serviteur et sujet à jamés,

Guillaume Foucque.

Thunis, ce 24 may 1609.

VII.

Le combat de la Goulette, suivant une relation hollandaise[1].

En ce temps, plusieurs pirates de toutes nations se mirent en mer, prenans et pillans plusieurs navires. Et pour ce qu'ils ne sçavoient point bien où ils pourroyent aller vendre leur pillage, cela fut cause qu'ils se retirèrent ès quartiers du Turc, comme ès havres de Thunis, jadis nommée Carthage, ou près du lieu où jadis Carthage souloit estre, et à Argile : pareillement en Barbarie, à Larrache et ailleurs, où les gens vivent du pillage qu'ils vont prendre sur les Chrestiens.

Entre iceux, estoit un certain Anglois, qui avoit autrefois esté pescheur, et estoit maintenant devenu un fort renommé capitaine, nommé Warde. Cestuy-cy print plusieurs riches navires des Vénetiens et autres, tellement que s'enrichissant par ce moyen, cela fut cause qu'il attira beaucoup d'adhérans, qui amenoyent leurs prinses à Thunis, et se bandèrent là avec les gouverneurs et bassas. Plusieurs autres pirates se vindrent aussi ranger de son costé, entre autres le capitaine Bisshop et autres; pareillement,

1. Emmanuel Van Meteren, l'*Histoire des Pays-Bas*, ou *Recueil des guerres et choses mémorables advenues tant ès dits pays qu'ès pays voysins depuis l'an 1515 jusques à l'an 1612 :* traduit de flamend en françoys par I. D. L. La Haye, 1618, in-fol., fol. 666-668.

un chevalier anglois nommé François Verney, qui avoit dépendu en peu de temps en Angleterre bien trois cens mille florins de son propre patrimoine. Ce Warde devint fort riche avec ses pirates, et demeuroit à Thunis comme un petit seigneur, envoyant ses navires en mer pour aller piller.

Il y avoit aussi un patron de navire de Dordrecht, nommé Symon le Danser, qui avoit receu commission des Estats, s'estoit équippé en guerre; et comme il estoit venu à Marseille pour y achapter des vivres, despendit presque tout son vaisseau à faire bonne chère avec des putains et gens de mauvaise vie, tellement qu'il fut privé de sa navire, et, par ainsi, estant réduit au désespoir, il print avec un petit vaisseau un grand, et se banda avec les Anglois et Turcs; et devindrent si forts de navires et de gens qu'ils osèrent bien attaquer quelques flottes. Car ils avoyent des navires sur lesquelles il y avoit 60 pièces d'artillerie, avec deux ou trois cens hommes : de sorte que, se tenans pour la pluspart au destroict de Gibraltar, ils prenoyent beaucoup de navires du Levant, et, par ce moyen, se rendirent redoutables à toute la Chrestienté. Enfin ces deux pirates se séparèrent. Warde demeura à Thunis, et Danser s'alla tenir à Argile, où il se banda pareillement avec les bassas et gouverneurs des susdits lieux; équippoyent-ils eux-mêmes leurs navires, pour ce qu'ils ne s'osoyent autrement point bien fier parmy ce peuple impie, craignans d'estre un jour massacrés.

La perte de tant de navires fut cause que tous les roys et princes commencèrent à consulter comment c'est qu'ils pourroyent rendre la mer libre; notamment les Estats des Provinces-Unies se bandèrent avec les Roys. Car les marchands recherchoyent la protection de leurs princes et souverains. Aussi estoit-ce une chose dangereuse de voir que les Chrestiens apprenoient aux Turcs la manière de gouverner leurs navires à leur mode et autrement qu'ils n'avoyent faict jusques ores, pour ce qu'ils ne sont accoustuméz d'aller à la guerre qu'en des galères et brigantins.

Le roy d'Espaigne s'estant cest esté armé par mer, tant pour s'opposer au Turc que pour faire quelques entreprinses, il envoya Don Louys de Faysardo, admiral, pour aller vers le destroict de Gibraltar, avec huit gallions ou navires de guerre, en intention de se joindre à quelques autres navires souz la conduite de Thomas Schorleye, lesquelles il pensoit rencontrer à Palermo en Cicile, pour par ensemble s'opposer aux pirates.

Les François avoyent aussi équippé quelques navires à Saint-Malo, ce qui se fit de la part des maistres du commerce et de quelques autres marchands, sur lesquelles commandoit le sieur de Beaulieu, qui pensoit qu'on pourroit aysément mettre le feu ès navires, lesquelles estoyent au havre de Thunis, au dessouz du chasteau de la Golette. Ces François estans arrivéz en la mer du Levant, s'escartèrent par tempeste, tellement que les uns arrivèrent à Malte, les autres à Sardaigne et ailleurs, où ils entendirent nouvelles de ces pirates, à sçavoir qu'ils estoyent empeschés en leurs havres pour se mettre en mer au mois d'aoust. Et après qu'ils eurent faict un convoy de Marsiliens et s'estre bien informés de tout, ils allèrent vers Tunissa, où ils rencontrèrent les huict gallions susdits de Don Louys.

Comme ils se furent entre-recognus, et qu'ils demandèrent l'un à l'autre ce qu'ils cherchoyent, les Espaignolz dirent qu'ils cherchoyent le pirate nommé Symon le Danseur et ses consors. — Sur quoy les François leur dirent qu'il s'estoit mis au service du roy de France, duquel il avoit eu son pardon. — Et comme ils s'estonnèrent de cela, ils demandèrent aux François où ils vouloyent aller. — Ils dirent qu'ils vouloyent aller vers le fort de la

Golette pour mettre le feu ès navires des pirates. — De quoy les Espaignols s'estonnèrent, et dirent que cela estoit impossible et qu'il faudroit bien une plus forte flotte et qu'ils en vouloyent aller quérir une grande en Cicile pour ce faire. — Les François dirent que, s'ils se vouloient arrester là autour, ils verroyent bien ce qu'ils pourroyent faire. Et ainsi en raillant, ils se séparèrent et furent contraincts de s'arrester ès environ de Byserta, pour ce que le temps estoit calme. De jour, ils s'esloignoyent de terre, pour n'estre point descouverts; le mesme fit aussi Don Louys; tellement qu'enfin ils consultèrent par ensemble et virent que l'entreprinse estoit faysable.

Les François ayant prins résolution, les Espaignols dirent qu'ils vouloyent estre de la partie, et qu'ils feroyent l'arrière-garde et qu'il ne falloit pas estre beaucoup pour exécuter ce faict. Le troisiesme jour, le vent estant bon, ils entrèrent dans le havre, sur les deux heures après midy, et allèrent jusques au dessouz de l'artillerie du fort de la Golette. Beaulieu fit tirer bien cent et cincquante coups de canon contre ledit fort pour leur tailler de la besongne; et comme les navires ne peurrent point approcher de plus près, le lieutenant de Beaulieu se mit en une barque avec cincquante hommes pour aller mettre le feu ès navires des pirates, en grand danger de leur vie, à cause des coups de canon qu'on tiroit du fort. Car ceux qui y estoyent, ne cessoyent de tirer contre eux et contre les navires avec quarante pièces d'artillerie.

Ils attacquèrent le premier vaisseau nommé *la Madaleyne*, du port de trois cens et cincquante tonneaux, sur lequel il y avoit vingt quatre pièces de fonte. Le vaisseau appartenoit à un certain Espaignol renié : c'estoit bien le meilleur, mais non le plus grand vaisseau. Comme ils y eurent mis le feu, le vent s'esleva, tellement que le feu se mit aysément ès autres. Les Espaignols qui s'estoyent mis en trois petites barques, mirent pareillement le feu ès autres vaisseaux, en telle sorte qu'ils bruslèrent trente-trois navires et une galère, car il n'y avoit nulle opposition, pour ce que ceux qui estoient èsdits vaisseaux, s'estoient enfuis à terre.

C'estoit une chose espouvantable de voir ainsi brusler ces vaisseaux, desquels il y en avoit six appartenans à Carosseman, gouverneur de la Golette; entre lesquels, il y avoit un vaisseau nommé *la Perle*, de Saint-Malo, un autre flamend du port de sept cens et cincquante tonneaux, sous la conduitte d'un certain renié de Corsique nommé Élie, encores un de cincq cens tonneaux, avec trente-un pièces d'artillerie, souz la conduitte d'un certain renié de Malte nommé Soliman rey. Il y avoit encores trois autres navires, desquelles trois, il y en avoit deux flamendes, lesquelles appartenoyent à un certain Morat, Genevois. Le bassa de Thunis y avoit aussi trois vaisseaux, entre lesquels il y en avoit un nommé *le Comte Maurice*, du port de sept cens et cincquante tonneaux, sur lequel il y avoit bien cincquante pièces de canon, souz la conduite d'un certain renié de Corelleri nommé Saphan rey, et encores deux vaisseaux, l'un flamend, l'autre françois. Un certain Mahomet rey y avoit aussi trois vaisseaux, l'un de Portugal nommé *le Faulcon*, l'autre anglois et le troisième françois, tous commandés par certains Italiens ou Chrestiens reniés. Tellement qu'il y avoit seize vaisseaux de guerre et une galère du roy d'Argile : le reste n'estoyent que des navires prinses sur les Genevois et François. Mais il y avoit un grand vaisseau chargé, qui estoit venu de Constantinople pour le roy d'Argile. On conta que ces pirates perdirent bien en ces seize vaisseaux et en la galère quatre cens et trente-cinq pièces d'artillerie, et, en marchandises, bien la valeur de quatre cens mille escus. Ward, Bisschop, Varney et autres estoyent comme admiraux.

Ce faict ayant esté exécuté, les François et Espaignols s'entresaluèrent et ostèrent encores quelques navires à une certaine galère de Biserte, lesquelles avoyent esté prinses, entre autres un vaisseau françois chargé de bled, lequel fut mis en liberté. Le lendemain, le gouverneur de La Golette leur envoya une lettre par un patron de Tholon, dissimulant le tout, et comme si le faict des pirates ne luy eust point touché, leur présentant tous rafraichissemens, desquels ils pourroient avoir à faire, et comme amateur de gens valeureux, il loüa fort leur exploict et les pria de luy vouloir envoyer quelques Turcs prisonniers qu'ils avoyent prins auparavant; et que s'ils ne le vouloyent point faire, qu'ils luy donneroyent occasion de faire du mal et du dommage aux Chrestiens, etc. Mais on ne luy rendit point de responce, et par ainsi les flottes se séparèrent et rendirent grâces à Dieu.

Les François allèrent vers Malte, où ils furent fort bien reçeus pour avoir faict un si bel exploict. Par ce moyen, les pirates furent fort affoiblis et perdirent du tout leur crédit envers les Turcs, n'avoyent point aussy les moyens d'équipper encores quelques navires. Warde, Varney et autres y faisoyent encores leur demeure, mais ne pouvoyent plus aller en mer, tellement qu'il y avoit apparence qu'ils demeureroyent au service des Turcs ou qu'ils deviendroyent Turcs. Il[1] avoit à diverses fois envoyé en Angleterre pour avoir son pardon, et avoit présenté une grande somme d'argent; mais le roy de la Grande Bretaigne ne le luy voulut point octroyer; ce qu'aussi les Vénetiens empeschèrent, requérans qu'il peust estre puni pour les grands dommages qu'il leur avoit faict. Sur la fin de décembre, le Roy fit pendre à Londres en Angleterre dix-neuf pirates en un jour, entre lesquels il y avoit trois capitaines.

1. Ward.

Il y avoit encores le pirate de Dort appellé Symon le Danseur, qui s'estoit la pluspart du temps tenu à Argile en Barbarie, où il équippoit ses navires et vendoit ses prinseš. Cestuy-cy estant devenu riche et ses amis l'ayans requis de vouloir quitter ce train, ce que le Roy de France et ceux du Pays bas trouvèrent conseillable, afin d'empescher, autant que faire se pourroit, que les Turcs ne vinsent à s'accoustumer de naviger à nostre mode. Tellement qu'il obtint pardon du roy de France, et se mit souz sa protection, et à ceste fin conduisit si bien ses affaires, qu'il eschappa des mains des Turcs. Car un jour comme il venoit de la mer avec un butin et qu'il vit que plusieurs Jannissaires et Turcs estoyent allé à terre, il se mit à quereller les Turcs à cause du butin, tellement qu'ils vindrent aux mains, et en combattant il s'enfuit en ses navires : et comme le vent estoit bon et qu'il avoit en ses navires plusieurs Chrestiens de toutes nations, qui avoyent esté esclaves et qu'il avoit rachaptés pour s'en servir, de sorte que pour avoir leur liberté, ils exposèrent leur vie pour luy et se rendirent maistres des Turcs qui estoyent encores ès navires. Il en fit sauter une partie en mer et retint les autres pour délivrer encores quelques Chrestiens par eschange, et alla ainsi avec quatre navires vers Marseille, entre lesquelles il y avoyt une riche prinse d'Espaigne : tellement que les Flamends, Anglois et François, qui avoyent esté prins ès prinses, l'assistèrent si bien qu'ils se mirent eux mesmes en liberté.

Estans arrivé à Marseille, il se mit souz la protection du Roy de France, et à ceste fin arriva au mois de décembre à Paris ; on disoit que le Roy estoit d'intention de l'employer en quelques grands voyages qu'il avoit sur main.

VIII.

Le combat de la Goulette, suivant une relation espagnole[1].

Desde paraje[2], se fue la buelta de Tunez; i se encontraron algunos navios de mercaderes, i entre ellos sobre la isla de Cerdeña a Filipe Prevost, señor de Valunsleroje, con su capitana, de tres navios, que saco de Francia en busca de cossarios, por que los otros se le avian derrotado. I se ofrecia a seguir el armada, i don Luis Fajardo de hazerle buena compañia a contemplacion de su rei, aunque no era necessario para la ocasion.

A los 29 de julio, se dio vista a la costa de Tunez; i aquella noche estuvo la armada mar en traves aguardando el dia. I aviendo amanecido sobre la baia del puerto de la Goleta, entrò en el; i hallò surtos debaxo del castillo

Traduction.

Des parages [d'Alger], on fit route vers Tunis. On rencontra plusieurs bâtiments de commerce et, parmi eux, à la hauteur de la Sardaigne, Philippe Prévost, sieur de Beaulieu. Des trois navires qu'il avait emmenés de France à la chasse des corsaires, Prévost n'avait que sa capitane, les autres l'ayant perdu de vue en route. Il s'offrit à suivre l'escadre : Don Luis Fajardo accepta de lui faire bonne compagnie par égard pour son roi, bien que dans l'espèce il n'eût pas besoin de lui.

Le 29 juillet [1609], la côte de Tunis était en vue. Toute la nuit, l'escadre se tint par le travers en attendant le jour. Gouvernant alors sur la baie de La Goulette, on y entra. Il y avait sous la forteresse vingt-deux vaisseaux de haut bord et une

1. Franscisco Cascales, *Al buen genio encomienda sus discursos historicos de la mui noble i mui leal ciudad de Murcia*. Murcia, 1621, in-fol., fol. 258, 259.
2. D'Alger.

veinte i dos navios de alto bordo, i una galeota grande; donde, en cumplimiento de la orden que avia dado don Luis Fajardo, se fueron derechos a ellos cinco navios menores del armada, i don Juan Fajardo en su chalupa con los demas que se nombraron, para quemarles, en que ivan capitanes de guerra i mar, i otras personas particulares, que mostraron mucho su valor, siguiendo tras ellos los navios medianos; i luego a las espaldas los galeones grandes, que no pudieron llegar tan cerca por no haver fondo, i se pusieron a medio tiro de pieça de La Goleta; i de golpe cargaron sobre todos; i los començaron a quemar a la huna hora despues de medio dia, peleando con el fuerte, que, demas de la artilleria que suele tener, se previnieron, en pareciendo el armada, de la que està en tierra de los dichos navios.

En fin, con las chalupas se les puso fuego por muchas manos con tal presteza, valor i desprecio de l'artilleria de la Goleta (aunque fue infinita), que en quatro horas se assolaron todos los dichos navios i galeota, con incendio

grande galiote. Suivant les ordres donnés par Don Luis Fajardo, cinq petits navires de l'escadre furent droit à eux pour les brûler, savoir la chaloupe de Don Juan Fajardo et quatre autres bâtiments désignés, tous montés de capitaines d'infanterie et de marine ou de volontaires, qui firent preuve de beaucoup de valeur. Derrière, suivaient les navires moyens : sur les flancs, les grands galions, de trop de tirant d'eau pour serrer de plus près le rivage, se postèrent à demi-portée de canon de La Goulette et à la fois attaquèrent le tout. A une heure après midi, on commençait à brûler les bâtiments, en combattant contre la forteresse, qui avait renforcé son artillerie habituelle, à l'apparition de l'escadre, de pièces de marine débarquées à terre.

Enfin, les chaloupes réussirent à mettre le feu en maints endroits avec une telle prestesse, une telle valeur, un tel mépris de l'artillerie de La Goulette, — si infinie qu'elle fût, — qu'en deux couples d'heures on détruisit tous les vaisseaux et

tan grande que cubriò de nubes el cielo, sin que en nuestros navios (que estavan entremetidos) resultasse ningun danno. I acabada de todo punto la empresa, buelto que uvo della don Luis Fajardo, que fue allà en una chalupa con mucho riesgo de su persona, tirò la capitana real una pieça a recoger; i el almirante, que anduvo en esta faccion con una espada desnuda en su chalupa, al mayor peligro de la ocasion, como a quien se le encargò i llevò la delantera, los retirò todas i los navios, con solos veinte hombres de perdida, entre muertos i feridos.

Fue cosa de espanto la cavalleria i gente que en este tiempo acudio a la playa, i castillo de la Goleta poniendo diligencia en ofender con el artilleria, juzgando del estrago passado mayor poder de armada, i danno suyo; i con la noche quedò todo en quietud cessando de canonearse el castillo i la armada, cuya artilleria le alcançava i se correspondia con el.

la galiote; l'incendie était si violent qu'il couvrait de nuages le ciel : et bien que nos vaisseaux fussent entremêlés avec les autres, ils n'en éprouvèrent aucun dommage. L'entreprise exécutée de point en point, Don Luis Fajardo, qui y avait été en chaloupe, en courant beaucoup de risque, vira de bord : et un coup de canon de la capitane donna le signal de rallier. L'amiral [Don Juan Fajardo], qui avait été au combat l'épée au clair en sa chaloupe et qui avait couru le plus de danger comme chef chargé de l'avant-garde, ramena tous ses bâtiments, avec une perte de vingt hommes seulement, entre tués et blessés.

C'était chose terrifiante de voir en cet instant cavaliers et gens de pied accourir sur la plage, la forteresse de La Goulette les soutenant par le feu très vif de son artillerie, car les ruines effectuées permettaient de juger combien la flotte était puissante et capable de faire du dommage : à la nuit, toute inquiétude disparut : la forteresse et la flotte cessèrent réciproquement de se canonner.

A la mañana, se hizo informacion de la sustancia desta batalla; i conforme a ella, constò que todos los dichos veinte i dos navios, excepto uno, eran de los cossarios Caraosman i Soliman arraes, Turcos, Morato arraez, renegado Genoves, el capitan Duarte Ingles, que a esta sazon estavan a Tunez i que adreçavan otros onze dellos para armarlos de guerra, venidas que fuessen las quatro galeras de Biserta, que estavan esperando para passar al Poniente con ellos, i otros tres navios para embiar con mercadurias al Levante. Los demas no devian ser tan buenos para su proposito, aunque todos lo parecian. I assi los tenian alli para vederlos. La gente que navegava en ellos, era de naciones mezcladas con Turcos; i de las presas que hazian, pagavan al rei de Tunez su parte.

Despues de todo esto estandose adereçando i reparando los navios del danno que recibieron con la artilleria i abordaje, que fue poco; el dia siguiente de la pelea, entrò en la baia un navio Frances cargado de trigo, que

Le matin venu, on s'enquit du résultat de la bataille; et par là, il fut avéré que les vingt-deux navires appartenaient tous, sauf un, aux corsaires Kara-Osman et Soliman raïs, Turcs, Mourad raïs, rénégat génois, au capitaine anglais Ward, qui se trouvaient cette saison-là à Tunis; ils équipaient en guerre onze de ces navires, en attendant la venue des quatre galères de Bizerte pour passer avec elles dans le Ponant : trois autres bâtiments devaient être envoyés dans le Levant avec des marchandises. Les derniers ne devaient point être aussi bons pour leurs projets, bien qu'ils eussent tous bon aspect, du moins à les voir. Les marins qui les montaient étaient un mélange de Turcs et de gens de diverses nations ; sur les prises qu'ils faisaient, le roi de Tunis touchait sa part.

Après tout cela, les navires procédèrent à une réparation sommaire des faibles dommages qu'ils avaient reçus, soit à l'abordage, soit du fait de l'artillerie. Le lendemain du combat, entra dans la baie un navire français chargé de blé, pris en

embiavan desde la mar las quatro galeras de Biserta que le tomaron i le traian Turcos dellas. Este navio de presa se rindio con solos siete Turcos, porque los demas se echaron a nado. I para el rescate dellos, embiò a tierra don Luis Fajardo la canoa de la armada, con insignia de paz, i en ella al alguazil real Pedro Martinez; el qual dexò platicado el concierto para el dia siguiente; i para efectuarlo, embiò don Luis por la mañana con dos chalupas al veedor Diego de Vivero : el qual lo resolviò con Caraosman Turco, uno de los cossarios que arman navios, aunque no navega en ellos, i el principal de todos, como quien governia la tierra. Alli concurrieron todos los cossarios, i Caraosman ofrecio el refresco necessario para la armada, i que dexaria salir a tierra a comprarlo, suspendiendo las armas ; i el mismo dia por la tarde que bolviò al puerto Diego de Vivero, le embiò el Turco a Don Luis un refresco de pan, fruta, carneros i gallinas, loando mucho el valor con que se avian quemado los navios. Agradecido nues-

mer par les quatre galères de Bizerte qui l'avaient pourvu d'un équipage turc. Le bâtiment se rendit avec sept Turcs seulement, les autres s'étaient jetés à la nage. Pour la rançon de ses prisonniers, Don Luis Fajardo envoya à terre le canot de l'escadre, avec le pavillon parlementaire et, à bord, l'argousin royal Pedro Martinez, qui ménagea un arrangement verbal pour le lendemain. En conséquence, Don Luis Fajardo envoya deux chaloupes à terre, avec le commissaire Diego de Vivero. Celui-ci conclut l'affaire avec Kara-Osman, Turc, l'un des corsaires qui armaient des vaisseaux, bien qu'il n'y montât point, et même le premier de tous en tant que gouverneur. Tous les corsaires étaient accourus : Kara-Osman offrit de ravitailler la flotte : on pourrait descendre à terre, durant une suspension d'armes, pour acheter tout ce dont elle aurait besoin. Le soir du jour où Diego de Vivero se rendit dans le port, le Turc envoya à Don Luis des rafraîchissements, du pain, des fruits, des moutons et des poules, avec de grands éloges pour la bra-

tro general del termino deste Turco, i sabiendo la calidad de su persona otro dia por la mañana, se le llevó de su parte otro regalo de dulces, frutas secas i otras muchas cosas en retorno, que lo estimaron en mucho, pidiendole que viniesse a la capitana un Turco, i aviendolo ellos ofrecido, no lo quizieron hazer, aunque se les davan rehenes.

En primero de agosto, se tomó otro navio de presa en la dicha baya, cargado de papel i otras mercadutias, que tambien embiavan las galeras de Biserta, i los Turcos que venian en el, se arrimaron a tierra i se escaparon en la barca del navio, i assi los nuestros le hallaron sin gente.

A quatro de agosto, al amanecer, salió el armada del puerto de Tunez la buelta de Cerdeña con viento favorable, aviendole tenido tormentoso dos dias antes en la baya; i con brevedad entró el armada en el puerto de Cartagena.

voure avec laquelle avaient été brûlés les vaisseaux. En remerciement des procédés du Turc et en considération de sa qualité, le général espagnol lui adressa à son tour, le lendemain matin, des confitures, des fruits secs et beaucoup d'autres choses, qui furent fort appréciées, en réclamant l'envoi d'un Turc à la capitane : à l'offre, les Turcs ne voulurent point consentir, même si on leur donnait des otages.

Le 1er août, on captura dans la baie une autre prise, chargée de papier et autres marchandises, qu'envoyaient également les galères de Bizerte : les Turcs qui étaient à bord gagnèrent la terre sur la barque du navire, laissant aux nôtres un bâtiment vide. Le 4 août, au matin, la flotte sortit du port de Tunis, le cap sur la Sardaigne avec vent favorable, après avoir été retenue deux jours par la tempête dans la baie; et elle ne tarda point à gagner le port de Carthagène.

IX.

Lo que escrivio el señor Don Luis Faxardo al Alcayde de la Goleta, viniendo un interprete[1].

Lo que podra responder la lengua a lo que se preguntare de parte del Alcayde de La Goleta :

Es que Don Luis Faxardo, capitan general de la real armada y exercito del mar Oceano por el rey d'España nuestro señor, ha venido por su mandado a caxtigar los pirates que en este mar Mediteraneo contra las leyes de Dios Nuestro Señor, de justicia y naturaleza, andan robando hasta sus propias naciones, — cosa que aun entre barbaros no se puede permitir, — inquietando y turbando con esto las pazes entre los reyes, principes y republicas Christianas, y destruyendo el comercio de sus suditos; y no tratar de otro interes, como se a visto de los efetos del dia pasado, pues, aviendose quemado mas de veinte navios

Lettre de Don Luis Fajardo au gouverneur de La Goulette, par l'intermédiaire d'un interprète.

L'interprète pourra répondre aux questions que poserait le gouverneur de La Goulette :

Assavoir, que Don Luis Fajardo, capitaine général de la flotte royale et armée de l'Océan pour le roi d'Espagne, notre sire, est venu sur son ordre châtier les pirates qui sillonnent la Méditerranée et qui, à l'encontre des lois de Dieu Notre-Seigneur, de la justice et du droit naturel, pillent jusqu'à leurs compatriotes, — chose intolérable même parmi les barbares, — troublant ainsi les traités de paix entre les rois, les princes et les républiques chrétiennes, et détruisant le commerce de leurs sujets. Il n'est point venu traiter d'autre chose, comme on en a vu hier les effets : ayant en effet brûlé plus de vingt vais-

[1]. Bibl. nationale, ms. français 16113, fol. 406.

en este puerto de Tunez de los dichos cosarios, no se a querido aprovechar de ninguno. Y se maravilla mucho que teniendo tan antiguas obligaciones los serenissimos reyes de Tunez a la corona de Espagna[1] y sabiendo el poder que a tenido otra vezes para conquistar este reyno y otros muchos, quieren dar ocasion con la recogida que hazen a estos ladrones, gente maldita y descomulgada. Aquel Rey nuestro señor, sentido dello y movido de las republicas y comunas que representan sus daños, manda acudir al remedio con mayor demostracion, cosa, que se deviere escusar en este reyno y conservar en el la buena corespondancia y reconocimiento que se ha tenido en el passado. Hecha en la capitana real de Espagna, sobre la Goleta, a primer de agosto de 1609 : Don Luis Faxardo.

seaux de corsaires en ce port de Tunis, il n'a cherché à tirer profit d'aucun. Il s'étonne beaucoup que les sérénissimes rois de Tunis, ayant des obligations si anciennes à la couronne d'Espagne et sachant la puissance qu'elle a déployée autrefois pour la conquête de ce royaume et de beaucoup d'autres, se soient aventurés à donner asile aux voleurs, gens maudits et excommuniés. Ledit roi notre sire, avisé du fait par les républiques et les communes qui lui ont représenté leur dommages, y fait remédier par une forte démonstration, afin que ce royaume l'évite désormais et conserve les bonnes relations et la reconnaissance qu'il a eues dans le passé. Fait en la capitane réale d'Espagne, devant La Goulette, le 1ᵉʳ août 1609 : Don Luis Fajardo.

1. En 1535, Charles-Quint était venu en personne rétablir Muley-Hassan sur le trône, après avoir défait Barberousse.

X.

Respuesta que embió a lo de ariba el Alcayde de La Goleta[1].

Lo que se responde por parte del Alcayde de la Goleta al escrito del capitan general de la armada del rey d'España :

Es que nunca en esta tierra, se han quebrantado las leyes de justicia y naturaleza contra ninguna nacion del mundo, ny se a dechado de guardar fé a los amigos y aliados, guardandola ellos. Y lo que pudo mover a escrivir que semos trangresores de las leyes y fé de amistad, sera por aver tomado nuestros baxeles, andando en guardia de nuestra costa, algunos navios de Françeses ; losquales, aviendo de guardar buena amistad y corespondancia por las pazes y buena amistad que con el Gran Señor tiene la Casa de Francia y contraveniendo a ella, nos han dado muchas ocasiones a quebrantalla de nuestra parte.

Réponse qu'envoie au ci-dessus le gouverneur de la Goulette.

Il est répondu de la part du gouverneur de La Goulette à la lettre du capitaine général de la flotte royale d'Espagne :

Assavoir, que jamais en ce pays on n'a violé les lois de justice et de nature contre quelque nation que ce soit, ni cessé de garder aux amis et alliés la foi promise, quand ils l'ont eux-mêmes gardée. Ce qui peut porter à écrire que nous avons transgressé lois et pacte d'amitié, ce sont les captures faites par nos garde-côtes de quelques vaisseaux français. Au lieu de garder la bonne amitié et les relations auxquelles ils étaient tenus par les traités et la bonne amitié de la Maison de France avec le Grand Seigneur, ceux-ci y ont contrevenu et nous ont donné de multiples occasions de les transgresser à notre tour.

1. Bibl. nationale, ms. français 16113, fol. 406 v°.

Pues, veniendo un navio de Alexandria con gente pasagere, mercaderes y mercançia, Françeses lo tomaron y vendieron en Malta. Y otros pasando por el mar de Genova, las galeras de Françia les cautivaron y pusieron al remo. Y haviendo ydo una fregata nuestra al puerto de Antibo, la tomaron y vendieron en Malta, estando capitulado entre el Gran Señor y el Rey de Françia que no puedan tocar a ningun baxel 60 millas de la tierra. Y no solo han hecho estos daños y otros muchos por mar, si no tambien por tierra; por que aviendo dado libertad el Conte Mauricio a 60 Turcos, y puestos los en el reyno de Françia, viniendo a Marsilla con patentes del Rey para poder passar libremente a este reyno, el capitan general de las galeras los passò al remo. Losquales daños recibimos de los dichos Franceses, antes que por nuestra parte se los hubiese hecha alguno. Ny tanpoco quebrantamos las leyes de justicia y naturaleza, en tener navios que andan por lo mar con corso, ny en tener escala franca, ny admitir

D'Alexandrie, un navire venait avec des passagers, des marchands et des marchandises; des Français le prirent et le vendirent à Malte. D'autres passaient par la rivière de Gênes; les galères de France les capturèrent et les marins furent mis à tirer la rame. Une de nos frégates était allée à Antibes; elle fut prise et vendue à Malte, en dépit des capitulations signées entre le sultan et le roi de France, qui ne permettent de toucher à un bateau qu'à 60 milles de la terre. Et non seulement les Français nous ont causé ces dommages et bien d'autres par mer, mais ils nous en ont fait sur terre : le comte Maurice [de Naṣsau] avait rendu la liberté à 60 Turcs; ayant gagné le royaume de France, comme ils arrivaient à Marseille avec des patentes royales pour passer librement en ce royaume, le général des galères les mit à tirer la rame. Ces dommages, nous les avons reçus desdits Français, avant de leur avoir rien fait de notre côté. Nous ne violons point non plus les lois de justice et de nature en ayant des vaisseaux de course, en tenant un port franc ou en admettant des navires et des gens de

navios ny gente de nacion estraña, pues lo mismo hazen los Christianos de Florencia y Malta, y en otras partes de la Christiandad; donde se arman y ay armados muchos navios y baxeles que se exerciten en esto : de los quales nuestra nacion podra recibir algun daño. Y el que se hizo el dia passado en nuestros baxeles, es contra el estilo que tenemos y usamos en la guerra; pues, acometiendo en navios armados y artillados con gente que los defende, quando los rendimos y ganamos, nunca los quemamos; antes los dechamos por la mar, para que el que los tomare se aproveche dellos. Y quando desta manera los huviera tomados el capitan general, se le embiara presente de cavallos, plumas y otros regaleo por el hecho, y esta Goleta, de que estoy alcayde por el Gran Señor, la quito y gano a los reyes moros y Christianos que la poseyeron con el aiuda de Dios; y estando debaxo su protection y emparo, no tememos al poder de todos los reyes del mundo.

nation étrangère, puisque les chrétiens de Florence, de Malte, d'autres régions encore de la Chrétienté font de même : là, s'arment et se sont armés bien des vaisseaux, et des bateaux de guerre, dont notre nation peut recevoir quelque dommage. Ce qui s'est fait hier dans nos vaisseaux, est contraire à nos usages de la guerre. Car en cas d'attaque de vaisseaux de guerre bien munis d'artillerie et de défenseurs, quand nous en sommes maîtres, jamais nous ne les brûlons; mais nous les laissons en mer, pour que le vainqueur en tire profit. Quand le capitaine général aura pris les nôtres de cette façon, on lui enverra en présent chevaux, plumes et autres cadeaux pour son exploit; pour La Goulette, dont je suis le gouverneur au nom du sultan, je l'ai gagnée sur les rois Maures et Chrétiens qui la possédèrent, avec l'aide d'Allah : étant sous sa protection et sa garde, nous ne redoutons point la puissance de tous les rois de la terre.

XI.

Péra, 17 novembre 1609.

Lettre de Jean de Gontaut-Biron, baron de Salignac, ambassadeur près de la Porte, à Henri IV.

Sire[1],

... Le bruit fut icy que c'estoit par le commandement de Vostre Majesté que les vaisseaux avoient esté bruslés à La Goulette et, parce que l'on m'escrivoit de Marseille que Monsieur de Guise estoit party pour cest effect, le premier bassa m'en parla, auquel je dis n'en avoir aucunes nouvelles que le bruit qui courroit, mais que je n'en doubtois guières, parce que je sçavois bien que Vostre Majesté permettoit à la fin que l'on chastiat ces volleurs, dont ses subjectz reçoivent tant de mal, mesmes ayant esté asseurée par diverses de mes lettres que le Grand Seigneur n'aprouvoit nullement leurs procédures, et que mesmes il seroit contant qu'ilz fussent rudement chastiéz. Le premier bassa me monstra n'en avoir nul desplaisir : de sorte qu'ayant sceu après que cela a esté faict par les Espagnols, j'en ay esté bien faché. J'estois devenu tout glorieux d'oïr une fois des plaintes et n'en faire point. A telles choses, je suis tousjours bien préparé, mais fort mal lorsque l'on dict que l'on arme à Marseille pour le cours comme l'on fait maintenant, que l'on asseure que le chevalier de Cuges y a faict son armement et que luy mesme l'a dict. Car il est de ceux qui attacquèrent le général de mer, et est pris et blessé. Et dict on encores qu'un autre nommé Beaulieu s'y retire et va courir par tout. Pour le premier, je l'excuse un peu sur ce qui de tous temps est permis aux chevaliers de Malte en la Chrestienté, et leur en dis bien

---

1. Bibl. nationale, ms. français 16146, fol. 294.

davantage qu'il n'y en a. Pour l'autre, j'ay creu le meilleur de nier tout à faict...

Péra lez Constantinople, 17ᵉ novembre 1609.

SALAGNAC.

XII.

Péra, 8 décembre 1609.

Lettre de Salignac, ambassadeur près de la Porte, à Henri IV.

Sire[1],

... Le bruslement des vaisseaux fait au port de La Goulete m'a esté reproché bien qu'ilz donnent l'entreprise et le plus d'exécution aux Hespagnolz. Mais cela m'a peu esmeu. Au contraire, j'ay maintenu l'entreprise faicte et exécutée principallement par les Françoys, qui entreprendront tousjours plus gaillardement, pourveu que Vostre Majesté lasche un peu la bride, et qu'elle ne le poura refuser, s'ilz n'ostent les occasions qui luy donnent sugect de permettre la vengeance. Ilz promettent y faire tout ce qu'ilz pourront, et m'ont fait peu de démonstration de se déplaire de ce brulement, bien que cela les ayt bien fachéz.

Je ne scaurois m'empescher, Sire, de dire à Vostre Magesté qu'ayant maintenant à Marseille ce fameux corsaire Dansel avec un bon navire de guerre et un autre de mesme commandé par le sieur de Beaulieu, il est très nécessaire qu'elle pourvoye qu'ilz ne facent de mal que aux volleurs de corsaires : ayant accoustumé d'aller en cours, il sera bien mal aysé de les en empescher, si ses commandemens ne sont bien exprès...

Depuis peu, un esclave pris dans un vaisseau que com-

1. Bibl. nationale, ms. français 16146, fol. 303 et 304.

mandoit le sieur de Ligny portant la banière de Savoye, me fit dire qu'il avoit de très grandes choses à me dire et tant que je le me fis venir céans. Il est dans le baing du Grand Seigneur. Enfin c'est un Albanoys de la compagnye de Monsieur le conestable, nommé Georges Andreas, qui me dit qu'un sien parent fut pour proposer à Vostre Magesté une grande entreprise sur divers lieux de la Dalmatye : laquelle Vostre Magesté trouva très belle et très bien faicte, mais que pourtant il ne la voulloit faire exécuter : mais luy dict qu'il la mict en main de quelque prince et qu'elle luy ayderoit et d'hommes et d'argent; que sur cela, l'entreprise avoit esté baillée au duc de Savoye, lequel, tout résolu de l'exécuter, en avoit seulement différé l'exécution jusques au retour de deux ou troys, desquelz il estoit l'ung; lesquelz ont esté tous et luy faictz esclaves, s'estant par malheur trouvés sur le vaisseau du sieur de Ligny et qu'il feust tué, et qu'ilz alloient pour dernière recognoissance de la susdite entreprise. Il m'a depuis envoyé une lettre pour Monsieur le duc de Savoye et une pour le sieur Zamet...

Péra-lez-Constantinople, 8 décembre 1609.

SALAGNAC.

XIII.

Péra, 12 ... 1610.

Lettre de Salignac, ambassadeur près de la Porte, à Henri IV.

Sire[1],

Je supplye très humblement Vostre Majesté me pardonner si diverses fois j'ay osé luy dire ce qui se faisoit

---

1. Bibl. nationale, ms. français 16164, fol. 318, lettre en grande partie chiffrée.

et que l'on arme pour cours en Provence. Il est très vray, tesmoing le vaisseau que faict faire le comte de Carssès[1], qui doibt estre commandé par le capitaine Simon de Marseille[2] qui a passé la pluspart de sa vye à faire le cours à Malte. Il y en a eu desjà d'autres. Beaulieu y a mené le sien de Ponent; le chevallier de la Feuillade le sien, quelque autre a esté faict et mené à Malthe pour le cours, tout cela sceu trop véritablement icy. Je y ay respondu de sorte que cela n'a point nuy. J'ay remis sur la guerre désignée contre ceux de Barbarye celluy de Beaulieu, celluy du chevalier de La Feuillade sur l'ordre de sa profession, ceux que l'on a menéz à Malthe sur la volonté naturelle que les marchands ont de gaigner, qui est bien malaisé d'empescher. Mais que puis-je dire si celuy du comte de Carssès paroist? L'excuse de la guerre de Barbarye n'est plus à propos.

Elle l'estoit tellement en ce temps là que je croy que Vostre Majesté se ressouviendra très bien que je lui ay maintes fois escript que, lorsqu'elle se résouldra de faire faire la guerre à ceux de Barbarye, je me promettois de faire en sorte que l'on trouveroit icy que Vostre Majesté le faisoit avec beaucoup de raison. Mais ce desseing ne s'accorde nullement avec ce qui s'est passé depuis et ce qui se passe maintenant. Vostre Majesté a faict rendre quantité d'esclaves, et nous avons faict valoir ceste action. Ce n'est pas icy que l'on les a envoyés, c'est en Barbarie. Pourquoy cela, si l'on veult leur faire la guerre? Pourquoy permettre le commerce qui y est tout libre, si l'on veult y faire la guerre?...

Cela me fait très humblement supplyer Vostre Majesté de vouloir conssidérer que, pour obtenir ce qu'elle me

1. Pontevès de Carcès.
2. Simon de Saint-Jean, dont nous avons vu les exploits en 1610 précisément, à bord du *Saint-Louis*.

commande, il faut tenir un autre langage, du tout contraire à celluy que seroit celluy-là, si Vostre Majesté voulloit faire la guerre en Barbarie, et que cette diversité de langage seroit contre le service de Vostre Majesté et osteroit le moyen d'obtenir rien de tout ce qu'elle demanderoit. Les choses se vont acheminer en Barbarie; Sire, les corsaires qui viennent de là m'asseurent que c'est la vollonté de tous. S'il se faict ainsy, vos sugets, Sire, y auront beaucoup d'advantage, et ceulx qui ont recherché d'y mettre le pied pour le commerce font très bien. Et puis, Sire, je ne craings point de dire librement que l'estat des choses veult plus tost que l'on vive avec bon accord avec ces gens-là que non autrement. Ce que je n'ay artère qui ne bande très fidellement à son service, me fait oser le dire ainsy et espérer par mesme moyen qu'elle le trouvera bon…

Aux Vignes-de-Péra-lez-Constantinople, le 12°… 1610.

SALAGNAC.

XIV.

Lyon, 26 août 1610.

Historique des relations franco-tunisiennes à l'époque de l'exploit de Beaulieu-Persac.

Monsieur[1],

Par vostre lettre du 20 du passé, vous vous plaignez des grandes pertes que vous avez faictes par les ravages des corsaires de Tunes; et après vous estre estonné de la longue tollérance de leurs voleries et du peu de remède

---

1. Cette lettre imprimée est précédée d'un titre tout à fait erroné : *Factum pour le procez des notaires contre les procureurs touchant leur préséance.* S. l. n. d., petit in-fol. (Bibl. nationale, 4° F. 3, n° 23746).

qu'on y apporte, vous me conviez en dire nuëment la cause et les circonstances, et quel ordre l'on en peut espérer à l'advenir. De quoy je me serois volontiers excusé, si je pouvois desnier quelque chose à nostre amitié, parce que mon esloignement de Marseille où se fogmente ce désordre, et ma nonchalence m'en faisoient ignorer les plus graves circonstances que la réception de vostre lettre et le désir de vous complaire m'ont fait curieusement apprendre. Ce n'a peu estre toutesfois sans amertume d'esprit de cognoistre tant de choses que j'estois heureux d'ignorer et dont je m'asseure que le récit augmentera de beaucoup vostre estonnement et vous fera voir combien est monstrueuse la perversité et corruption de nostre siècle. Car vous verrez des Chrestiens et des Turcs estroittement unis d'amitié et d'intelligence au destriment de la Chrestienté; des magistrats et autres personnes de toutes conditions tollérer et favoriser leur société, les uns par faveur, les autres par ignorance, aucuns poussez d'avarice, d'autres de quelque autre passion, et point d'une droite intention; les bons desseins ordinairement contrecarrez et renversez, les mauvais audacieusement et témérairement soustenus et favorisez; et pour comble de malheur, des principaux du Conseil meslez en ceste corruptèle; de sorte que, comme d'un costé vous admirerez que tant de choses conspirent à ce désordre, de l'autre vous aurez un peu moins d'estonnement de n'y voir point de remède.

Mais pour bien sçavoir cete histoire, il faut remonter à son principe qu'on peut tirer (ce me semble) de la prise du vaisseau *la Magdlène*, prise fatale, et le levain de tant d'autres qui l'ont depuis suivie. Elle advint il y a environ trois ans par les mesmes corsaires, et, comme l'on croit, par la coulpe de celui qui le commandoit; car cete prise, qui valoit plus de cent cinquante mil escus, leur fit cognoistre la richesse de nos vaisseaux, et les afriandit si bien avec leurs complices, que depuis ils n'ont cessé de ravir tout ce qu'ils ont peu des François. De cete perte, on ne veid revenir que le capitaine avec ses gens en mauvais équipage; mais cela ne sceut faire qu'au commencement on n'ait creu qu'il n'estoit pas si nud au dedans qu'il paroissoit de l'estre au dehors. Tant y a qu'il asseura, et les siens, qu'il n'avoit sceu fléchir le Carassoman[1], chef principal desdits corsaires, de rendre ni le tout ni partie de ceste prise. Que le mesme traictement falloit-il espérer de tous les vaisseaux qui tomberoyent entre ses mains; que le souverain remède en cela estoit de penser à se bien défendre et d'interdire absoluement le négoce de Barbarie. De quoy les consuls et les députéz du commerce ayant faict instance à Monseigneur de Guyse, avec le consentement public, ledit négoce fut interdit soubs le bon plaisir de Sa Majesté.

Mais bien tost après, cete interdiction fut révoquée par la menée d'un nommé Antoine Béringier[2], fils d'un Corse de basse condition, qui ne vouloit perdre cette curée ny l'occasion de jetter les fondements des desseins qu'il avoit à Tunes, où il avoit passé la pluspart de sa jeunesse, et pris avec ces corsaires une longue habitude. Il commença donc par quelque privée conférence avec ledit capitaine, et quelques autres, et par des espérances particulières qu'il leur donna, complotent ensemble de proposer de l'envoyer à Tunes, soubs prétexte du rachapt d'aucuns

1. Kara-Osman.
2. Antoine Bérengier, intéressé depuis 1598 dans la Compagnie de Corail de Tunis, continua jusqu'en 1625 à jouer un grand rôle dans les négociations entre la France et le bey de Tunis (Paul Masson, *Histoire des établissements et du commerce français dans l'Afrique barbaresque*, p. 20, note 3; et Paul Masson, *les Compagnies du Corail. Étude historique sur le commerce de Marseille au XVIe siècle, et les origines de la colonisation française en Algérie-Tunisie*. Paris et Marseille, 1908, in-8°, p. 177, 180).

Marseillois esclaves, du recouvrement des facultéz dudit vaisseau, et de traitter quelque paix avec ces corsaires et, pour ce faire, qu'on le prieroit de s'y vouloir disposer, suyvant une maxime qu'il a, de le faire tousjours presser de ce qu'il désire, ainsi que tantost vous sçaurez mieux. Cete proposition fut soudain receuë, car le marchand n'a l'oreille ouverte qu'à son utilité, sans porter plus avant ses pensées. Néantmoins, quelques plus clair-voyans y résistèrent, prévoyans les maux qui naistroyent de cete négociation, et vindrent jusques-là d'instrumenter les consuls pour les desmouvoir de la facilité qu'ils avoyent euë à la consentir, et Béringier de se désister de la charge qu'il en avoit prise; mais ce fut en vain, car l'aveuglement de ceux-là et l'avarice de cestui-cy eurent plus de force que les raisons contraires. La tissure de cet acte qui a esté la Cassandre de tout ce qui est advenu depuis, m'a obligé de vous en envoyer la copie, que j'ay euë avec beaucoup de peine, afin que rien ne vous soit caché.

Béringier fut donc député; on luy donne pour compagnon de sa négociation le jeune Vodelle; tous deux sont appoinctéz du quart de ce qui se recouvrera. On leur baille lettres et présens pour favoriser leur voyage, et ainsi dépeschez vont à Tunes. Le sort porta que, pendant qu'ils y font séjour, un petit vaisseau de Marseille fut pris par les mesmes corsaires et emmené à la Gillette[1]. Béringier fait envers Carassoman qu'il est congédié, lézé seulement d'environ deux mil escus : et ce fut, comme on croit, pour rehausser son crédit, se rendre nécessaire et jetter l'amorce à de plus grandes espérances, comme la suyte du discours le vous fera cognoistre. Au gros de l'affaire, il fut conclud que Béringier moyenneroit envers le Roy la liberté des Turcs qui estoyent en ses galères, avec quarante quintaux de soye pour toutes les facultéz prises sur

---

1. La Goulette.

la Magdelène, et qu'il feroit bonne paix entre les deux nations.

Tel fut le progrèz de cete première légation, qui fit incontinent juger que la suyte en seroit malaisée. Car l'on considéroit l'inégalité des personnes qui traittoyent; un corsaire avec le plus grand Roy du monde; que la détention des François estoit autant inique que celle des Turcs estoit juste; que tout ce qui avoit esté faict par les corsaires au préjudice des François estoit contre la foy publique et les confédérations d'entre nostre prince et le Grand Seigneur; que, du moins, Sa Majesté voudroit avoir ses subjets avant que de rendre les autres, et qu'en tout et partout on rencontreroit les traverses de Monsieur le général des gallères, qui avoit intérest qu'elles fussent désarmées. Néantmoins, pour la satisfaction publique et faire cesser le prétexte que prenoyent lesdits corsaires sur la détention de quelques Turcs qui s'estoyent réfugiéz en ce Royaume, on parle de député vers le Roy. Béringier fait semblant de n'aspirer à cete charge, et toutefois il ne respire autre chose, et ses amis ne briguent que pour cela. Peu de gens approuvoyent qu'il l'eut, ou pour n'en estre propre, ou prévoyant qu'autre chose le menoit que l'utilité publique, comme en l'un et l'autre ils ne se trompoient pas. Néantmoins, il est député avec Monsieur des Pennes pour la ville de Marseille, et Monsieur de Piosin pour la coste de la province, pour supplier le Roy de commander l'entière délivrance des Turcs, afin d'asseurer le repos et le commerce de ses sujets.

Et comme on préparoit leur départ, pour n'oublier aucune espèce de flaterie et démonstrations envers le Carassoman, afin de le contenir aux termes du traitté, par l'advis de Béringier, une tartane luy fut dépêchée, avec lettres et présents, pour l'asseurer de l'estat et avancement de ceste négociation, et le prier de ne rien altérer du traitté. Cela fait, les députés se vont rendre auprès de

S. M. Dès l'abord, elle leur fait sentir qu'il n'y avoit ny foy ny asseurance de traitter avec des corsaires, qu'autant voleroient-ils en délivrant qu'en retenant les Turcs. L'événement confirma ceste vérité; car pendant ceste négociation, les mesmes corsaires de Tunes prindrent le *Petit Saint-Esprit*, avec des facultéz pour cinquante mil escus, qu'ils n'ont jamais rendues qu'en la petite quantité que vous sçaurez tantost. Or, cet affaire fut remise au conseil, et dès lors on ne pensa qu'à faire des donatives pour en favoriser l'issue, en quoy la Bourse du comerce ne fut point espargnée à l'accoustumée; on croyoit en cela Béringier, qui promettoit des montagnes d'or, son projet réussissant. Car en obtenant la liberté des Turcs, il pense que tout le gré luy en demeureroit, qu'il relèveroit sa créance et son crédit envers ces barbares, se maintiendroit en toute espèce de société avec eux, asseu[re]roit sa pacte des cuirs et des laynes qu'il a à Tunes avec le corse Lovico, son compagnon, au préjudice de la liberté publique, getteroit les fondements d'une nouvelle Compagnie du Corail[1], asseurroit le quart des soyes de *la Magdelène*

1. La première Compagnie du Corail fut fondée en 1553 par les frères Tomaso et Antonio Lincio ou Lenche, Marseillais, d'origine corse. Dans la site pittoresque de la côte algérienne, près du lac Mélah, où les Lenche édifièrent le Bastion de France, la pêcherie de corail se développa si vite à l'abri de la bannière fleurdelisée et donna de tels bénéfices, que des Compagnies rivales se formèrent. L'une d'elles, dont les statuts furent déposés à Paris le 20 décembre 1586, obtint de pêcher le corail au cap Nègre (Bibl. nat., ms. fr. 10204, fol. 39. — Paul Masson, *Histoire des établissements et du commerce français dans l'Afrique barbaresque (1560-1793). Algérie, Tunisie, Tripolitaine, Maroc.* Paris, 1903, in-8°, p. 5. — Paul Masson, *les Compagnies du Corail*, p. 17). Celle dont il est question ici et dont faisaient partie Antoine Bérengier, Antoine Lovic, consul à Tunis, et Soubeyran, gentilhomme du duc de Guise, avait obtenu en 1603 la concession du fortin de « Caude-

promises par le traité; et, retirant les esclaves François, acquerroit quelque créance à Marseille, qui estoit ce que luy faloit encores pour faire toutes choses à souhait.

Et doutant bien que le temps descouvriroit des choses qui le pourroient rendre odieux et sujet à recherche avec Lovico, et aussi que tost ou tard on procureroit la prohibition du trafic de Barbarie, qui renverseroit leurs desseins, pour se munir de support et faveur contre tous ces orages pendant le séjour qu'il fit à Paris, il reprit, par l'adresse d'un de nos amis (que par honneur je ne vous nommeray point), les ouvertures que Armand de Marseille y avoit ja faittes, pour former la nouvelle Compagnie du Corail, et y associa des plus éminents officiers de la Court; ce que sans doute il n'eust fait s'il eust creu de pouvoir tout seul manger le gasteau et le soustenir soy-mesme, pour estre d'humeur que la seule nécessité luy fait rechercher de compagnons, comme j'ay sceu qu'il le fit bien paroistre sur les dernières résolutions qui se prindrent à Marseille avec nostre Severt[1] pour l'establissement de ladite Compagnie. Car il fut long temps à barguigner sur quelques réserves particulières, odieuses en toute société, et mesmes sur un article concernant les contrebandes

grand » sur la côte tunisienne (Bibl. nat., ms. fr. 5089, fol. 9, 149). Des lettres patentes, accordées par Louis XIII à cette Compagnie le 15 mars 1611, citent, comme autres associés, Jean Audoyn de Montherbu, Taverny et Jacques Le Roy (Paul Masson, *les Compagnies du Corail*, p. 180).

1. « Nostre Severt », pour employer l'expression de l'anonyme lyonnais, est l'un des Sénès, Laurent ou Claude, bourgeois de Lyon; munis d'une autorisation royale, en date du 24 août 1608, les Sénès fondèrent une nouvelle Compagnie pour la pêche du corail, de concert avec « Jean Doria, gentilhomme servant de la feue reine douairière, Étienne Audoyn de Montherbu, secrétaire de la Chambre du Roi », etc. (Paul Masson, *les Compagnies du Corail*, p. 104).

qu'il vouloit pour soy, que les autres ne voulurent jamais escouter, à tant que, soit pour cela ou pour d'autres difficultés qu'il faisoit naistre en cest endroit, en fin on luy manda de la Court qu'on l'envoieroit quérir pieds et poings liés, s'il faisoit davantage la beste, ce que le ramena à son devoir.

Mais je m'apperçoy que je passe desjà les mesures d'une juste disgression. Toutefois je clorray ceste-cy, s'il vous plaist, d'une plaisante circonstance qu'ont dit s'estre rencontrée en ceste députation, parce qu'elle sent l'envie et l'ambition. Les sieurs des Pennes et de Piosin avoient souvent parlé au Roy, selon que les occasions s'en estoient offertes, comme à la vérité ils en sont capables, Béringier seul estoit demeuré muët, et croyant qu'en cela son honneur estoit offencé, il presse ses compagnons de luy donner le moyen de faire voir qu'il sçavoit aussi bien parler en France qu'en Barbarie, à un Roy qu'à un corsaire; on le contente, mais à ses despens; car au premier mot de sa harangue, estant demeuré sur les dents, il eust de quoy recognoistre quelle différence il y a de parler à un bandollier de Tunes ou au Roy des François, de la grandeur et majesté dont cestuy-cy estoit doué. Si j'estois Marseillois d'habitude ou de naissance, j'aurois retenu cecy dans le silence pour ne descouvrir la honte de mon père.

Icy je reprens les députés à la poursuitte du Conseil qui respond en leur cayer que les Turcs de Flandres et tous autres qui se seroient réfugiéz dans le royaume seront mis en liberté et entre les mains de Béringier pour les conduire à Tunes; quant aux autres, le Roy en promet aussy la délivrance, après que ses sujets détenus esclaves en Barbarie seront mis en liberté. Ainsi dépêchés, s'en reviennent à Marseille, où tout le monde n'a soin qu'à bien traitter les Turcs pour les renvoyer courans et faire de beaux présens au Carassoman. Je sçay qu'aucuns se mesloient de ceste besongne à contre-cœur, pressentans qu'elle leur seroit inutile; mais pour satisfaire à l'opinion publique, ils forçoient leur volonté, mesmes à consentir qu'on feist des présens jusques aux moindres officiers des galères pour faciliter ceste délivrance; car, depuis le plus grand jusques au plus petit, sentirent de la douceur.

Sur ces entrefaites, on eut advis d'une action damnable commise par Sobéiran, Lovico, Martin, son beau-frère, Sarvien et quelques autres de la caballe, dont le lieutenant en l'admirauté en fut grandement soupçonné d'avoir fait passer à Tunes un fondeur avec toute espèce de métaux et autres matières pour y fabriquer des canons pour le Carassoman, ce qu'apporta un estrange scandale non seulement à Marseille, mais voire par toutes les provinces voisines; dont le pape et quelques autres potentats d'Italie en firent plaintes au Roy, comme en firent aussi les députés du commerce, principallement aux consuls pour les esmouvoir d'en faire la poursuitte; mais ils s'en excusèrent sur de maigres prétextes, fondés en partie sur la promesse que fit Béringier, pour éviter ce coup, de ramener ledit fondeur. Ainsi un cas si énorme demeure(r), comme il demeurera tous impuny par les hommes, pour estre plus sévèrement puny de la propre main de Dieu, comme il a desjà commencé en la personne de ce misérable Soberran, d'un beau frère de Lovico et du mesme fondeur[1], qu'il a miraculeusement fait périr dans les ondes, pour servir de leçon aux hommes qu'il punit par atroces peines les atroces iniquités.

Peu après, Béringier part de Marseille avec ses Turcs en nombre de cinquante quatre, accompagné de son compagnon Lovico et d'un autre qui estoit intéressé en la perte dudit vaisseau *Saint-Esprit*, de quoy il fit démonstration de n'estre pas content, ce que ne pouvoit estre par fainte,

---

1. Le capitaine Foucques, alors captif à Tunis, s'élève avec vigueur contre les machinations de Soubeyran et de Lovic.

parce que cela luy diminuoit l'honneur et l'utilité de sa négociation. Le public murmuroit aussi de l'un et de l'autre, pour ce respect princippallement que peu de gens passent à Tunes avec Béringier, que par contagion ils ne deviennent aussi pires que luy, aveugléz de leur propre cupidité qui leur fait perdre la crainte de Dieu, l'amour du prochain et tout sentiment d'humanité. D'où vint que Béringier estant à Tunes pensa tant à soy qu'il en oublia tout autre devoir.

Le premier exploit qu'il y fit après avoir présenté au Carassoman les lettres, les présens et les Turcs, ce fut de faire observer rigoureusement sa pacte des cuirs et des laynes. De sorte que de pauvres mariniers qui en avoient acheté furent forcéz de les luy bailler, avec les deniers qu'ils avoient à change de quinze pour cent, faisant ainsi les affaires des moyens d'autruy. Or, à l'arrivée de ce rédempteur des François, plusieurs pauvres esclaves attendoient la liberté et recouroient à luy comme à l'encre de salut, mais toute la consolation qu'ils en recevoient, c'estoit de luy voir baisser les yeux, ou se destourner d'eux pour ne les voir, ou de leur dire avec une rudesse barbaresque qu'il n'estoit pas là venu pour eux, ains pour faire ses affaires et que pour leur liberté s'estoit au Roy qu'il se faloit retirer, parolle qui descouvre assez, outre mille autres circonstances, si en ces légations il a regardé à soy ou au public; ie dy cecy après une relation qui en fut faite au feu Roy, comme vous sçaurez tantost par un capitaine rochelois qui avoit esté longuement esclave à Tunes[1], et observé toutes les inhumanitez qui s'y pratiquent tous les

1. Guillaume Foucques. Les *Mémoires portants plusieurs advertissemens présentéz au Roy par le capitaine Foucques, capitaine ordinaire de Sa Majesté en la marine de Ponant, avec une description des grandes cruautéz et prises des Chrestiens par les pyrates Turcs de la ville de Thunes*, furent imprimés à Paris, en 1612, in-8°.

jours contre les Chrestiens, tellement qu'en lieu de procurer la délivrance des François, comme c'estoit le point principal de sa charge, il ne visa qu'à remplir ses bouges de toutes choses, mesmes des soyes du *Saint-Esprit* et de *La Magdelène*, dont pour s'en mieux accommoder et ses compagnons, ils firent devenir si petites les grosses balles de soye qu'on leur délivra, qu'ils les rendirent comme invisibles, aussi falloit-il qu'il fut ainsi pour avoir de quoy contenter la caballe, tousiours favorable aux desseins de Béringer, duquel en ceste négociation on observa une plaisante contrariété.

Car, pendant qu'il estoit à Tunes, il escrivit à Marseille que la plus grande difficulté qu'il rencontroit en sa négociation, c'estoit de ne pouvoir persuader au Carassoman que les Bretons et Normans fussent François; que, cela surmonté, toutes choses seroient faciles. Et toutes fois à son retour, il n'amena avecq' luy que des esclaves des dittes nations, la pluspart desquels, aux despens de leur bourse, rachetèrent leur liberté Quelques uns méditans la dessus faisoient divers jugements, mais ceux là me semblent avoir le mieux rencontré, qui tiennent ceste opinion que Béringier ne voulut amener les esclaves Marseillois et autres Provençaux, pour avoir tousjours un levain pour ses allées et venuës, et en se rendant par ce moien nécessaire, continuer sans contredit ses négociations. Car il sçavoit bien qu'il seroit en cela aydé des clameurs et des larmes des pères et des mères qui avoient leurs enfans esclaves, comme l'expérience l'a fait juger et que la pluspart de toutes ces négociations ont esté fondées sur ce prétexte, comme en passant, ie vous ay dit à l'entrée de ce discours.

Mais le retour de Béringier en la manière que ie viens de dire, en a découvert l'abus; et comme on lui demandoit la cause d'un si mauvais succès, soit pour les marchandises ou les personnes, il n'en alléguoit point d'autres que la perfidie du Carassoman, que c'estoit le plus méchant homme du monde, comme s'il eust seulement commencé de le cognoistre, que c'estoit follie de s'amuser plus en sa foy ny en sa parolle, qu'il s'y estoit plus trompé que tous les hommes du monde ensemble. Mais que c'estoit fait, qu'il avoit traitté avec luy tout ce que traicteroit jamais de sa vie, qu'il aymeroit mieux périr que de revoir jamais la Barbarie sous l'authorité d'un si mauvais homme, asseurant au reste qu'il avoit fait tout son pouvoir pour ramener le fondeur, mais qu'il ne l'avoit peu : mais tant s'en faut qu'il eust voulu faire ce déplaisir au Carassoman, qu'il pressa tant qu'il peut avec Sobeiran et Lovico un mareschal de Marseille, pour ayder au fondeur à ietter des canons.

Et comme on pressoit encor Béringier de quelle façon il luy sembloit qu'on deust vivre à l'advenir avec le Carassoman, en ennemy et en guerre (disoit-il) et se fortifier contre ses voleries : voyla un bon conseil, s'il fut party du fonds du cœur, mais tournons un petit le fueillet; car celuy qui l'a donné et à tout présentement tant détesté les actions du Carassoman, court tout quand et quand par médecins pour consulter une sienne maladie et par remèdes luy allonger la vie. — Vous sçaurez, Monsieur, que par l'échantillon l'on cognoist la pièce, et par les actions l'homme; cestuy-cy eust beaucoup mieux fait, gardant un juste ressentiment de la mauvaise satisfaction qu'il disoit avoir euë de ce corsaire, de rechercher les moyens d'en dépescher le monde. Mais quoy! un loup ne mangea jamais l'autre, et dès le commencement de ceste négociation, Béringier fit bien paroistre qu'ils estoient d'humeur semblable. Car à procéder en habile homme, et désireux d'honneur, il auroit fait entendre sa charge et l'intention du Roy; et avant que de lascher les Turcs au Carassoman, il auroit capitulé avec luy, et s'en seroit asseuré par ostages, comme on a accoustumé faire en pays et occasions semblables. Que si cela semble impossible en terre estrangère, et du plus foible au plus fort, il falloit souffrir la violence et s'en revenir avec ce mescontement plustot que d'y procéder si indignement, ce que ne fut point par contrainte : car tant s'en faut que le Carassoman fut désireux de ces Turcs, que Béringier escrivit à Marseille qu'il c'estoit offencé contre luy de ce qu'il les avoit amenez : mais il fut plus doux et advantageux à Béringier d'amener en son particulier un vaisseau chargé de toute sorte de biens, que d'avoir en sa conscience la consolation d'avoir bien fait.

À l'arrivée de ce vaisseau, plusieurs estoient d'advis de le faire visiter pour descouvrir le mesnage de ces députez; ce dessein estoit bon et les députez du Comerce manquèrent beaucoup de ne le suivre pas : car ils auroient trouvé les balles de soye qu'on fit passer dans des balles de laine, et porter en la maison de Béringier à heure suspecte; ils auroient par mesme moïen descouvert comme les grosses balles avoient esté transformées en petits ballots, mais cela fut empêché par des légères considérations pour luy laisser le moyen de faire aussi mal à Marseille qu'à Tunes, et que par tout on ne vit que désordres; sur ce point, le devoir obligeoit Béringier de rendre compte de sa charge au mesme lieu, où il l'auroit receuë, qui fut en un bureau ou assemblée publique, afin que chacun peut estre certain du succèz de sa négociation et de quelle sorte on devoit vivre à l'advenir. Mais ce n'est pas sa coustume comme vous l'apercevrez par la suite de ce discours, luy semblant assez en pareilles occasions de partir avec bruit et aplaudissement, et de s'en revenir sourdement; car de faire publiquement entendre de si mauvais succèz, il ne le pourroit sans encourir beaucoup de confusion et de reproches, et par un mauvais dégoust que le public en pourroit prendre, perdre le moyen d'estre employé à l'occasion; pour tout, il ne fut parlé que des soyes en particulier, qui luy estoient plus à cœur pour l'interest qu'il y avoit. Les intéressez ou les deputéz du comerce pour eux en retirèrent pour la valeur de dix mil escus, qui se sont tous consomméz pour ceste négociation; le surplus, avec le tour du baston, demeura à Béringier et ses compagnons, avec plusieurs autres advantages qui ne luy estoient pas deus, et qu'il voulut comme de haute lutte, ce que ie n'ay peu passer sous silence, afin que vous n'ignoriez pas quelle est l'avidité du personnage et combien elle doit estre débordée ailleurs, puisqu'icy et en ces occasions ou l'homme doit estre un petit plus retenu, il ne la peut ny retenir ny dissimuler.

Environ ce temps là, le capitaine rochelois dont je vous ay cy devant parlé[1], avoit fait plainte au Roy de toutes les impiétez qui se cometoient à Tunes par le conseil de Béringier, de Lovico, du consul, et de quelques autres mauvais Chrestiens qui hantent audit lieu, dequoy sa Majesté esmeuë manda à Monseigneur de Guise, et à Monsieur Du Vair de faire faire le procèz ausdits Béringier et Lovico, afin d'estre chastiéz selon leur demérites.

A ceste nouvelle, jamais homme ne fut si abatu que Béringier; il avoit aussi occasion de l'estre. En cest évenement, il eut recours à ses amis et rencontra qu'aucuns d'iceux estans magistrats l'alloient justifiant, en lieu d'eux joindre à l'accusation publique et de chercher la vérité des choses qui luy estoient imputées; mais c'eust esté renverser les projects de la Compagnie du Corail et autres desseins qu'on a bastis en Barbarie avec tant de temps et de peine, et perdre encor la douceur du *dabo* si bien pratiqué par ce personnage. Voyla, Monsieur, ce qui arresta l'avancement d'un œuvre si sainct et nécessaire et d'ou dépendoit la dissipation des auteurs de toutes ces misères, et tout ce qu'on peut faire, ce fut de faire publier des monitoires sur toutes ces malversations, et par après, de faire déliberer en un conseil général, sur une requeste présentée par les députés du commerce, que la ville feroit partie et porsuite ausdits

---

1. Foucques.

Béringier et Lovico et autres leurs complices; aquoy l'on fut aidé d'un advis qui fut donné de Toulon à un marchand de Marseille en ces termes : « Je croy que tant qu'Anthoine Lovico et Béringier pratiqueront la Barbarie, les pauvres négocians ne s'en trouveront pas bien. »

Le chaous que a esté en cour, m'en a dit tout plein de particularitéz qui ne valent gueres, et que tous deux estoyent facteurs du Carassoman, et luy donnoient advis de tout ce qui se passoit en Chrestienté. Il y en a en cete ville qui publiquement en disent autant. Voila de mauvais Chrestiens, et plus ceux qui les favorisent. A mesme temps, l'on eut aussi cognoissance d'un proverbe qui se raporte fort bien à cecy, que les pauvres esclaves ont communement à la bouche. Les parolles sont telles : *Si Béringié et Lovico voulié, Carassoman ren non farié.* — Quelque ignorance que vous ayez du langage provençal, l'intelligence de ces parolles ne vous sera pas mal-aisée. Ces misérables ont raison de parler ainsi : car de pauvre savetier qu'il souloit estre, ils l'ont rendu haut et puissant seigneur et l'un des fléaux de la Chrestienté.

Toutes ces choses animèrent de nouveau le public contre ces hommes là, et particulièrement obligèrent les députez du commerce d'advertir le Roy de toutes ces occurrences, de le supplier d'interdire le commerce de Barbarie, et de régler par flotes les vaisseaux de Marseille, pour les asseurer contre les invasions des corsaires. Ce qui fut renvoyé à Monseigneur de Guyse et à Monseigneur Du Vair, pour le résoudre, présens lesdits députez. Mais les sinistres impressions que la caballe eut moyen de donner industrieusement à mon dit seigneur, pour les rendre odieux et les esloigner de sa personne, et la maladie du dict sieur Du Vair en empeschèrent l'effect.

Néantmoins toutes ces occurrences tenoient Béringier en cervelle, qui mit tout bois au feu pour parer cest orage, employant ses amis et confédérez à diverses œuvres, les uns à intimider les vicaires et curéz, les autres à menasser les députez du commerce et les tesmoins et aucuns à les flater. Un sien beau-frère pressa particulièrement Bernier, l'un des dictz députez, qui fait de nos affaires à Marseille, de se vouloir désister de ceste poursuite et faire cesser la dite publication. On s'est beaucoup estonné qu'un homme qu'on tenoit et publioit tant innocent, fît faire des actions si contraires à ceste innocence, car il n'y a rien qui en donne moins d'opinion et qui accroisse davantage le soupçon du crime, que d'en vouloir empescher la preuve : l'innoncence ayant cela de propre, qu'elle s'esgaye aux attaintes qu'on lui donne, se relève et tire sa perfection de l'adversité. Mais s'il fut beaucoup ulcéré de ceste procédure, il ne le fut pas moins de la plainte des Rochelois, qui courut imprimée à Marseille. Car il fit de grandes plaintes à ces associéz de Paris, de ce qu'ils avoient permis qu'elle y fut imprimée et vendue publiquement, et que ce n'estoit pas luy donner subject d'affectionner les affaires de la Compagnie, si elle permettoit que son nom et son honneur fussent l'entretien et la fable du peuple. Je tiens cecy de l'un de ses associéz, et que pour le contenter, on l'asseura de la suppression de cest imprimé : toutefois il veid encores, car rien n'ayde tant à la durée de ce genre d'escrits que la démonstration qu'on fait de s'en offencer, comme rarement nul ne s'en offence qu'il ne se sente coupable des choses qu'en contiennent, dequoy vous avez veu observer mille exemples en vostre *Tacitus*.

Or, nonobstant tous les artifices que je viens de vous dire, les fulminations faisoient leurs cours; on tiroit de graves révélations pour convaincre les coupables, la contrebande du fondeur et plusieurs autres trop clairement vérifiées avec un conseil qu'avoit donné Béringier au Carassoman de faire un fort sur la frontière du royaume d'Alger pour y faire un port asseuré et nuire les Chrestiens; on avoit encore tiré preuve que les marchandises déprédées estoient ordinairement acheptées à Tunes et traffiquées à Ligorne[1] par la Compagnie de Lovico et Béringier; que de Marseille, on avoit apporté à Tunes iusques à des chaines pour enchainer les esclaves Chrestiens; que Lovico disoit assez librement que parmy les Turcs il estoit vrayement Turc, et parmy les Chrestiens, il faisoit le Chrestien, avec mille autres impiétez, dont l'on tiroit cognoissance.

Mais, sur ce point, advint par malheur la perte du *Petit-Saint-Victor*, combatu et pris par les corsaires de Tunes, dont Lovico et le consul Changet firent la composition, afin que par l'apparence de ce peu de bien, il peut expier beaucoup de mal qu'il avoit fait. Ceste survenance ne lia aucunement les mains aux députéz et à tous autres pour ne rien altérer du traicté et inciter à bien faire ceux qui l'avoient fait. On ne vid sur ceste affaire que des lettres du consul, auquel Lovico faisoit joüer tout le personnage, de peur de se couper en parlant ou escrivant. Ces lettres contenoient en substance que, moyennant quarante huict mille escus, le Carassoman rendroit les facultéz du dit vaisseau, qu'il ne falloit que partie des deniers et assurance du reste; que cependant, on envoyoit les robes grosses qui valloient environ vingt cinq mil escus; ce nonobstant, la faction de Béringier avec aucuns de la Compagnie du Corail proposent de l'envoier à Tunes, bien qu'ils fussent asseuréz, disoient-ils, qu'il ne se résoudroit jamais à ce voyage.

Les desseins en cecy estoient divers; la caballe tendoit à la curée et la Compagnie à ce servir de ceste occasion pour donner la dernière main à quelques affaires qu'Armand avoit esbauchées pour l'establissement de la ditte Compagnie. Ceste proposition fut rejectée par les députéz qui alleguoient que dépècher Béringier à Tunes pour ceste négociation, c'estoit la ruiner par la jalousie qui en naistroit entre luy et Lovico, qui ne voudroit point de compa-

1. Livourne, sur la côte italienne.

gnon ny au profit, ny en l'honneur de ceste négociation, quelque société qu'ils eussent d'ailleurs ensemble; que, puisque la composition estoit facile et que Lovico ne demandoit l'ayde de personne pour la parfaire, et qu'il n'estoit plus question que de l'effectuer par l'envoy des deniers, qu'en cela, le crédit de Lovico suffisoit, lequel ne cédoit en rien à celuy de Béringier, au contraire qu'en ceste occasion il avoit tesmoigné d'estre d'autre force que celuy de Béringier, pour avoir plus opéré de soy-mesme que n'avoit iamais fait Béringier, aydé du nom du Roy et des dons et députations du public; qu'outre ce, on ne feroit qu'adjouster à la perte la superfluë et inutile despence d'un voyage duquel c'estoit follie de parler, puisqu'on disoit que Béringier n'y vouloit incliner; et finalement, qu'il n'y avoit point de raison de député un homme dont le Roy avoit commandé qu'on lui fit son procès, et moins que c'este députation luy fut donnée par ceux mesmes qui le tenoient desja en prévention; et que c'estoit tousiours remettre la brebis au loup. Ces considerations prévalurent les artifices contraires.

Bien tost après, on eust nouvelles de la prise du *Saint-Vincent* par les mesmes corsaires; surquoy quelques-uns se plaignants au Carassoman des maux qu'ils faisoit aux François, il leur disoit pour toute satisfaction que tous ceux qui combattoient contre les siens recevroient tousjours un pareil traittement, et au contraire toute faveur et courtoisie, quand ils arboreroient la bannière de France et prendroient confiance de ses gens. Mais vous verrez tantost la desloyauté de cette parolle, et qu'avec des larrons la deffiance est mère de conservation : ce pendant, Lovico fit quasi pareille composition de ce vaisseau qu'il avoit fait du précédent. Fit envoyer les grosses robes, et escrire aux députez du commerce par le consul Changet, comme il avoit fait auparavant pour faire observer les traites, et envoier les deniers qu'on avoit accordéz. De sorte qu'il fut question d'envoier environ cent dix mille escus de réaux au Carassoman, ce que ne fut pas sans beaucoup de controverse. Les uns disoient qu'il estoit bon de retirer tout ce qu'on pourroit de ceste perte. Les autres qu'il y avoit du danger de cometre tant de deniers sous la foy d'un homme qui n'en avoit point; qu'il estoit encor blasmable de fortifier les corsaires d'une partie si notable, que c'estoit tout ce qu'ils pourroient faire d'en retirer autant, et avec une extrème longueur, de toutes les marchandises qu'ils avoient retenues; que ceste ouverture estoit d'une dangereuse conséquence, et estoit à craindre qu'elle seroit souvent mise en usage, suivant le conseil qui en estoit donné de Marseille au Carassoman; qu'il valloit beaucoup mieux se résoudre à ceste perte, et penser à se conserver l'advenir; qu'aussi bien, au bout de la fusée, on trouveroit que le rachapt des dittes marchandises n'apporteroit guères davantage de bénéfice que celuy qu'on pouvoit seurement retirer de celles qu'on avoit desjà euës; qu'en rompant ceste négociation, on commenceroit de détruire les pratiques et intelligences que Lovico, Béringier et leurs adhérans avoient avec les corsaires. Ces raisons, quoy que fortes, furent vaines, et n'y eust moyen d'arrester le basteau. L'avarice prévalut la bienséance, l'utilité, la religion et toute autre espèce de devoir. Tellement qu'il fut délibéré de dépêcher deux vaisseaux pour l'asseurance de ceste expédition; et ce fut icy qu'on tenta derechef d'envoyer Béringier sous couleur d'asseurer par sa présence les deniers, advenant la rencontre de quelques corsaires; et aussi que Lovico et Béringier ensemble pourroient plus qu'un seul pour achever cest œuvre, que l'amitié de ces deux hommes là estoit si estroite qu'il ne falloit craindre qu'il en mésadvint par mauvaise intelligence. Ceux qui n'approuvoient cest advis, disoient que l'heur que Lovico avoit eu en ceste seconde composition relevoit grandement son crédit, et rendoit du tout inutile celuy de Béringier; que s'il n'avoit esté jugé nécessaire en la première, encor l'estoit-il moins en la seconde. Et d'autant moins qu'on estoit asseuré que Lovico ne verroit pas volontiers Béringier à Tunes pour ces occasions parce que sa femme et son beau père se plaignoient de la recherche qu'on faisoit de ce voyage par la secrette entremise de ses amis : car, d'une part, il faignoit de ne l'affecter pas, et de l'autre, il les faisoit obstinément presser de vouloir permettre le dit voyage, sans laquelle permission il ne le vouloit entreprendre. Mais tant s'en faut qu'ils le voulussent consentir, qu'ils protestoyent que s'il y alloit, ils gasteroient toutes choses, ayant prié les députez du commerce de vouloir destourner ce coup, puisqu'il n'y avoit point de nécessité, et encore moins de raison que Béringier voulut ravir à Lovico l'honneur qu'il avoit acquis sur ces deux occasions, en procurant au public tout le bien qu'il avoit peu.

Ce qu'estoit fut fortifié du tesmoignage d'Armand, qui freschement estoit venu de Tunis, et n'approuvoit la brigue de Béringier; et voilà comme pour la seconde fois, elle luy fut inutile, quoy qu'il fist ou par flatterie, ou par courroux envers la femme de Lovico pour la fleschir. Ainsi sans Béringier on poursuyvoit l'expédition de ces deux vaisseaux, quand par mauvaise fortune, on eut nouvelle de la prise du vaisseau nommé *le Grand-Saint-Esprit*, qui estonna d'autant plus la place de Marseille qu'elle tenoit ce vaisseau comme invincible par la réputation de son équipage et de celuy qui le commandoit. Les plus passionnez de cete perte estoyent les propriétaires de ce vaisseau, et par dessus tous un nommé le capitaine La Rave, le fils duquel en estoit l'escrivain. La caballe de Béringier ne manqua pas de prendre de rechef cette occasion au poil, et d'imprimer en l'esprit de La Rave, qu'on tient facile à prendre tout essor, qu'il faloit en une perte si notable employer Béringier et l'envoyer à Tunes. Il ne le fallut guères presser pour le consentir; luy mesme fit passer et recevoir cette opinion. Voilà donc Béringier sur les rangs; on ne respire que luy, qu'on mène par la ville quasi comme ces saincts de bois que le peuple invoque pour la pluye : il n'est pas homme de bien qui n'a recours à ce sainct. La pluspart de ceux qui abhorroyent naguères son entremise, la consentent avec passion et divers respects, mais communément pipéz d'une fausse espérance qu'à ce coup le public seroit par luy restauré. Plusieurs néanmoins demeurèrent en cete créance, que cet instrument n'opèreroit que mal, et réprouvèrent ce mouvement. De ceux-là estoyent les députéz du commerce; mais la partie fut si grande, qu'ils furent contraints de céder à son impétuosité, car on ne parle que de les tramer, terme assez familier dans Marseille, semant (pour y parvenir) des bruits : qu'ils estoyent cause de toutes les pertes, pour n'avoir voulu escouter quelques propositions que le Carassoman avoit faictes par une sienne lettre : artifice autant grossier qu'il estoit pernicieux, selon que j'ai peu apprendre.

On s'aida encore de la recommandation de Mons. le Général des gallères en faveur de Béringier, qu'il exalta publiquement aux despens de l'un desdits députez nommé Bétandier, qu'autrefois vous avez peu voir à la Cour. Je ne sçay pourquoi ce fut. J'ay pris peine de le scavoir, mais je n'ay peu : bien ay-je sceu qu'il y a peu d'hommes dans Marseille pour contrecarrer plus que lui toutes ces mauvaises menées de la Barbarie, ayant cête affection commune avec le jeune Gérenton et l'aysné Cormier du Languedoc, qui sont aussi des députéz : de quoy la caballe leur porte une forte animosité.

De mesme train, fut convoquée une assemblée en la maison de ville, où lesdits députéz furent conviéz. On ne sçait si ce fut par honneur, ou pour rendre plus solemnel l'acte de la députation qu'on y vouloit faire, ou pour tirer par leur présence un tacite déportement de tout ce qu'ils avoyent faict contre Béringier et ses adhérans, tant y a que n'y voulans comparoistre, elle fut tenue sans eux ou après qu'on eut représenté la nécessité de l'occasion, et magnifié la preudhomie et suffisance de Béringier, son zèle et affection au public, fut proposé et délibéré qu'il seroit prié d'aller à Tunes procurer le recouvrement du vaisseau *Sainct-Esprit*. Pour cest effect, fut mandé venir en l'Assemblée; à quoy on n'eust pas beaucoup de peine, car soudain on le veid sortir, ainsi qu'un Ganasse ou Buratin de dessous la tente du théâtre de la Comédie. Je vous en parle avec naïfveté, parce qu'alors j'estois à Marseille, et fus spectateur de tout ce qui se passa en ceste occasion. On luy fait entendre l'intention de l'assemblée, il s'excuse du voyage pour se faire d'avantage prier de ce qu'il désiroit le plus. Mais asseuré que vous aurez plus de plaisir de voir tout l'acte de ceste assemblée qu'à lire ce que je vous en pourrois descrire, j'ay advisé de vous en envoier coppie. Là vous verrez comme la députation de Béringier fut resolüe et acceptée sous l'adveu toutefois de la femme de Lovico, qu'un jeune gentilhomme son parent, nommé Séguier, eust charge de procurer. Et tout ce qui dependroit de l'expédition de ce voyage, remis à libre disposition de Béringier et de ceux qui avoient esté commis en l'administration des facultéz de ces trois vaisseaux, ils font pour cest effect quelques séances, mais tout ce qu'on y délibère ne peut plaire à Béringier, si on n'y parle des appointemens de son voyage. Car quoy qu'il eust protesté en l'assemblée que rien ne l'y portoit, que son honneur et le désir de servir sa patrie, si est-ce qu'enfin il ne peut pas dissimuler que sa charité ne se remuë pas de soy-même. Pour ce, on luy accorda mil escus pour son voyage, de trois ou quatre mil qu'il en espéroit, et encor six cens escus pour les présents, qu'il fit trouver bon qu'il feroit en son nom, pour se conserver tousjours les bonnes graces du Carassoman au despens du public ; encor y eust il beaucoup de peine de le faire contenter, tant il est duit aux humeurs et à l'avidité de la Barbarie. D'où vous pouvez juger s'il doit estre marry de ces pertes publiques, en retirant et ouvertement et clandestinement des commoditéz si advantageuses.

Or, pendant qu'on préparoit ce voyage, deux choses advindrent, qui parmy tant d'autres ne vous doivent pas estre cachées, pour vous faire tousjours mieux cognoistre les intentions de Béringier et Lovico, et de ceux qui hantent la Barbarie. L'une regarde le consulat de Tunes, l'autre une contrebande qui fut chargée pour le Carassoman, à la veuë de tout le monde, et par une manière gentile. Quant à la première, c'est chose toute certaine que le consul Changet est recogneu de tous pour un tres-mauvais instrument en ceste charge : c'est pourquoy l'on propose de mettre en son lieu un nommé Rapelin, estimé pour sa preudhommie. Monsieur du Vair, qui ne sçait aymer que les hommes de ceste qualité, favorisoit son establissement pour le bien du commerce qu'il a tousjours beaucoup affectionné, comme il fait tout ce que regarde le bien de cet estat : pour ce, ayant commandé à Béringier d'en faire de mesme à Tunes, toutes choses furent préparées pour partir quant et Beringier ; mais enfin il fit si bien qu'il l'empescha pour garder que ses actions et [celles] de ses compagnons fussent esclairées d'un homme de bien : car il a cela de particulier, que hors de Lovico, il ne veut qu'autre ayt cognoissance ni de ses négociations particulières, ny des publicques qui luy sont commises : ce qu'on a descouvert par des lettres interceptées qu'il escrivit à Lovico, se plaignant de ce qu'il avoit meslé le consul Changet aux traictéz qu'il avoit faits pour les deux premiers vaisseaux, et qu'il s'en devoit réserver seul la cognoissance, l'entremise, l'honneur et le profit. Aussi j'ay appris qu'estant à Tunes, il ne permit jamais que le capitaine, ny l'escrivain du *Saint-Esprit* eussent aucune cognoissance de ce qu'il faisoit ou traictoit avec le Carassoman.

Pour la contrebande, elle fut hardie et pleine de scandale. L'artifice fut tel. Carassoman fait bastir une maison à Tunes de la ruine des Chrestiens. Béringier feint qu'il avoit besoing de quelques aiz et solives, que c'estoit chose qu'il ne pouvoit recouvrer que de Marseille, et qu'on ne lui devoit dénier pour favoriser sa négociation. Cela ne fut pas mis en délibération, mais sous le nom de l'un des Vobelles, il en fait demander la permission, estimant qu'il en seroit moins recherché. Le lieutenant de l'Amirauté, le Briareus de nostre temps (qui tient pour apocrifes les livres du *Paralipomenon*, à cause de l'instruction que Dieu y a prononcée pour la droicture et probité des juges), sous couleur de soupçon, par ce qu'un sien parent avoit présenté la requeste, fait semblant de ne s'en vouloir mesler; mais il fait jouer le personnage à un advocat, dont j'ay apris qu'il fait comme de la selle à tous chevaux. Cestuy-cy ordonne que le bois seroit visité pour estre certifié, s'il pouvoit servir à autre usage qu'au bastiment d'une maison; et on luy fait nommer deux des cliants du lieutenant, qui certifient ne pouvoir servir que audit usage; dont fut ordonné qu'il seroit chargé; ce qu'on fait; mais des mariniers qui virent ce chargement et recogneurent que ce bois estoit propre pour des gallères, en firent mille vacarmes, mesme contre ceux qui en avoient procuré la permission. Mais pour n'offenser le Carassoman et ne troubler les intentions de Béringier, l'on en eschappa pour le bruit : car alors le nom de Carassoman n'estoit pas autrement révéré à Marseille qu'à l'esgal de celuy du Roy, tant cette caballe avoit gagné le dessus. De ceste action, vous pouvez considérer qu'on traicte les sujets du Roy comme des esclaves ausquels l'on fait quasi adorer ceux qui les dévorent. Vous pouvez encore conjecturer comment ces hommes desnaturéz doivent obliquement secourir ces barbares de tous moyens pour nuire les Chrestiens, puis que la crainte de Dieu ny des hommes ne les peut contenir de le faire si ouvertement. Béringier ayant bien tellement passionné le chargement de ce bois que, sur le point de son départ y estant encore survenu quelque obstacle, il en estoit comme forcené, laschant une infinité de blasphemes, et murmurant contre les deputéz qu'il estimoit en estre le motif, bien qu'elle ne vint que d'aucuns mariniers, qui portent plus impatiemment que tous autres pareilles choses, pour le péril qu'ils encourent tous les iours par la cruauté des corsaires. Ce furent eux aussi qui asseurèrent en mesme temps qu'un facteur de Béringier et Lovico, nommé Valentin Jean, avoit esté pris par les Maltois, avec une barque chargée d'arbres et cables pour le Carassoman. Mais tout cela estoit inutile; la pierre estoit jettée, et on ne pouvoit plus révoquer ce qui avoit esté délibéré pour le voyage de Béringier, bien qu'avant son départ, on eust advis que les affaires du *Sainct-Esprit* estoient en bon estat, comme il y avoit apparence de l'espérer, puisqu'il n'avoit rendu combat quelconque, et s'estoit rendu en toute révérence et humilité, tellement que le Carassoman, suivant sa promesse, estoit obligé de le congédier sans augarie[1]; et de fait, avant l'arrivée de Béringier à Tunes, la delivrance de ce vaisseau avoit esté accordée à dix mil escus.

Mais il n'y fut pas plustost arrivé que toutes choses y furent altérées, non seulement pour ce vaisseau, ains encor pour les deux autres : ce que Lovico prédit (comme on avoit fait à Marseille), dès lors qu'il sceut sa descente à la Gollete. Car peu aprés, le Carassoman fit plainte des Turcs qu'on détenoit aux gallères du Roy, dequoy il n'avoit oncques parlé, en traitant la délivrance desdits trois vaisseaux, comme en font foy les lettres du consul que j'ay

---

1. Avarie, impôt levantin.

veuës, qui fait clairement juger qu'il donna ce mouvement au Carassoman, pour l'excuser et couvrir de ce prétexte, tant de dol qu'il a commis par tout le cours de cete négociation. Mais l'excuse d'un homme n'est iamais valable, quant il fait toutes choses au contraire de la charge qui lui est donnée. La charge principale de cestuy-cy estoit de se tenir en deffiance du Carassoman et de ne bailler les deniers qu'à petites parties, et à mesure qu'on luy auroit delivré de la marchandise; s'il avoit besoin d'argent, de ne le prendre qu'à quinze pour cent ainsi qu'on l'avoit baillé à Marseille, de ne faire autres dons et presens que ceux qu'on avoit destinéz. Béringier fait tout le contraire; et comme s'il eust eu affaire à quelque bon religieux de Saint-Bernard, il baisse quand et quand tous les deniers au Carassoman pour tesmoignage d'amitié et confiance, augmente les présens, empire les compositions de plus de cinquante mil escus, prend argent à Lunes[1] à la Moresque et encor à vingt pour cent de celuy que luy mesme avoit chargé à Marseille de luy ou de ses confédéréz. Et pour donner à Lovico sujet de mescontentement et d'abandonner par despit toutes les négociations qu'il avoit faites, son artifice pressa jusques là de luy retenir les lettres que les deputez luy avoient escrites pour l'animer tousjours à bien faire : ce que fut cause que Lovico en fit plainte, le réputant comme à mespris et peu de ressentiment qu'on avoit de ce qu'il avoit fait, tesmoignage certain de l'envie que Béringier lui en portoit; mais quoy, on ne pouvoit pas faire tant de choses ensemble, contenter le merchant et les meschants; il falloit mettre tout sans dessus dessous pour satisfaire à tant de promesses et ne perdre pas le train de ce traffic. Tant y a, Monsieur, qu'après que Lovico eut traicté toutes choses, par émulation Béringier ne s'en voulut contenter et traicta à part, afin qu'il peut dire qu'il

---

1. Au mois.

s'en estoit meslé : ce fut toutefois avec des conditions plus dures pour le public et plus douces pour luy que son compagnon ne les avoit traictées : sçavoir que les facultéz des trois vaisseaux seroient rendues, excepté septante balles de soye qui demeureroient pour vingt mil escus entre les mains du Carassoman pour les Turcs détenus aux gallères du Roy, avec les intérests à Tunes, que sont de soixante pour cent l'année. Et outre ce que Béringier bailleroit contant comme il fit, quinze mil escus pour le dit vaisseau *Saint-Esprit*, cinq mil escus pour chacun des autres, et le paragoantes[1] des entremeteurs de ces traitéz qu'on ne cognoist point, qui est de trois mil escus pour vaisseau. Et quant à la seureté du négoce à l'advenir que Béringier avoit tant promise et au chaous qu'il devoit à cest effect amener à Marseille, ce fut assez de le promettre, suivant ceste maxime machiaveliste, qu'il faut tout promettre et tromper pour s'accommoder. S'estant si mal porté aux affaires de sa légation, il y avoit moins de scrupulle de se mal porter aux autres. Pendant le séjour qu'il fit à Tunes, il fait achept d'une prise, le marchant à qui elle estoit la luy demande par préférence, mais ayant mis à la traverse un domestique du Carassoman, auquel il faisoit dire qu'elle estoit sienne, il s'en excusa.

Avec tout ce bon mesnage, il revint à Marseille plus chargé de larcin que d'honneur et avec autant de confusion en sa négociation qu'il en estoit party avec applaudissement et obstentation, n'ayant fait que confirmer la mauvaise oppinion qu'on avoit de ce voyage, et le iugement que la condition des intéressez en ces pertes seroit plus profitable et honnorable en laissant que en rachetant ces marchandises. Enfin on lui demande compte de sa charge : pour ce faire, il ne désira pas une assemblée : car peut estre qu'il n'y auroit pas trouvé tant d'applaudissement

1. Le pourboire : voir p. 121, note.

qu'en celle là où sa députation fut faicte, tant sa chance estoit tournée et l'indignation publique grande contre luy. Car il ne dit iamais rien qui peut tant soit peu satisfaire le public; on le trouve partout en désordre, inesgal et variable en tous ces discours, qui sont indices de dol et de peu(r) de foy, et ne se couvre comme au précédent voyage que de la perfidie du Carassoman : que la Barbarie est un pays où l'on n'y fait pas ce qu'on désire : que tout l'argent avoit esté comme perdu durant quinze jours, que le Carassoman c'estoit rendu intraictable. Mais tout cela fut trouvé vicieux et ridicule par les raisons que je vien fraichement de dire, et aussi qu'on fut bien seurement informé, que par une ruse familière entre ces personnages là, le Carassoman gourmandoit Béringier et Lovico le jour, et passoient la nuict à jouer et faire bonne chère ensemble; d'ailleurs que Béringier estant encore à Tunes, comme quelqu'un lui disoit qu'il donneroit à Marseille un grand dégoust de ses desportements, sa responce fut que, pourveu qu'il eust l'amitié de deux maisons qu'il y avoit, il n'avoit affaire du reste. Parolle indécente en la bouche d'un homme qui estoit esgallement obligé envers grands et petits, par l'obligation de sa charge qui estoit publique. Mais ceux qui sont nourris à la Turquesque ne sçavent que c'est de bien séance, aussi peu que de conscience, et aussi peu de devoir d'une charge telle qu'avoit Béringier, qui sçait un petit mieux de quelle sorte il faut fomenter et entretenir une caballe telle que la sienne, et comme il faut corrompre les uns et tenir en haleine les autres; de quoy il eust bien plus de soin en son voyage que du contentement du public. Car, ayant amené beaucoup de ces marchandises déprédées, des barbes, des dattes et autres petites corruptions, il les distribua à chacun selon son appétit. Si bien que, durant quelques jours, on ne voyoit trotter par la ville que les présents de Béringier, mais la nuict, les cabalistes recouvrer leurs balles, et encores celles des autres franches de toute augarie, et la part de Béringier passer peu de jours après en Espagne. Si ces choses là peuvent estre faites par moyens légitimes et sans le détriment du public, je le vous laisse à penser, et si Béringier peut estre d'humeur, de qualité, ny de moyens si amples pour faire du sien ces largesses. Ce qu'il y a de pis, après tout cela, d'estre envers ces corsaires moins asseurez que de coustume : aussi quel aveuglement d'espérer ce bien de ceux qui triomphent de nostre mal. Car ces voyages ne s'entreprennent pas pour édifier, ains périr et destruire. Et si on demande à Béringier qu'est-ce qu'il faut espérer de ces corsaires à l'advenir, il dira comme il a dit, que si les vaisseaux François tombent entre leurs mains, le moins qu'on en doit espérer c'est le tiers, et ainsi en deux fois qu'ils tomberont ès mains des corsaires, voilà toute nostre substance perduë. De toutes ces circonstances, l'on peut conclurre que les corsaires et ses entremeteurs n'ont que ce but de faire leur fortune par la ruine de celle d'autruy, que c'est une stupidité de s'amuser aux lettres, à la foy et aux parolles des uns ny des autres, et encore plus de malice à ces magistrats et autres personnes qui, par dessein ou autrement, leur donnent faveur et adhérance.

Le remède à cela a esté souvent essayé et autant empesché, en quoy l'on a recogneu, plus qu'en toute autre chose, la malignité de leurs desseins, et qu'ils ont porté avec très grande impatience tout ce qui les pouvoit troubler : le sieur de Beaulieu, entrant avec son équipage dans la mer Méditérannée, prend deux corsaires turcs et les mène à Marseille. Les partisans de Béringier s'en offencent, car il estoit lors à Tunes. Luy de retour, Monseigneur de Guise délibère avec Monsieur le Général des gallères d'aller à la Gollete pour y brusler les vaisseaux des corsaires : l'on n'oublie point d'artifices pour le divertir d'un si loüable dessein. Ledict sieur de Beaulieu et D'Autefort de Marseille ayans fait cest exploit à la suscitation de Gérenton et Bétandié[1], jamais gens ne furent si estonnez que Béringier et sa cabale.

L'on veut procurer la prohibition du comerce des barbares, la ruine évidente de celuy du Levant, la mesme caballe s'y oppose : et s'il y a quelqu'un qui ait authorité, ou en mer, ou en terre, à la Cour, ou en Constantinople, elle le pratique et tasche de l'attirer à sa cordelle ; et si pour la seureté de la navigation des François et la dissipation des corsaires, on parle d'armer des vaisseaux en guerre, elle mesme remuë toutes choses pour l'empescher, à Marseille, en la Province, à la Cour et en tous lieux. Et certes, en cela rien ne nuict tant que le suport d'aucuns Seigneurs de la Cour qui y tiennent des principaux rangs et dignité : lesquels on a associez en ladicte Compagnie du Corail, y empeschent pour ce particulier intérest ceste prohibition. (Remède à ce désordre plus important et salutaire), c'est aussi par leur faveur qu'on voit avec regret que le Roy a donné grace de l'acte du fondeur, et qu'en le sauvant il sauve Béringier, Lovico et d'autres qui en sont aussi coulpables, ayant en cela pris le biais que Lovico et Béringier n'estans pas asseurez, la Compagnie ne pouvoit estre establie. Et c'est icy qu'on médite de quelle espérance ces Seigneurs peuvent estre repeus pour affectionner si ardament l'establissement de cette Compagnie. Si c'est pour les robbes déprédées, qu'ils considèrent que ce dessein est impie, indigne de leur rang, et qu'on a veu misérables toutes les familles de ceux qui l'ont pratiqué. Si pour les marchandises du creu du païs, qu'ils s'asseurent que cinquante mil escus en feront toute la levée, et

---

1. Honoré Bettandier, bâtard de la puissante maison de Valbelle, était hostile à la Compagnie du Bastion de France et se fit condamner en 1632 pour avoir diffamé le gouverneur de cet établissement africain (Paul Masson, *Histoire des établissements et du commerce français dans l'Afrique barbaresque*, p. 45).

que la longueur qu'il y a à la faire, en consume tout le bénéfice. Si c'est pour le corail, qu'ils croyent aussi que la mer de Tunes en est peu fertille ; et quand elle la seroit beaucoup, que le profit sera des administrateurs et non d'eux, qui, par leur esloignement, verront tousjours leurs affaires à travers d'une espoisse nuë : outre qu'ils doivent croire constamment que leurs moyens et facultez seront continuellement l'object et la butte de l'insatiable convoitize des Bachas et Iannissaires dudict Tunes, qui feront naistre un monde d'occasions et d'avaries pour fouiller dans leur bourse, comme autrefois on l'a veu pratiquer au bastion du Massacares, beaucoup moins advenant à ces petites tirannies. A quoy aydera grandement l'opportunité du fleuve Sallé, lieu destiné, à ce qu'on dit, pour y bastir la maison et faire la pesche du corail, qui n'est qu'à trente mil de Tunes, les forceront d'ailleurs de leur fournir les choses nécessaires pour l'ornement et équipage de leurs gallères et autres vaisseaux, et par ce moyen se rendront complices des maux qu'en recevra la Chrestienté. Au reste, qu'ils n'estiment pas les Marseilleois si nyais de laisser perdre une curée quand elle vaut la recherche, mais bien qu'ils tiennent pour argument véritable que les entrepreneurs ne trouvent leurs marchans à Marseille, quand ils les vont foüiller au fin fonds de la France, par ce qu'ayans comme eu[x] cognoissance du païs où est le fondement de l'entreprise, ils ne leur peuvent donner des bourdes, ny comme les soufleurs les paistre de fumée, et qu'ils se souviennent qu'autresfois on a remué à Marseille, dans Paris et ailleurs, le mesme dessein, que tous ceux qui s'y sont plongéz, y ont perdu tout ce qu'ilz y ont mis. Monsieur le Président Chevalier et d'autres leur en donneront des nouvelles ; qu'ils facent donc leur profit de l'exemple d'autruy qu'ils ont chez eux-mesmes, s'il ne veulent se rendre inexcusables de tomber involontairement en mesme faute. Mais qu'ils tiennent surtout pour constant et asseuré que Lovico et Béringier n'ont désiré leur société, comme i'ay dit tantost, que pour se servir de leur faveur, se garantir des recherches de leurs forfaits, que tost ou tard ils ne pourront éviter, et par leur authorité empescher encor, comme ils ont fait jusques à présent, la prohibition dudit commerce de Barbarie.

De cecy, il s'en void un tesmoignage fort exprès en une instance qui a esté fraichement faite à leurs Majestéz, d'escrire et tesmoigner au grand Seigneur de la preudhommie et probité du Carassoman; ce qu'a esté fait avec tant de solicitude qu'il a tenu à peu qu'une action si monstrueuse ne soit advenuë. Je vous ay représenté par ce discours des choses fort horribles, mais, sans mentir, il n'y a point, ce me semble, de plus hideuse que ceste-cy, d'avoir esté mettre en jeu le nom de nostre Roy pour justifier un homme qui ne se peut saouler du sang, de la substance, ny des ames de ses pauvres sujets, et que, pour comble d'impiété, les a prostituéz à toutes les abominations que l'enfer peut inventer. Je sçay que ceste invention a esté conçuë à Tunes, nourrie à Marseille et s'est venue esclorre à Paris. Le dessein n'en estoit pas petit, car c'estoit pour fermer à jamais la porte à tant de justes plaintes qui sont réservées pour la misérable fin de ce corsaire, et de ceux qui luy adhèrent, mais Dieu a destourné ce coup, pour l'honneur de nostre Roy et le bien de ses sujects.

Or, Monsieur, par ce triste païsage que je vous ay fait de l'estat misérable du commerce, suivant vostre désir, j'estime d'avoir satisfait à tout ce que je vous ay promis dès l'entrée de ce discours, car je vous ay fait voir que le Chrestien et le Turc ne respirent (pour assouvir leur convoitise et avancer leur fortune) que la ruine de celle des autres; que pour diverses passions, les magistrats et autres personnes qui devroient réprimer leur audace, les tollèrent et favorisent; que deux hommes abusans de la simplicité et facilité publique trouvent en leur disposition nos biens et nos fortunes; qu'on a rejecté les bons conseils et favorisé les mauvais; que la corruption de ce dessein s'est espandue loin et près et jusques aux authoritéz plus relevées du conseil. Je vous ay, dis-je, fait voir comme, parmy tant de désordre et de malignité, vous ne vous devez pas tant estonner des pertes que vous avez faites, comme de ce qu'elles n'ont esté plus grandes, dont vous vous trouverez grandement obligé de rendre graces à Dieu de ce qu'il ne l'a pas permis et de ce qu'il vous a encore conservé.

Reste que, vous ayant tant parlé de ces maux, je vous dis quelque chose des remèdes, après toutefois que je vous auray sommairement descrit en quoy consiste le négoce de Levant et celui de Barbarie, et s'il est raisonnable que par la tollérance de cestuy-cy, on doive tollérer la ruine de cestuy-là. Quant au négoce de Barbarie, il consiste en cuirs, cires, laynes, barbes et corails, quand la pesche en est establie : l'endroit qu'on reconnoist le plus fertile en corail est celuy où jadis estoit le Bastion de France. En tout ce négoce, depuis Tripoly de Barbarie jusques au destroit de Gibartar, on ne sçauroit employer cent mil escus au plus toutes les années, et c'est encor avec une extrême longueur et langueur.

Quant à celuy de Levant, auquel je comprens celuy d'Italie et d'Espagne pour recevoir aussi bien que l'autre du mal de la Barbarie, consiste en soyes, cochenille, indiques coutons, laynes, huiles, galles, espiceries, perles, pierreries, cuirs, marroquins et autres peaux de prix, toute espèce de drogueries et autres choses précieuses que produisent le Levant et les Indes; ce négoce est de telle importance que, de toutes parts du Royaume, les François et estrangers y acourent par la porte de Marseille, et pour le moins il s'y employe la valleur de trois millions toutes les années. Le négoce de Levant, d'Espagne et d'Italie est ouvert et libre à tout le monde, et c'est celuy qui faict grandement valloir la grandeur et les droicts de sa Majesté. Au contraire, celuy de Barbarie n'est qu'un monopolle, le levain des larcins des corsaires ne semble affecté qu'à Lovico et Béringier et n'est d'aucun rapport aux droicts de Sa Majesté. Car, outre les marchandises qu'on en ameine sont en petite quantité, il n'y en a point qui paye de si petits droicts. Par tant de choses que je vous ay cy dessus représentées, je croy que vous n'estes plus en doute que l'entretenement du négoce de Barbarie est la ruine de celuy du Levant, et comme tel, qu'il devroit estre à jamais détesté et condamné. Toutefois, je vous diray de rechef que, par l'entretenement du dit négoce, les corsaires ont les advis de tout ce qui se passe à Marseille et au demeurant de la Chrestienté pour faire seurement et utilement leur cours, sont conseilléz et secourus de tout ce qui se peut servir à iceux, de poudres, balles, canons, bois à faire gallère et autres vaisseaux, arbres, rames, voyles et toutes contrebandes, sans lesquelles choses qui ont acquis à Béringier et Lodovico les bonnes grâces de Carassoman, ceux qui vont négocier en Barbarie et signâment à Tunis ne peuvent estre les bien venus, non plus que se garder d'y achepter des robbes déprédées, soit pour le bon marché qu'ils en ont, et que celles du creu du païs sont telement affectées à Béringier et Lovico, par la faveur du Carassoman, qu'il leur est impossible d'en lever qu'en tant qu'il leur plait.

L'entretenement de ce négoce est encore cause que, lorsqu'on brusle les vaisseaux de ces corsaires, soudain ils en recouvrent d'autres, de Ligourne ou d'aillieurs, par l'entremise des facteurs de Béringier et Lovico, comme on l'a veu peu après le bruslement dont je vous ay cy devant parlé[1]. Je laisse à part, pour estre trop vulgaire, qu'on y fait aussi bien marchandises des hommes et des enfans que de toute autre chose, et qu'il n'y a espèce d'impiété qui ne se comete en ce négoce de Barbarie. Bref, Monsieur, le mal est tel que j'ay horreur seulement d'y penser; il surmonte toute créance, et vous proteste que ce que je vous en tairay est beaucoup plus grand que tout ce que je vous en sçaurois jamais dire, de quoy le discours du Rochellois[2] vous donnera assez de coniecture. Jugez cependant, ie vous prie, si pour faire la fortune de ces deux hommes tels que ie les vous ay dépeints, ou pour l'appetit d'establir une Compagnie parmi des corsaires, l'on doit entretenir un négoce si précieux où l'on n'y traite que la ruyne des Chrestiens et qui est particulièrement si nuisible au Roy et à ses subjects, considéré mesmes qu'il est impossible d'estre jamais asseuréz envers ces corsaires que par la deffiance et la force, puisque tant d'honneur, de soubmission, de flateries, les présens, la liberté des Turcs, les prières de sa Majesté, dellégations sur dellégations, tant de labeur et de despence, et, bref, tous les artifices du monde ne les ont peu obliger à ce devoir. De quoy, il y a deux raisons très fortes, l'une qu'estant corsaires ils ne se peuvent entretenir que de larcins, l'autre que sur ce destroit de Tunis et de Sicille, et par tous les autres endroits de la mer, ne rencontrants quasi jamais que des vaisseaux François avec des facultéz notables, ilz ne se sçauroient garder, les trouvans foibles, de les saccager et piller. Je ne puis penser que ces Seigneurs de la Cour voulussent persister en la ditte Compagnie s'ils sçavoient particulièrement tant de choses, dont la moindre suffit pour les en distraire, pour n'encou-

1. L'attaque et l'incendie de l'escadre tunisienne par Beaulieu.
2. Foucques.

rir le blasme et les maudissions d'avoir empesché l'interdiction aux François de hanter en la ditte Barbarie : car quel honneur pour eux de traffiquer et dresser des Compagnies en un lieu où l'on n'y void que les tristes objects de la ruine et captivité des Chrestiens traitéz au baston, mis sous le joug et tous les jours exposéz à l'ancant, ainsi que pauvres bestes. Et tout cela pour l'apparence d'un gain qui ne leur peut jamais tourner qu'à perte, soit pour estre d'une espérance incertaine ou que les moyens n'en sont pas légitimes, en tant qu'ils empeschent d'asseurer la tranquilité publique.

Je vien donc au remède qu'on pourroit commencer, ce me semble, par la ditte prohibition avec commandement à tous François de se retirer et ne fréquenter directement ou indirectement en laditte Barbarie, à peine de confiscation de corps et de biens, et sous mesme peine interdire particulièrement à Lovico et Béringier de n'y aller, ny fréquenter jamais pour quelque cause et prétexte que ce soit. Convier à pareille prohibition Sa Sainteté et aucuns potentats d'Italie : enjoindre à la ville de Marseille et autres de faire aller doresnavant leurs vaisseaux par flots et d'armer quelques vaisseaux en guerre pour les asseurer et combattre les corsaires. Finalement, faire plaintes au grand Seigneur des maux que ces corsaires font journellement aux François.

Cest ordre asseureroit le commerce, donneroit terreur au corsaire et rendroit aux mariniers le courage que la ruse leur a osté. La vous ayant déclarée, je feray fin à ce discours pour ne vous plus ennuier.

Le Carassoman et ses gens vouloient prendre les vaisseaux, faisans les hommes esclaves et retenants toutes les marchandises : Lovico et Béringier prévoyant que la captivité des hommes exciteroit de grandes tempestes à Marseille et leur pourroit quelque jour faire courir fortune de leurs vies, conseillent le Carassoman de modérer ceste rigueur en congédiant les hommes et rendant quelque peu de la marchandise, d'autant que les hommes estans hors de ceste crainte d'estre faicts esclaves, ils ne rendroient point de combat, et les prises en seroient plus faciles, luy conseillèrent aussi d'obliger tant qu'ils pourroient les patrons et escrivains des vaisseaux qu'on prendroit, parce que de leur contentement dépendroit la tolérance de beaucoup de choses et leur particulière seureté : ruse qui leur a si bien succédé, qu'à peine void on venir de ce lieu là aucun patron ou escrivain qui ne jure par la foy qu'il doit au Carassoman et de dire que le dict Lovico et Béringier ne soient les plus gens de bien du monde. Si vous en voulliez sçavoir davantage, il faudroit que je fusse sur le lieu ou transformé en Carassoman, Béringier ou Lovico. Mais plustost sois-je changé en porceau comme les compagnons d'Ulisses! Je vous laisse avec ce petit trait de l'escolle et vous promets que si vous profitez ces advis comme je l'estime, je me rendray soucieux de vous en donner encore d'autres, et sur toute sorte d'occurrances. Adieu cependant, Monsieur, car ie suis desjà aussi las de vous escrire que triste de tant de meschancetéz.

C'est à Lyon, le 26 aoust 1610.

Vostre très humble et très affectionné amy et serviteur,

J. D. S.

XV.

La deffaicte de cinq cens hommes et de quatre vaisseaux de guerre par le sieur de Beau-lieu, capitaine d'une des gallères du Roy, soubs Monseigneur le Duc de Guise, au mois de mars dernier. Ensemble les noms des chefs tant pris, tuéz, que emprisonnéz, et l'estime du butin. A Paris, chez Nicolas Alexandre, demeurant ruë Boute-brie, M DC XXI, petit in-4°[1].

Les heureux succèz des voyages du sieur de Beau-lieu, cappitaine d'une des gallères du Roy, soubz Monseigneur le duc de Guise, contre les Turcs et Pyrates qui ravagoient les Mers de Levant durant les mois de février et mars dernier.

Ensemble des combats par luy rendus : en premier lieu contre une barque, sur laquelle il print 26 Turcs et un Chrestien. Puis contre un Navire Turquesque de 600 quintaux, lequel il coula à fonds, qui portoit 12 canons et 45 hommes. Tiercement, contre un autre navire de 4,000 quintaux, qui portoit huict canons et quarante hommes, lequel il prit et emmena. Et, en dernier lieu, contre un autre navire armé de 20 canons et de 115 hommes, dont il a sauvé en tout 134 Turcs emmené esclaves et 27 Chrestiens mis en liberté.

La deffaicte de cinq cens hommes et de quatre vaisseaux de guerre, faicte par le sieur de Beau-lieu, capitaine d'une des gallères du Roy, soubz Monseigneur le Duc de Guise.

Le sieur de Beau-lieu, à la réquisition des consuls de

---

[1]. Réimp. par H. Ternaux-Compans, *Archives des voyages*. Paris, s. d., in-8°, t. III, p. 402.

Marseilles, en partit le premier jour de Février dernier, avec la gallère de Monseigneur de Guise, gouverneur de Provence.

Le lendemain, qui fut jour de Nostre-Dame, il arriva à Porte-Cros, n'ayant rien veu du long de la coste, bien qu'il prist en passant des nouvelles du sieur de Gasquy à Brigançon[1], il séjourna neuf jours à Porte-Cros[2], et le 10 jour, cognoissant le temps estre propre pour conduire trente cinq barques qui estoient audit Porte-Cros, et autant à Brigançon, comme aussi deux gros vaisseaux Espagnols qui alloient en Levant, il manda audit sieur de Gasquy de les faire partir et se mit luy mesme à moitié Frieu entre les isles et la terre ferme. Partant avec ladite flote, il les conduisit jusques aux caps de S. Tropéz[3], où le vent venant par devant le contraignit à amainer pour faire le Car, qui fut cause qu'une barque de corsaires d'Argers[4], qui estoit ja meslée parmy la flote, le recogneut et print le bort au large, estant le rais un rénégat de S. Troupée.

Ledit sieur de Beau-lieu, voyant la navigation d'icelle, luy doüa la chasse, quoy voyant quatre rénégats François se saisirent de la lanche pour se sauver à terre ferme, lesquels furent pris par un batteau armé que ledit sieur de Beau-lieu avoit avec luy, et luy avec la gallère print ladite barque, laquelle portant 28 hommes et quatre Chrestiens esclaves environ à 18 ou vingt milles en mer.

Ayant pris ladite barque, voyant la gallère faire quantité d'eau, pour y avoir long-temps qu'elle n'avoit eu carème[5], il se résoult d'aller à Tholon[6] s'accommoder, et

1. Brégançon, Var, commune de Bormes.
2. Port-Cros, une des îles d'Hyères.
3. Saint-Tropez, Var, chef-lieu de canton.
4. Alger.
5. Montré carène.
6. Toulon.

passa à Brigançon pour prier M. de Gasqui de l'advertir s'il arrivoit rien de nouveau : estant arrivé audit Tholon, il fist telle diligence, bien que le temps fust mauvais de pluye, vent et neiges, qu'il se peut dire que, dans trois jours, il eust accommodé ladite galère, sçavoir la couverte[1] en un jour, et aux deux autres les deux bandes jusques à quatre tables souz l'enseinte[2], donné le suif[3] et chargé de vivres pour un mois.

Le landemain, il vint encore passer à Brigançon pour apprendre quelques nouvelles, et de là s'en alla derechef à Porte-Cros, posant journellement ses gardes[4] dans les isles et collines voisines : lesquels, au bout de trois jours, luy firent rapport d'avoir veu cinq gros vaisseaux sur les bors[5], qu'on estimoit pouvoir estre Sanson, corsaire de Tunis ; mais le temps ne luy permettant de l'aller voir et s'ennuyant tousjours en un lieu, il se résoult de s'en aller vers les barques de Ribaudas[6], où la grande[7] descouvrit un vaisseau qui tenoit le bort à terre[8] dans le goulf de Tollon. Il se résolut de l'approcher, mais la nuict fut cause qu'il n'en peut approcher.

Le lendemain, la garde le descouvrit au large, qu'il tenoit le bort à terre, il s'en vint donc terre à terre pour n'estre descouvert, se venant ranger en embuscade derrière l'isle de Ribaudas, craignant qu'il d'eust entrer aux bouques ou bouches, mais, estant proche de terre, il randit le bort à la mer : quoy voyant, ledit sieur de Beau-lieu

1. Le pont.
2. C'est-à-dire les deux flancs jusqu'à quatre bordages sous la préceinte, qui forme comme une ceinture au navire.
3. Goudronné.
4. Ses vigies.
5. Courant des bordées.
6. L'une des îles d'Hyères.
7. Lisez : « la garde », la vigie.
8. Qui courait la bordée de terre.

se mist après luy, mais le vent au levant estoit si fraiz et le vaisseau alloit tellement à la bournie[1] qu'il ne luy fut jamais permis de l'approcher, bien qu'il le chassast sept ou huict milles.

Ayant donné fonde[2] audit Ribaudas, le lendemain sa garde descouvrit un autre vaisseau au grand Frieu d'entre Porcairoles[3] et Baigneau à six ou sept milles au large de terre, il luy donna la chasse; et le vaisseau, le voyant venir à force de voille et de rame, commença à faire force de toutes ses voilles, tirant par Midy et Syroc, et estant un peu plus advancé, il luy quitta la lanche qu'il révoquoit[4] pour faire plus grande diligence, laquelle fut recouverte par le mesme bateau qui suyvoit ledit sieur de Beau-lieu.

Estant donc à trente milles à la mer hors des isles et se voyant ledit sieur de Beau-lieu à la portée d'un mousquet, n'ayant voulu jusques là permettre à ses canoniers de tirer, se tenant tousjours sur le canon de coursier, comme s'est sa coustume en tous combats, appointant le plus souvent luy mesme le canon, il leurs donna lors congé de faire jouër le canon, dont la batterie dura environ six heures, s'esloignant tousjours jusques à septantes milles à la mer.

Ayant cependant ledit sieur de Beau-lieu apprins par quelques uns des siens que la pouldre commençoit desjà à manquer, voyant la nuict approcher et le vent se rafraischir, selon l'opinion du rais appellé Soliman, rénégat Rochelois, se résoult de le faire couler à fonds, ne voulant avoir la honte de le perdre, et en fin en vint à bout : il y coula donc avec la plus grande vistesse qui se puisse dire,

1. A la bouline, au plus près du vent.
2. Donner fonds, c'est mouiller.
3. Porquerolles, l'une des îles d'Hyères.
4. Remorquait.

et pouvoit porter six mil quintaux, et avoit douze pièces de canon et quarante cinq hommes, dont il ne s'en sauva à nage que 22, y compris quatre esclaves chrestiens, le reste tué ou noyé, n'ayant sauvé dudit navire que le bois de l'estendard de poupe.

Ayant recouvert tout de nuict lesdits esclaves, il fist faire voile vers Porte-Cros et arriva trois heures ou environ après minuict à Port-Maille, dans ladicte isle.

Et le lendemain il s'en alla à Brigançon pour visiter le sieur de Gasquy, lequel avoit veu une partie du plaisir du combat, encor qu'il en eust fait advertir auparavant par un sien bateau pour l'amitié qu'il luy portoit, lequel fut grandement resjouy d'entendre que le navire eust esté coulé à fonds.

Ledit sieur de Beau-lieu n'ayant que fort peu de munitions pour avoir tiré quarante trois coups du canon du courcier, et vingt trois autres coups, se résolut d'aller à Marseille pour y conduire sa première prise, et y arriva dans deux ans[1].

Ce fust avec la plus grande bénédiction de tout le peuple qui se puisse imaginer. Et parce que aucuns qui n'estoient pas trop de ses amis avoient faict courir un bruit qu'il estoit bien aisé de mettre les Turcs en rolle, il ne se contenta point les faire voir en peinture, mais il les feit amener à l'hostel de ville en perspective, afin que un chacun les peust voir pour en perdre la mauvaise opinion.

Mais les consuls ne luy permirent guères de se reposer du travail du combat qui avoit duré deux jours, ains le supplièrent de vouloir continuer un si bon œuvre; et vouloit sortir sur des nouvelles qu'on eust des consuls de Toulon; il partit donc le second jour de son arrivée au soir environ minuict, l'estant lesdits consuls allé trouver en sa galère hors la chaine pour luy dire adieu; et luy

---

1. *Sic* pour « jours ».

s'en alla tout le long de la coste jusques au Cap Rond pour nettoyer la coste, ayant séjourné quatre jours audit Cap Rond sans rien voir.

Le douzième mars, il revint encore à Porte-Cros, où il séjourna jusques au dix-huict du mois que la galère descouvrit un vaisseau qui entroit par le Frieu de Porcairolles dans le canal; il se mit donc au couvert de Bagneau et le laissa courir jusques à l'endroit du cap d'Abenas, puis le chargea si fort à voile et à rame, luy rompant le chemin de la mer pour le contraindre de gaigner la terre, que le rais, qui estoit un rénégat d'Arles appellé Aly, se voyant contraint de si près, fist dessein d'aller investir à terre, ce qu'il eust faict à Cap-Nègre, n'eust esté une galère de Genes qui alloit à Marseille, qui se trouva avoir donné fonds là pour le mauvais temps, laquelle fit voile alors mesmes.

Ledit sieur de Beau-lieu craignant que ce ne fust une embuscade, se retint un peu pour gaigner le vent à la galère et fit dessein de l'aller investir, quittant le vaisseau pour recevoir plus d'honneur à la prinse d'une galère que d'un vaisseau, mais il recogneust la bannière de Gennes. Cependant, cela donna loisir au vaisseau d'aller investir au près de Cavalaire à une plage bien mauvaise où tous les hommes sautèrent à terre et se sauvèrent là au près dudit vaisseau; il portoit huit canons et pouvoit porter environ quatre mil quintaux, mais il n'avoit que quarante hommes en tout, y compris quatre Chrestiens esclaves.

Le sieur de Beau-lieu donna ordre à désancaler le vaisseau, ce qu'il ne peut faire sans une grande diligence et sollicitude, y ayant rompu deux câbles de la grande force qu'il faisoit faire à la galère à la vogue. La nuict l'ayant désencalé, il se mist sus une telle fortune de vent au mistral qu'il fut contraint de passer le reste de la nuict en ceste mauvaise plage, tousjours faisant voguer et croyant devoir perdre la prise qu'il avoit faicte.

Mais, le lendemain matin, le temps s'adoucit avec l'ayde

de Dieu et luy permit de partir pour venir à Brigançon terre à terre, et de là à Porte-Cros, et de mener ledit vaisseau en seureté pour remédier au dommage qu'il avoit receu en investissant la terre.

Y estant donc arrivé le lendemain vingt-deuxième dudit mois, ayant faict mettre la garde à terre, elle luy vint dire d'avoir veu donner fonds à un vaisseau, au près du cap de Lennedee, qui avoit couru de Levant à Ponant et s'estoit serré vers la terre. Il creut que ce fust un vaisseau marchant et fist sarper à mesme temps pour l'aller visiter et luy offrir assistance, comme il a fait à tout les autres qu'il a treuvé à la mer du long de la coste, lesquels il a accompagné en lieu de seureté.

Mais à mesure que le vaisseau l'apperceut, il ne manqua point de coupper son cable et se mettre à la voille, puis rendit le bord sur la galère, faisant un salve de toute une bande de son canon, dont il en portoit vingt pièces, et de leurs [mous]quetairies, avec dessein de venir investir la galère, comme ils ont tousjours accoustumé. Et se mocquoient de la galère, pour avoir combatu deux fois contre des galères d'Espagne, une fois avec quatre, l'autre avec trois, jusques là qu'un Turc, plus insolent que les autres, avalloit ses calsons et montroit le cul pour plus de mespris; mais en fin il ne s'en mocqua pas, car il eust un coup de mousquet dans les fesses, et est maintenant en galère tout blessé. Le rais s'appelle aussi Aly d'Andalousie et est pareillement en galère.

Le sieur de Beau-lieu ayant veu le salve des ennemis, se résolut de leur faire cognoistre ce qu'il portoit de caché dans le courcyer de la galère, et de leur faire voir qu'ils avoient affaire à des François. Et s'estant approché à la portée du canon, le fit joüer, tenant tousjours à son accoustumée les pieds dessus et l'œil pour l'appointer, de sorte que dans trente ou tant de coups de canon qu'il luy fist tirer, il luy mist son grand mast à bas avec toutes ses voiles, et luy rompit un canon en deux pièces à la proüe, et luy en démonta un aultre qui estoit auprès, et tua le canonier qui le commandoit.

Un patron nommé Louis Taureau de S. Tropée avoit esté pris deux jours auparavant au goulfre de S. Tropée par ledit navire, durant le combat s'estoit jetté à la mer et avoit esté recouvré par ledit sieur de Beau-lieu, qui mist peine à l'avoir et sauver, encore que le temps fust bien mauvais, pour luy donner la liberté, rapporta que ledit vaisseau estoit fort bien armé et qu'il avoit résolu de venir investir la galère; et, de fait, ils ne cessèrent de se battre opiniastrement jusques à l'entrée de la nuict, que au droict du cap de Sainct Tropée, ils coulèrent à fonds pour la quantité de coups de canon qu'ils avoient reçus : car on leur avoit tiré septante sept coups de canon tousjours à la portée du mousquet. Il portoit cent quinze hommes, y compris six esclaves Chrestiens; on n'en a recouvert que cinquante, qui vindrent prendre les rames de la galère à la nage, et le reste fut tué au combat. Des captifs, il y en a en la galère seize ou dix-huict bien blessez.

Le combat finy, ledit sieur de Beau-lieu, voulant veoir le dommage qu'il pouvoit avoir receu durant le combat, treuva que pour ses attraits[1] tout estoit presque gasté, tant arbres que antènes et que voiles, ayant un coup de canon à un tiers en haut de son arbre de la maistre[2] et ses antènes et trinquet, un autre à la ceinture du trinquet, deux dans le caige[3] estant à sa place, l'un à moitié gaie au travers, l'autre vers la poupe dudit caif[4], qui emporta la teste à un soldat, lequel estoit comandé pour estre là dedans avec ses compagnons, un autre coup de canon à la poupe de la

---

1. Agrès.
2. Grand mât.
3. Traduction du mot provençal « gabie » : c'était la hune des galères.
4. Pour « caïq » : c'était la chaloupe de la galère (A. Jal, *Glossaire nautique*, p. 380).

galère auprès le timonier, un autre à la bande senestre au troisième ban à poupe qui couppa les filarés[1] et la bride, et six ou sept hommes blessez.

Toutes les voiles persées de mousquetades, il sera contrainct de les faire de neuf, et à faute de munition et de poudre, il fut contraint de se résoudre à se retirer à Marseille pour ne pouvoir résister à la mer, et mesmes la faute de menotes et chaines pour enchainer les Turcs, en ayant environ huictante ou nonante sans attaches : si bien que en deux mois qu'il a tenu la mer à la plus mauvaise saison de l'année, il a diminué les forces d'Argers de cinq cens trente Turcs, ou prins, tué ou noyé, et rachepté vingt Chrestiens esclaves.

Noms des Turcs que le sieur de Beau-lieu print dans la barque d'Argier le unzième febvrier 1621.

Vingt-six Turcs, un Chrestien.

Soliman Rais, renié de S. Tropes.
Aamet Adoramet.
Abrain Moro.
Ally Casq.
Moustafa Azard.
Moustrafa Donis.
Mousi Donis.
Amet Deamet.
Aby de bel Amet.
Mansol benaly.
Romedan, Savoirat renié.
Ally, Marseillois renié.
Soliman, Marseillois renié.
Soliman, Marseillois renié.
A Ame d'Aubara.
Morat Abdalet.
Amet Dabdala.
Soliman Mora.
Absan Dabdala.
Raget Aly.
Chaban Dalt.
Anthony Bona, Maltée.
Jean Bertran, François.
Mahamet d'Argier.
Ally Benally.
Solyman Abdalet.

Plus un Chrestien à qui on a donné la liberté.

1. Les filarets ou lisses de batayole sont les garde-fous.

Noms des Turcs que le sieur de Beau-lieu a sauvé du vaisseaux mis à fonds le vingt-cinquiesme février 1621.

Vingt-six Turcs. Unze Chrestiens.

Solyman Rays, de l'isle de Ray[1], renié.
Asan Dally.
Ally, Moso.
De Telemusan.
Ma Amet disort.
Amet ally.
Moustafa, Granatin.
Satret de Ally.
Sas de Saon.
Ally, Moro.
Bougace de Teneda.
Abdala de Maamet.
Mamet Tenesi.

Amet de Brain.
Mahomet de Balsalan.
Ally, Granatin.
A Amet Benatus.
Boutina, Dargier.
Ally Brain.
Abrain Moro.
Corneli Esbras, Flaman.
Jean Marsel, Daulono.
George Bonetait, de S. Malot.
André Ouif, de Ambourg.
Amet, de Tenéas.
Mamet, Dargier.

Plus unze Chrestiens ausquels on a donné la liberté.

Noms des Turcs qu'on a recouvert du vaisseau Dargier qu'on fit investir à la plaige de Calefvre[2] le 18 mars 1621.

29 Turcs. 4 Chrestiens.

Amet de Lisbono, renié.
Ally, Ally Dargier, renié.
Louis, de Porto-Sante, renié.

Ally, Dandalousie, Granatin.
Amar Larbe.
Amet Valantian, Grauntin.

1. La publication de ces listes de prisonniers est des plus instructives. Elle montre que des renégats français, de Ré, Marseille, Olonne, Saint-Malo, Saint-Tropez, combattaient à la tête des pirates algériens.
2. Cavalaire.

Moustafa, Dandalousies.
Abrain Meme fils.
Ally, Dargier.
Saban, Dargier.
Mamet Miro.
Ascomis, Dargier.
Cars Moustafa.
Abrahin, Dargier.
Mahamet, Espagnol renié.
Ally, Moro.
Ma amet, Granatin.

Salem, Espagnol renié.
Mamit, Dargier.
Aicouf, Trebisondo.
Amet, Arabe.
Belcafono, Dargier.
Amet, Dargier.
Amide, Dargier.
Salem, Dargier.
Mamet, Dargier.
Aamet, Dargier.
Alsin, Dargier.

Plus quatre Chrestiens ausquels on a donné liberté.

Noms des Turcs qu'on recouvra à la nage du vaisseau Dargers mis à fonds le 22 mars 1621.

53 Turcs. 11 Chrestiens.

Ally Rais, Dargier.
Abratin, de Tononam.
Maamet, Dargier.
Amit, Moro.
Ally, de Bisertie.
Aamet, de Tunis.
Oually, Dargie.
Journon, Dargier.
Ma amet, Telemusan[1].
Abdala Asfel, de Tunis.
Oials, Tremusan.
Mamet, Dargier.
Saite, de Salé.
Amor, Dargier.

Abdeletef, de Timis.
Aly, de Timis.
Mamet, Dargiers.
Mamet, Dargiers.
Ramadan, Dargier.
Amet, Dargiers.
Amar, Dargiers.
Baite, Dargier.
Caramamet, Dargier.
Amet, de Tunis.
Arget, de Tunis.
Fais, de Tunis.
Cosono, Dargier.
Amor, Dargier.

1. Au contraire des précédents, l'équipage ne comprenait que des Barbaresques d'Alger, Tunis, Biserte, Tlemcen, etc.

Muor, Moro.
Mauit, Dargiers.
Ha amet, Dargiers.
Ally, de Tunis.
Ally, Moro.
Ally, Moro.
Mamet, Dargier.
Mathine, Dargier.
Amet, Moro.
Ma amet, Darger.
Amet, Darger.
Abjoura, Moro.
Saret, de Tremusan.

Mamet, Dargier.
Mouso, Dargier.
Amet, Dargier.
Morso, Dargier.
Mamit, Dargier.
Ally, Dargier.
Ibratin, Dargier.
Mahamet, Dargier.
Asatis, Dargier.
Ally, Dargier.
Ysouf, Dargier.
Monsor, Dargier.

Plus unze Chrestiens ausquels on a donné liberté.

TABLE ALPHABÉTIQUE

A

Achmet, ou Ahmed Ier, sultan turc, 93 n. 1, 95 n. 4, 96.
Advangarde. Voir *Vanguard*.
Agustin (Don Jerónimo), maître de camp de l'infanterie espagnole, 53.
Agy Kaynan, aga de Saïda, 100 n. 1.
Aix en Provence, 122.
Aix (île d'), 143.
Aix (Louis d'), gouverneur de Marseille, 123 n. 2.
Alango (Don Pedro d'), capitaine de vaisseau espagnol, 54 n. 1.
Alep, 101 n. 4, 102.
Alexandrette, ou Iskanderun, XIX, 101, 115.
Alexandrie d'Egypte, XVII, 49, 83, 85, 86, 91, 193, 195, 196, 222.
Alger, « Argiers, Argile », XIX, XX, XXIII, 20, 25, 50 n. 1, 61, 203, 206, 207, 212, 243, 266, 273 ; — (dey d'), 210.
Ali Djanboulad, 101 n. 1.
Ali raïs, renégat andalou, XXIII, 271.
Ali raïs, renégat arlésien, 270.
Alvarez de Avilés (Don Juan), capitaine de vaisseau espagnol, 54 n. 1.
Amsterdam, 5-8 ; — amirauté, 4, 5.
Andouins (Etienne d'), capitaine de pinasses bayonnaises, XXVII, XXXVIII, 158 n. 1.
Andreas (Georges), Albanais, 226.
Anery (D'). Voir Dennery.
Anfric (Thomas), capitaine de vaisseau anglais, 168.
Anglais (pirates), 198, 202, 203, 211.
Angleterre, 6, 77, 186, 188.
Angoulême (Charles de Valois, duc d'), 130, 131, 134, 137, 139, 140, 145.
Anthoine (Dom), chevalier de Malte, 79.
Antibes, 222.
Antilles, 141 n. 1.
Argencourt (d'), ingénieur, 132 n. 3.
Armand, de Marseille, fondateur d'une Compagnie pour la pêche du corail, 234, 244, 247.
Armand (Nicolas d'), sergent de bataille de l'armée navale, 103 n. 1.
Arrérac (chevalier d'), capitaine de vaisseau, XIX, 113.
Auber (Jehan), maître de navire, 17 n. 2.
Audoyn de Montherbu (les), fondateurs d'une Compagnie du corail, 234 n. 1.
Augré (François), capitaine rochelais, 153 n. 1.
Aumelas (G. de Bonnet, baron d'), historien, VII, VIII.
Autefort. Voir Hautefort.
Autry. Voir L'Ile.
Aytré, 134, 135, 137, 145, 190.

B

Baffa, ou Paphos (bataille navale de), 79 n. 1.

Baigneau, l'une des îles d'Hyères, 268, 270.
Baleines (pointe des), 157, 163.
Barbaresques (pays), 19, 27, 35 n. 1, 227, 260, 261.
Barcelone, xx, 125.
Baretti, xiii n. 2.
Barker (Andrew), marin anglais, 20 n. 1.
Bartox de Solchaga (Don Mateo), sergent-major de la flotte espagnole, 54 n. 1.
Bas-Plessy, chevalier de Malte, 29 n. 2.
Basse-Marche, xxxi.
Bassompierre (maréchal de), 130 n. 1, 178 n. 3.
Bastion de France (le), en Algérie, 233 n. 1, 260.
Bayas, 103 n. 2.
Beaulieu, commune de Persac, iii.
Beaulieu (Augustin de), capitaine de vaisseau normand, xxi, xxxii, 145 n. 6.
Beaulieu (David de), capitaine de vaisseau normand, xxxii, 146 n.
Beaulieu-Bouju, xxii.
Beaulieu-Persac (Alof Prévost de), xvi, 72.
Beaulieu-Persac (Claude Prévost de), 71 n. 1.
Beaulieu-Persac (Hillaire Prévost de), 72 n. 2.
Beaulieu-Persac (Joseph Prévost de), xxxiv.
Beaulieu-Persac (Louis Prévost de), xxii.
Beaulieu-Persac (Philippe Prévost de), dit monseigneur Joseph, dit Briailles, capitaine de vaisseau. Biographie, i-xxxvi. — Mémoires, 1-190 : Discours du voyage faict en Levant, 1-125 ; Histoire du secours mené en l'isle de Ré, 126-190. — Armements pour le Levant, 191, 192, 194-196, 198, 200, 224. — Affaire de La Goulette, 208, 209, 213, 225, 227, 256. — Croisière sur les côtes de Provence, 265.
Beaulieu de Razac (Pierre-Paul), gouverneur de Toulon, xxii.
Beaumont, maître de camp, 128 n. 1, 132, 178 n. 3.
Beaumont de Castellane (de), xix, 114.
Beauregard (Guillaume de), général des galions du grand-duc de Toscane, iv, vi, xviii, 90, 92, 93, 94, 101-105, 107, 108, 112, 113, 194, 195.
Becher (William), secrétaire du roi d'Angleterre, 176.
Bellebrune, 142.
Bellina, vaisseau sicilien, 53.
Bendinella, 73, 78.
Benevento (Don Alonso Pimentel de Herrera, comte de), vice-roi de Naples, 15 n. 2, 39.
Bérengier (Antoine), Corse établi à Marseille, chargé de négociations à Tunis, xii, xiii, 201, 202, 230-257, 261, 263, 264.
Bernier, député du commerce à Marseille, 243.
Berteaucourt (de), maître d'hôtel du grand maître de Malte, 70.
Bettandier (Honoré), Marseillais, xiii, 35 n. 2, 248, 257.
Bezas, capitaine d'une pinasse, 157 n. 3.
Bidaches, soldat, 9.
Bishop, pirate anglais au service des Tunisiens, 30 n. 1, 206.
Bizerte, 35 n. 1, 59, 65, 117, 118, 211, 217, 218.
Boisgiraud, chevalier de Malte, 29 n. 2.
Bonandrea (cap), 68.
Bône, 205.
Boneton, ou Boniton (Pierre), pirate anglais, x, 19, 34 n. 2, 198, 199.
Bonifacio (bouches de), 121.
Bonnet (G. de). Voir Aumelas.

TABLE ALPHABÉTIQUE. 279

Boodroom, en Caramanie, 94 n. 1.
Borbón (Don Juan), 54 n. 1.
Bordier (Julien), écuyer de l'ambassadeur de France à Constantinople, 80 n. 1, 114 n. 1.
Brancadou, vice-amiral de la flotte du grand-duc de Toscane, 104, 105.
Brégançon, en Provence, 266, 269, 271.
Brémond (P. Placide de), 164 n. 1.
Brezé (Urbain de Maillé, marquis de), 135, 139, 142, 143.
Briailles, en Bourbonnais, III.
Brouage, xxv, xxvII, 19, 135-137, 139-142, 156.
Brouilly (de), gentilhomme de la maison du Roi, 142, 158 n. 1.
Buckingham (Georges Villiers, duc de), grand amiral d'Angleterre, xxIV, xxIX, 126, 173, 174, 177 n. 2 et 4, 180 n. 3, 182, 183, 190.

C

Cagliari, xIII, 36, 37, 50.
Cahuzac (de), capitaine de vaisseau, xxv, 141, 146-148, 150, 152, 158.
Caire (Le), 196.
Calais, 11.
Cale de Saint-Paul, à Malte, 38, 43, 68.
Calla Isqui, château fort du Liban, 100 n. 1.
Callas Elbiquas, château fort du Liban, 100 n. 1.
Callot (Jacques), 133 n. 2.
Calottis, commissaire d'artillerie, xxvIII, xxIX, 170, 171.
Candie. Voir Crète.
Cannes, xxxIII.
Canteloup, capitaine de marine, 149, 150, 157 n. 3.
Caramanie, 84, 93.
Carcès (Pontevès de), 227.
Carcine. Voir Boodroom.

Carosseman. Voir Kara-Osman.
Carpentras (bibliothèque de), xxxv, 1 n. 1.
Carrillo (Don Luis), 23.
Carthage, xIII, xIX, 59, 119, 206.
Carthagène, 29 n. 2, 218.
Case. Voir Kaso.
Catalan, navire tunisien, 62.
Cauche (François), de Rouen, 14 n.
Cavalaire, sur la côte provençale, xxIII, 270.
Centurione, Génois, chef d'escadre au service de l'Espagne, 23.
Cerigo, 68.
Chalonnière, enseigne au régiment Du Chastelier-Barlot, 169 n. 1.
Chamois-Pontac (de), 80 n. 1.
Champagne (régiment de), 127 n. 2, 157 n. 3.
Changet, consul de France à Tunis, 244, 245, 250.
Chanteloube, ou Chantelouve (Jacques d'Apchon, seigneur de), officier de marine, puis Père de l'Oratoire, xIV, xVIII, 46, 52, 53, 55, 60-64, 92, 102, 107, 209.
Chappes (régiment de), 151 n. 3.
Charles-Quint, à Tunis, 59 n. 5, 220.
Château (le), navire de guerre de Beaulieu-Persac, xxxI.
Chercon, 127, 129.
Chevalier (président), 258.
Chiverry (de), gouverneur des Sables-d'Olonne, 150.
Chombert. Voir Schomberg.
Chypre, xVI, xVII, 15 n. 2, 84, 85.
Coimpy, capitaine d'une pinasse, 157 n. 3.
Combladour (Gaspard de), seigneur de Mérignac, 72 n. 2.
Compagnies françaises du corail, en Algérie et en Tunisie, xII, 233, 234, 241, 244, 257, 262.
Comte-Maurice (le), navire de

280   TABLE ALPHABÉTIQUE.

guerre tunisien, xv, 62 n. 2, 210.
Conquet (le), en Bretagne, 19.
Constantinople, xv, 50 n. 1, 95, 102, 196, 210, 257.
Cormier, député du Commerce, 248.
Cornwall, 19.
Corse, 121.
Coudevache. Voir Queue-de-Vache.
Couronneau (le), banc de sable, 158.
Coussage, contremaitre de marine, xxviii.
Coustenan (Timoléon de Bauves, seigneur de), 143, 144, 146.
Créquy-Canaples (Charles de), maréchal de France, 180, 189.
Crète, 81, 90, 91.
Croisy (François de), esclave à Tunis, 43 n. 1.
Cuges (Glandevès de), chevalier de Malte, xvi, 80 n. 1, 224.
Cusac (de). Voir Cahuzac.

D

Dalbier, 184, 185.
Dalmatie, 226.
Damiette, 50.
Danemark, 6.
Dansa, « Danse, Dansel, le Danseur » (Simon), corsaire d'Alger, dit Dali-Capitan, x, 20-22, 25, 33 n. 2, 53-55 n. 1, 87, 207, 208, 210, 212, 225.
De Caen, sergent de bataille de l'armée navale, 103 n. 1.
Dennery, ou D'Annery, gentilhomme de la maison du Roi, xxix, 142, 146, 171.
Des Pennes, député marseillais, 232, 235.
Dieppe, 4.
Dieppe, navire de guerre, 92 n. 1.
Djerba (île de), 73.
Djihanghir, fils de Mahomet III, 95 n. 4.

Dompierre-sur-mer, 134.
Donne, capitaine anglais, 189 n. 1.
Dorbières, xxx.
Doria (Jean), gentilhomme servant de la reine, 234 n. 1.
Douvres, xxx.
Dschehel Musa, 114 n. 1.
Du Carlo, ingénieur et géographe du Roi, 69 n. 3, 106 n. 1.
Du Chalard (Priam), capitaine de vaisseau, 128 n. 1.
Du Chastelier-Barlot (Léon), maréchal de camp, 140; — régiment, 169 n. 1.
Du Fort, capitaine de la patache de Beaulieu-Persac, ix, 25.
Du Jardin de La Garde (Pierre), corsaire normand, 123 n. 2.
Du Lac, capitaine d'une pinasse, 157 n. 3.
Dunes d'Angleterre, *the Downs*, v, 10.
Du Plom (Jacques Esprinchard, sieur), historien, vii.
Durbal, soldat, xv.
Du Vair (Guillaume), président du parlement de Provence, xx, 34, 122, 123 n. 2, 200, 241, 242, 250.

E

Edward, pirate anglais au service des Tunisiens, 32 n. 1. — Voir Ward.
Effiat (Antoine Coeffier, marquis d'), 128.
Elie, renégat corse, capitaine d'un vaisseau de Tunis, 210.
Eliot, ou Elyot (Robert), corsaire anglais, xii, 205.
Elphachie. Voir Sphakia.
Emanuel, pilote de *la Lune*, xvii, 79, 87.
Enaut, pilote normand, 84.
Enkhuizen, 5.
Enfer noir (l'), surnom d'un vaisseau de l'Ordre de Malte, xvi.
Ensir. Voir Ras-el-Chansir.

TABLE ALPHABÉTIQUE. 281

Epinay-Saint-Luc (Timoléon d'), 135 n. 1.
Espagnols, 23, 52, 53, 57-59, 61, 62; — en Provence, XXXII, XXXIII.
Esprinchard (Jacques). Voir Du Plom.
Estampes. Voir L'Isle et Valençay.
Estrées (Julienne-Hippolyte d'), Voir Villars.

F

Fajardo (Don Juan), vice-amiral de la flotte espagnole, XIII, 53, 56, 57, 61 n. 2, 214, 215.
Fajardo (Don Luis), général de la flotte espagnole, XIII, XV, 52, 53, 55, 56, 61 n. 2, 65, 67, 209, 213-215, 217, 219, 226.
Fakhr-ed-Din, émir des Druses, XVII, 93 n. 1, 100 n. 1.
Faucon de Portugal, navire de guerre tunisien, XV, 62 n. 2, 210.
Favignana (île de), 39.
Fernandina (duc de), XXXII.
Feydeau, XXI.
Fineka, sur la côte de Caramanie, 84.
Flamands, 17, 18.
Flessingue, 4.
Florence, 48, 112.
Florentins, XXII.
Fontaine-Amourouse, à Chypre, 84.
Fontainebleau, 24 n. 1.
Forant (Jean), capitaine rochelais, 153 n. 1.
Forbin-Gardane (Antoine de), 124 n. 1.
Foscarini (Antonio), ambassadeur de Venise en France, IV, VIII, IX, 16 n. 1, 191, 192, 194, 196.
Foucques (Guillaume), capitaine de vaisseau, prisonnier à Tunis, 29 n. 2, 201, 237, 241.
Fouquet de La Varenne (Guillaume), contrôleur général des postes et armateur, VI, IX, 191-197.
Fourcy (Henry de), surintendant des bâtiments, 128.
Fourcy (Jean de), 128 n. 3.
Fraissinet ou Fressinet (le chevalier de), XVI, 79.
Frappier, messager de Poitiers, 160.
Fuentès (comte de), gouverneur du Milanais, 123 n. 1.
Fumée (Jacques de), 7 n. 2, 110 n. 1.

G

Gabareul le Flibot d'Oléron, maître d'une chaloupe, XXVIII, 169.
Gabareul (Mathurin), pilote, 166.
Gal, voyageur français, 100 n. 1.
Galères (le général des). Voir Gondi.
Galite (île de la), 35 n. 2, 51.
Gardes (régiment des), 180.
Gasquy (le sieur de), Provençal, 266, 267, 269.
Gata (cap de), XI, 28.
Geffroy (Jehan), maître de navire, 17 n. 2.
Gênes, XXXIV.
Georges raïs, pirate tunisien, 30.
Gerbes. Voir Djerba.
Gérenton, Marseillais, XIII, 35 n. 2, 248, 257.
Giaffer pacha, 88 n. 1.
Gibraltar, 22, 23, 27, 54; — détroit, 21, 26, 208, 260.
Glandevès. Voir Cuges.
Glanfield, pirate anglais au service des Tunisiens, 30.
Glover (Thomas), ambassadeur d'Angleterre à Constantinople, 86 n. 1.
Gondi (Philippe-Emmanuel de), comte de Joigny, général des galères de France, 29 n. 1, 232, 248, 256.
Gontaut-Biron (Jean de). Voir Salignac.

Gotrey (de), capitaine au régiment Du Chastelier-Barlot, 140.
Goulette (La), xii, xiv, xix, 33, 35, 37, 48, 51, 56-60, 75, 209, 210, 213-215, 219, 221, 223-225, 231, 252.
Goyer, 3, 4.
Gozzo (île de), 81.
Grammont (comte de), gouverneur du Béarn, 128 n. 1.
Grand-Océan (le), navire forban, 151 n. 1.
Grand-Saint-Esprit (le), navire marseillais, xii, 247, 251, 252, 254.
Gray (Andrew), colonel anglais, xxx, 185, 189 n. 1.
Green (John), capitaine de vaisseau anglais, xxix, 168, 170-172.
Gribauval (de), gentilhomme de la maison du Roi, 142.
Grimaud (marquis Esprit d'Esplan de), xxvii, 151 n. 3, 153 n. 2, 158, 163, 165 n. 1.
Grin. Voir Green.
Gris-Nez (cap), 10.
Guise (Charles de Lorraine, duc de), amiral du Levant, xiii, xxiii, 3 n. 1, 35 n. 1, 50 n. 1, 64, 69 n. 3, 113, 138 n. 1, 177 n. 3, 224, 230, 241, 242.
Guiton, amiral rochelais, 113 n. 1.
Gutierrez de Velasco (Rodrigo), xxxiii.

H

Halicarnasse. Voir Boodroom.
Harcourt (Henri de Lorraine, comte de), xxxii-xxxiv.
Hardier, trésorier de l'Epargne, 131.
Harvey, contre-amiral anglais, 177 n. 2.
Hautefort (François de), officier de marine, xvi, xvii, 40-42, 74-77, 256.
Havre (Le), iv, vi, ix, 14-16, 19, 191, 200.

Haye (La), 4.
Heemskerk (Jacques de), amiral hollandais, 22 n. 2.
Hélène, sultane, 96.
Henri IV, ii, iv, vi-viii, xx, 2, 12 n. 1, 16, 24 n. 1, 123 n. 2, 125, 185, 191, 193, 194-197, 212, 224-226, 235, 241, 257.
Henriette-Marie, reine d'Angleterre, xxx.
Herbault (Raymond Phelipeaux d'), secrétaire d'Etat, 131.
Hollande, xvii, 2, 3, 5.
Hoorn, 5.
Huart (baron G. d'), historiographe de Persac, iii.
Hunguet, capitaine des gardes de Buckingham, 188.

I

Icard, capitaine d'un navire de Toulon, 42, 63.
If (château d'), xxii.
Indes orientales (Compagnie française des), 5 n. 4.
Italiens dans le Levant, 106-112.

J

Jachya, prétendant au trône de Stamboul, xviii, xix, 94, 96-98, 105, 116.
Jacques-Pierre, Normand, corsaire fameux, la terreur du Levant, vi, 88 n. 1, 92 n. 1.
Jeannin (président), ambassadeur de France en Hollande, 4.
Jérusalem, 95 n. 3.
Jonchée des Tourelles, malouin, 128 n. 1.
Joseph (monseigneur). Voir Beaulieu - Persac (Philippe de).

K

Kairy. Voir Parry.
Kara-Osman, bey de Tunis, i, xii, xiv, xv, 41 n. 4, 65-67 n. 2, 201, 204, 216, 217, 230-

TABLE ALPHABÉTIQUE. 283

232, 236-255, 259, 261-264.
Kaso (île de), près de la Crète, 91.
Khalil de Césarée, capoudan-pacha, xvi, 79 n. 1.

L

La Basinière (de), receveur général de la gabelle en Normandie, 3.
La Bergerie (régiment de), 127 n. 2.
La Fayette (Philippe-Emmanuel de), chevalier de Malte, 156.
La Ferrière, corsaire, iv.
La Feuillade (D'Aubusson de), chevalier de Malte, xvi, 80 n. 1, 227.
La Fosse (de), intendant du duc de Chevreuse, 128.
Lagiralli, émir de Saïda, 99.
La Guette (de), 166, 167, 171.
La Haye, 4.
La Huerta (Don Juan de), trésorier-payeur de la flotte espagnole, 54 n. 1.
Lala Mohammed, grand vizir, 97 n. 1.
La Liberté (de), sergent-major de la flotte de Beaulieu-Persac, xxix, 161, 162, 171.
La Madeleine, gentilhomme saintongeais, 173 n. 1.
Lambert, corsaire français, vi, 92 n. 1.
La Meilleraye (régiment de), 179 n. 3.
La Motte-Houdancourt (Daniel de), évêque de Mende, 145, 150, 153, 154, 159.
La Poittière (Jean de), capitaine de navire, 83 n. 1.
La Porte (Amador de), intendant général de la navigation, 31 n. 1, 82 n. 1, 105 n. 1.
La Rave, capitaine marseillais, 247.
La Rivière-Puygreffier, 159.
La Roche du Montet (de), 161.

La Rochefoucauld (François V, duc de), 145, 151-156, 159.
La Rochefoucauld (Louis de). Voir Marsillac.
La Tour, enseigne au régiment Du Chastelier-Barlot, 169 n. 1.
La Treille (Honoré de), commissaire de l'artillerie, 10 n. 4, 82 n. 2, 105 n. 1.
Launay-Razilly (Claude de), chef d'escadre, puis vice-amiral, xxv, xxviii, xxxi, 140, 143, 146, 147, 163, 168 n. 3, 171, 172, 177.
L'Autière (de), Marseillais, 204.
Lavarane, ou de La Varenne, capitaine au régiment Du Chastelier-Barlot, 140, 169 n. 1.
Lavardin (Jean de Beaumanoir, marquis de), 77 n. 2.
La Varenne. Voir Fouquet.
La Verdière (de), 124, 125 n. 1.
La Verdun. Voir Lavardin.
L'Ecluse (de), chevalier de Malte, xix, 113.
Le Havre. Voir Havre (Le).
Lemnos, 73.
Lenche, ou Lincio, fondateurs du Bastion de France, 233 n. 1.
Levant, xxxv, 1, 2, 15, 16, 48, 49, 74, 80, 99, 260, 261.
Licorne (la), navire de Honfleur, 17 n. 2.
Licorne (la), vaisseau du roi, 141 n. 1.
Lignes de paix, v.
Ligny (de), capitaine de vaisseau sous pavillon de Savoie, 226.
Ligourne. Voir Livourne.
Lindsey (Lord), vice-amiral anglais, xxxi, 177 n. 2.
Lion-d'Or (le), vaisseau du Roi, xxxi, 107 n.
L'Isle d'Autry (Philippe d'Estampes de), capitaine de vaisseau, xxv, 138, 139, 141, 145, 146.
Livourne, 78, 261.

Lizarraga (Don Miguel de), capitaine de vaisseau espagnol, 54 n.
Loix (île de), 180, 181.
Lommerat, capitaine d'une pinasse, 157 n. 3.
Londres, xxx, 168, 211.
Louis XIII, xxxii, 6 n. 1, 69 n. 3, 185 n. 1, 190.
Lovico, ou Lucdovicq (Antoine), Corse, négociant à Tunis, 201, 202, 233, 236, 239, 241-255, 261, 263.
Luçon, 153.
Lune (*la*), vaisseau de Philippe de Beaulieu-Persac, v, vi, ix-xi, xiii-xv, xvii, xix, xx, 5, 6, 13, 125.
Lussac, iv, xx.
Lyon, xxxvi.

M

Maçarquivir, 52 n. 2.
Madagascar, 108 n. 2.
Maddalena, navire de Tunis, 61 n. 1, 209.
Madeleine (*la*), navire de Honfleur, 17 n. 2.
Madeleine (*la*), navire de Marseille, xii, 229, 232, 233, 238.
Mahomet III, 95 n. 4.
Mahomet, raïs tunisien, 210.
Maillezais (l'évêque de). Voir Sourdis.
Maina, au sud du Péloponèse, 78 n. 1.
Mairargues (Louis d'Alagonia de), 123 n. 1.
Maison blanche, lieutenant au régiment Du Chastelier-Barlot, 169 n. 1.
Malaga, 52 n. 2.
Maldonado (Don Juan), lieutenant général des galères d'Espagne, x, 23, 24.
Malfatano, port de Sardaigne, 38.
Malfilastre (Jacques de), corsaire, iv.
Malte, 35-38, 43, 44, 48, 49, 67, 68, 70, 71, 74, 78, 79, 117, 211, 222.
Malte (Ordre de), xiii, xv, xvi, 15 n. 2, 45, 70, 120, 108, 224. — Général des galères, 119, 120. — Grand maitre. Voir Vignacourt.
Mantin (Théodore de), chef d'escadre de Guyenne, xxxii, 32 n. 1, 128 n. 1, 138 n. 1.
Maranhão, au Brésil, xxii.
Marans, xxv, 131, 133, 134.
Marchesini (Francesco), 53 n. 1.
Marechaga (Don Pedro de), capitaine de vaisseau espagnol, 54 n. 1.
Marguerite (*la*), navire de guerre, 165 n. 1.
Marillac (Louis de), maréchal de France, 46 n. 2, 130, 134, 137, 139, 145, 180.
Marillac (Michel de), 128 n. 1, 129 n. 1.
Marine du Levant, xxii ; — du Ponant, i, ii, 202.
Marquese (la), dans le golfe d'Alexandrette, 106.
Marseille, xx, 20 n. 1, 32, 34, 36, 78, 87, 121-123, 198-205, 207, 212, 222, 229-266, 273. — Bourse de commerce, 233.
Marsillac (Louis de La Rochefoucauld, abbé de), 128 n. 1, 149, 150, 159.
Martinez (Pedro), argousin de la flotte espagnole, 217.
Matos (Don Juan de), capitaine de vaisseau, 54 n. 1.
Maumusson, 146.
Maupas (Richardière, sieur de), capitaine d'une escadrille destinée au secours de Saint-Martin-de-Ré, xxvi - xxviii, 151, 158, 162-164 n. 1, 169 n. 1.
Mayenne (Charles de Lorraine, duc de), 44 n. 2.
Médavy (Jacques Rouxel de), chevalier de Malte, 69 n. 2.
Médicis (Cosme II de), xviii, 71, 93 n. 1, 95 n. 1.

TABLE ALPHABÉTIQUE. 285

Médicis (Ferdinand Ier de), 99, 197.
Médicis (Marie de), 124 n. 2.
Mende (évêque de). Voir La Motte-Houdancourt.
Mendez, ou Mandès (Don Pedro), grand-croix de Malte, 72.
Mervyn, 187 n. 1.
Messine, xvi, 73-75, 78.
Middelbourg, 4, 5 n. 4.
Milice chrétienne (Ordre de la), 3 n. 1, 116 n. 1.
Miranda (Don Pedro de), capitaine du vaisseau espagnol, 54 n. 1.
Miraumont (Claude de), chevalier de Malte, xix, 69 n. 3, 113.
Miron, chevalier de Malte, 29 n. 2.
Mocquet (Jean), 31 n. 1.
Mohammed raïs, pirate tunisien, xv.
Moisset (Jean de), fermier général de la gabelle, 2, 3, 41.
Mombrun, soldat, 9.
Montauban, armateur, 193, 194.
Montenac (de), chevalier de Malte, xxvii, 165 n. 1.
Montigny de La Hottière, armateur, 204 n. 2.
Montjoy-Blount, lord Montjoy, 184, 185, 189.
Montmorency (Henri de), amiral de France, 3 n. 1, 69 n. 3, 127 n. 2.
Monyer, provençal, 25 n. 1, 67 n. 2.
Moratou - raïs. Voir Mourad raïs.
Morisot, 13 n. 1, 14 n. 1.
Morisques expulsés d'Espagne, 23 n. 8.
Moscovie, 97.
Mourad, pirate tunisien d'origine génoise, 63 n. 1, 210, 216.
Mourad raïs, pirate algérien, 203.
Mourad raïs, pirate turc d'origine marseillaise, xv, xvi, 79 n. 1.

Muñoz (Don Diego), officier de marine espagnol, 54 n. 1.
Murot, 129.
Mustapha, corsaire turc, d'origine grecque, xvii.
Mustapha-pacha, 47 n. 1.

N

Naples, 37, 123 n. 2. — Voir Benevento.
Napollon (Samson), capitaine, plus tard ambassadeur à Alger, 50.
Nasciaro, village de l'île de Malte, 68.
Nassau (comte Maurice de), 3, 89, 222.
Navarre (régiment de), 179 n. 3.
Nestré. Voir Aytré.
Nevers (Charles de Gonzague, duc de), 3 n. 1, 116 n. 1.
Nicholas, secrétaire du duc de Buckhingham, 187 n. 1.
Nimes (évêque de). Voir Toiras (Claude de).
Nompareille, ou *Nonsuch*, vaisseau vice-amiral de la flotte anglaise, xxix, 177, 182 n. 2.
Notre-Dame de la Melleha, à Malte, 68.
Notre-Dame-de-Liesse (la), vaisseau de ligne, 3 n. 1, 124 n. 1.
Nuchèze (François de), vice-amiral de France, xxi.
Nuchèze (Pierre de), gouverneur de Montmorillon, xxi.
Nuestra Señora de Buen Viaje, caravelle espagnole, 54 n. 1.
Nuestra Señoras de los Remedios, galion espagnol, 54 n. 1.
Nuestra Señora de Regla, vaisseau espagnol, 54 n. 1.
Nuestra Señora del Rosario, galion espagnol, 54 n. 1.

O

Oléron, 141-144.
Oquendo (Don Antonio de), général de l'escadre cantabrique, 52 n. 2.

286 TABLE ALPHABÉTIQUE.

Orellana (Don Juan de), xxxiii.
Orgon, Bouches-du-Rhône, xxiv.
Ossat (cardinal d'), i.
Oudart, capitaine d'une pinasse, 157 n. 3.
Ours blanc (*l'*), navire flamand, 5 n. 4.

P

Paias. Voir Bayas.
Palerme, 53 n. 1.
Pantero-Pantera, 73 n. 2.
Paris, ix, xii, xx, 2 n. 1, 131, 172, 234, 243.
Parry, officier de marine anglais, 172.
Pasqual (Louis), patron de navire, 83 n. 1.
Pasqualiga (*la*), navire vénitien, 67, 78.
Paul V, pape, 99.
Perle (*la*), navire malouin, xv, 62 n. 2, 210.
Persac, iii, xxi, xxxv.
Perroteau, capitaine de navire, 152, 157 n. 3, 158.
Petit-Saint-Esprit (*le*), navire de Marseille, xii, 233, 236, 238.
Petit-Saint-Victor (*le*), navire de Marseille, 244.
Piali-Pacha, 47 n. 1.
Piémont (régiment de), 179 n. 3.
Pigeolas, soldat, 9.
Piosin (de), député provençal, 232, 235.
Placidas (Jehan Faroult, dit), capitaine de navire, 17 n. 2.
Plantier, ingénieur du roi, 104 n. 1.
Plessis-Praslin (régiment du), 179 n. 3.
Plomb (Le), port près de La Rochelle, xxv, 131, 132, 153, 178 n. 3.
Plymouth, 19 n. 4, 198.
Poitou, iii.
Pons (Jacques de), 135 n. 1.
Pont-Courlay (François de Vignerot du), général des galères, xxxiii.

Porquerolles, l'une des îles d'Hyères, 268.
Port-Bounet, ou Porto-Bouel, dans le golfe d'Alexandrette, 108.
Port-Cros, xxiii, 266.
Porto-Farina, sur les côtes tunisiennes, 59.
Pot. Voir Rhodes.
Prague, 98, 99.
Prée (fort de la), dans l'île de Ré, 133, 137, 139, 140, 178, 180.
Prévost (Antoine), père de Philippe Prévost de Beaulieu-Persac, iii, xx.
Prévost (Balthasar), prieur de Sainte-Marie-Magdeleine de Lussac, iv.
Prévost. Voir Beaulieu-Persac.
Priuli (Michiel), gouverneur de l'île de Zante, 69 n. 1.
Provence, xxii, xxiii. — Voir Marseille.
Pucelle (*la*), navire de Honfleur, 17 n. 2.
Pula (cap de), en Sardaigne, 36.

Q

Queue-de-Vache, port aujourd'hui disparu, 132, 153, 157 n. 3.
Raguse, 39.
Ranchou, chevalier de Malte, 68.
Rapelin, proposé pour le consulat de Tunis, 250.
Ras-el-Chansir, 101 n. 2.
Rasilly. Voir Launay-Razilly.
Ravenstein (Philippe de), amiral français du temps de Louis XII, 37 n. 3.
Raymondin (Aymar), voyageur français, 95 n. 3.
Ré, xxiii, xxiv, xxxv, 126, 146, 181. — Voir Prée (fort de la), et Saint-Martin.
Reggio, xvi, 73.
Reiges, soldat, 9.
Repré, gentilhomme de la maison du Roi, 142.

TABLE ALPHABÉTIQUE. 287

Rhodes, vi, ix, xvi, xvii, 83, 88 n. 1, 92 n. 1.
Rhodes (Guy Pot de), chevalier de Malte, xix, 106.
Ribaudas, l'une des îles d'Hyères, 267, 268.
Richardelle, ou Richardière, capitaine de navire, 154, 157. Voir Maupas.
Richelieu (cardinal Armand Du Plessis de), xiv, xxiv, 46 n. 2, 129-131, 135-137, 141, 145, 156, 179 n. 1, 183, 190.
Rigault, capitaine de vaisseau, xix, 107.
Rochechouart (Gaspard de), seigneur de Mortemart, xx.
Rochechouart (Gaston de), capitaine, iii.
Rochechouart (René de), iii.
Rochelle (La), xvi, xxxi, 29 n. 2, 126 n. 3, 242.
Rocheprise (le seigneur de), gentilhomme bourguignon, 107.
Rodolphe II, empereur, 99.
Romanico (Don Agustin), capitaine de vaisseau espagnol, 54 n. 1.
Rome, 76 n. 1.
Roquemont (Claude de), capitaine de vaisseau, xxv, 142, 146, 171.
Rotterdam, 4.
Rous (George), capitaine de vaisseau anglais, 181, 182.
Rueil, 2 n. 1.
Ruffi (de), historiographe de Marseille, xxii.

S

Sables-d'Olonne, xxvi, 145, 146, 148, 154, 157 n. 3, 164, 169.
Saïda, 93 n. 1, 95 n. 3. — Emir de la ville, xviii, 95, 100 n. 1.
Saint-Bonnet. Voir Toiras.
Saint-Elme, à Malte, 47.
Saint-Etienne (chevaliers de l'Ordre de), xviii.
Saint-Forgeux (Bertrand d'Albon de), chevalier de Malte, 112.
Saint-Gilles-sur-Vie, 148.
Saint-Honorat, dans la commune de Persac, xx.
Saint-Honorat (l'île), xxxii, xxxiii.
Saint-Jean (Simon de), corsaire français, vi, viii, 88 n. 1, 92 n. 1, 227.
Saint-Louis (le), de Saint-Malo, 106 n. 1.
Saint-Louis (le), autre vaisseau de guerre, 140 n. 1.
Saint-Malo, 208.
Saint-Martial (de), chevalier de Malte, 80 n. 1.
Saint-Martin-de-Ré, xxiv, xxix, xxx, 133, 136, 154 n. 3, 168 n. 3, 169, 172, 173, 178, 180, 189.
Saint-Pierre (îles), 35 n. 2.
Saint-Surin, gentilhomme saintongeais, 183 n. 1.
Saint-Trojan-les-Bains, 142.
Saint-Tropez, xxiii, 266, 272.
Saint-Urgent. Voir Saint-Trojan.
Saint-Vincent (le), navire marseillais, 245.
Saint-Vincent (cap), x, 16.
Sainte-Marguerite (île), xxxii, xxxiii.
Sainte-Marie (cap), 20.
Sainte-Marie-de-Ré, 179.
Sainte-Maure (île), 68.
Salières, capitaine d'une pinasse, 157 n. 3.
Salignac, ou Salagnac (Jean de Gontaut-Biron, baron de), ambassadeur à Constantinople, i, 35 n. 1, 86 n. 1, 101 n. 4, 224-226.
Salonique, 96.
Samson, pirate anglais à Tunis, 30 n. 1, 32 n. 1.
San Francisco, galion espagnol, 53 n. 3.
San Fulgencio, galion espagnol, 54 n. 1.
San Juan Baptista, canot de guerre espagnol, 54 n. 1.

288 TABLE ALPHABÉTIQUE.

Santa Ana, frégate espagnole, 54 n. 1.
Santa-Cruz (marquis de), xxxii.
Santa Margarita, vaisseau espagnol, 54 n. 1.
Santa Maria Magdalena, galion espagnol, 54 n. 1.
Santerre (de), capitaine au régiment du Chastelier-Barlot, 169 n. 1.
Saphan raïs, corsaire de Tunis, xv, 210.
Sardaigne, 34, 36, 121, 208, 213.
Sarragouse. Voir Syracuse.
Sarvien, 236.
Saugeon (baron de), 151 n. 3, 157 n. 3.
Sauvé, commissaire, 128 n. 1.
Savoie (duc de), viii, ix, 15, 192, 193.
Scarpanto, ou Karpatho (île de), 81, 91.
Schomberg (Henri de), maréchal de France, 179, 183-186.
Scudéry (Georges de), lieutenant du gouverneur du Havre, iv.
Séguier, 249.
Séguiran de Bouc, sergent de bataille de l'armée navale, 103 n. 1.
Senès, bourgeois de Lyon, fondateur d'une Compagnie du corail, 234.
Sept-Caps, ou Jedi Burun, sur la côte d'Asie Mineure, 83 n. 1.
Shirley, « Schorleye » (Thomas), corsaire anglais, 78 n. 1, 208.
Sicile, 53, 73, 76, 77, 208.
Sillery (Brûlart de), garde des sceaux, 35 n. 1, 67 n. 2.
Simon. Voir Saint-Jean.
Soliman, renégat maltais, amiral tunisien, xi, 28-30, 210, 216.
Soliman, renégat rochelais, pirate, 268.
Sommerive (Charles-Emmanuel de Lorraine, comte de), 44, 45, 48.
Sonde (îles de la), xxi.

Soranzo (Girolamo), 53 n. 1.
Soubeyran, gentilhomme de l'amiral duc de Guise, 205, 233 n. 1, 236, 239.
Soubise (Benjamin de Rohan, duc de), 127 n. 2, 176, 177.
Sour, l'ancienne Tyr, 94, 100, 114.
Sourdis (Henri d'Escoubleau de), évêque de Maillezais, puis chef des conseils de l'armée navale, xxxii n. 3, xxxiii, 143, 144.
Sphakia, port de Crète, 81.
Sully (Maximilien de Béthune, duc de), ambassadeur en Angleterre, i, ii, v, viii, 10, 11 n. 1, 13 n. 1, 14, 15 n. 1.
Syracuse, 32 n. 1, 78, 79, 117.
Syrie, xviii, 93, 193, 195.

T

Targone (Pompeo), ingénieur, 128 n. 1.
Tarifa, 22.
Taureau (Louis), patron d'un navire de Saint-Tropez, 272.
Terraube, capitaine d'une pinasse, 157 n. 3.
Terre-neuviers, 43 n. 1.
Texel (le), v, 6, 8, 9.
Théoulle, xxxiii.
Toiras (Claude de Saint-Bonnet de), évêque de Nîmes, xxvi, 145, 150, 152 n. 1, 160, 161.
Toiras (Jean de Saint-Bonnet de), gouverneur de Ré, xxiv, xxix, 103 n. 1, 127, 135, 137 n. 1, 151, 163, 164, 180, 183, 189.
Toledo (Don Fadrique de), amiral espagnol, 177 n. 3.
Toledo (Don Pedro de), généralissime des galères d'Espagne, 23, 24.
Toscane (grand-duc de). Voir Médicis (Cosme II de).
Toulon, 39, 211, 242.
Tranche (La), 161, 163.
Tripoli de Barbarie, 69, 260.
Tripoli de Syrie, 101.

TABLE ALPHABÉTIQUE.

Triumph, vaisseau amiral anglais, 183 n. 1.
Tunis, XVII, 39, 42, 43, 57, 63, 65, 69, 81, 213; — corsaires, 28-30, 206-208, 230 et suiv. — Relations avec la France, XI, XXXVI, 229-264.
Turcs, VII, 15 n. 2, 21, 26, 28, 64, 106-108, 193, 201, 203, 207, 212, 265.

U

Utrecht, 7.

V

Vado, XXXIII.
Valençay (Achille d'Estampes de), commandeur de Malte, XXXI, 128 n. 1, 136, 137, 179 n. 3.
Valentin (Jean), facteur du Corse Bérengier, 252.
Valette (La), 38, 47 n. 1.
Valin, capitaine basque, 153, 157.
Vanguard, vaisseau de guerre anglais, V, 10, 11 n. 3, 177 n. 2, 187 n. 1.
Veillane. Voir Villiena.
Venise, 18. Voir Foscarini.
Vénitiens, 16, 101 n. 4, 206, 211.
Vernatel, capitaine d'une pinasse, 157 n. 3.
Verney (Francis), corsaire anglais, 19, 207, 210, 211.
Vic (Dominique de), vice-amiral, 11.
Victoire (la), vaisseau royal, 107 n. 2.
Victory, vaisseau de guerre anglais, 177.

Vierge (la), vaisseau de guerre rochelais, 141 n. 1.
Vignacourt (Alof de), grand maître de Malte, XVI, XIX, 70, 117.
Villars (André de Brancas, duc de), gouverneur du Havre, 41.
Villars (Julienne-Hippolyte d'Estrées, duchesse de), 2 n. 2, 41.
Villeroy (château de), 127, 128.
Villeroy (Nicolas de Neufville de), secrétaire d'Etat, IX, 193, 195.
Villiena (marquis de), vice-roi de Sicile, 53, 76, 78.
Villiers (de), chevalier de Malte, XXVII, 165 n. 1.
Visancourt (de), chevalier de Malte, 80 n. 1.
Vitry (de), maréchal de France, XXXIII.
Vivero (don Diego de), commissaire de la flotte espagnole, 217.
Vodelle, 231, 251.

W

Ward, « Garde, Duarte », corsaire anglais, 20 n. 1, 30 n. 1, 41 n. 4, 203, 206, 210, 211.

Y

Yeu (île d'), 147, 148.

Z

Zamet, 226.
Zebib (cap), 59.
Zuniga (Balthasar de), 123 n. 1.

TABLE DES MATIÈRES

Pages

Préface. Biographie de Beaulieu-Persac 1

Discours du voyage faict en Levant
(1608-1610).

    I. Achat en Hollande d'un vaisseau de ligne . . . 2
   II. L'incident des Dunes d'Angleterre 10
  III. Entrevue avec Henri IV. 14
  IV. Combat naval du cap Saint-Vincent 16
   V. Rencontre avec l'escadre algérienne de Dansa. . 20
  VI. Combat naval contre l'escadre tunisienne de Soliman 28
 VII. Relâche à Marseille. Beaulieu dévoile ses projets sur La Goulette 33
VIII. L'Ordre de Malte refuse le prêt de son pavillon . 42
  IX. Rencontre de l'escadre espagnole de Fajardo. . 49
   X. Destruction de la flotte tunisienne à La Goulette. 57
  XI. Réception triomphale à Malte. 68
 XII. Mésaventure à Messine 73
XIII. Beaulieu bat à Chypre la caravane d'Égypte . . 78
XIV. Rencontre d'une escadre hollandaise 86
 XV. Beaulieu rallie l'escadre de Guillaume de Beauregard sous pavillon florentin. 90
XVI. Les aventures de sultan Jachia 94
XVII. Au mouillage d'Alexandrette 102
XVIII. Beaulieu propose au grand maître de Malte d'enlever La Goulette. 117
XIX. Il organise la défense de Marseille, menacée par les Espagnols 121

TABLE DES MATIÈRES. 291

Histoire du secours mené en l'isle de Ré
(1627).

	Pages
I. Entrevue de Beaulieu avec Richelieu.	126
II. Inspection de la défense des côtes	131
III. Organisation à Brouage de la flottille de secours.	135
IV. Beaulieu, serré de près par les croiseurs anglais, est forcé de gagner les Sables-d'Olonne.	142
V. Les équipages, saisis de panique, désertent et Beaulieu les ramène dans le devoir.	149
VI. Ordre de bataille de la flottille aux Sables-d'Olonne.	156
VII. La flottille passe au travers de la flotte de blocus.	162
VIII. Du navire-hôpital de la flotte britannique, Beaulieu, prisonnier, suit les attaques des assiégeants et leur déroute.	170
IX. Entretien de Beaulieu avec l'amiral-duc de Buckingham.	182
X. Beaulieu va trouver Richelieu et Louis XIII	189

Appendices.

I-IV. Lettres, en italien, d'Antonio Foscarini, ambassadeur de Venise, au doge, sur les armements de Beaulieu (Paris, 18 novembre 1608-28 janvier 1609).	191
V. Arrêt du parlement de Provence condamnant les forbans anglais capturés par Beaulieu (Marseille, 4 juin 1609).	198
VI. Lettre de Guillaume Foucques, capitaine de la marine royale, à Henri IV, sur les corsaires tunisiens (Tunis, 24 mai 1609).	201
VII. Le combat de La Goulette, suivant la relation hollandaise d'Emmanuel Van Meteren	206
VIII. Le combat de La Goulette, suivant la relation espagnole de Cascales	213
IX. Lettre, en espagnol, de Don Luis Fajardo au gouverneur de La Goulette (de la Capitane d'Espagne devant La Goulette, 1er août 1609)	219

	Pages
X. Réponse du gouverneur de La Goulette	221
XI-XIII. Lettres de Salignac, ambassadeur près de la Porte, à Henri IV (Péra, 17 novembre 1609-1610)	224
XIV. Historique des relations franco-tunisiennes (Lyon, 26 août 1610)	228
XV. « La deffaicte de cinq cens hommes et de quatre vaisseaux de guerre, par le sieur de Beau-lieu » (1621)	265
Table alphabétique	277

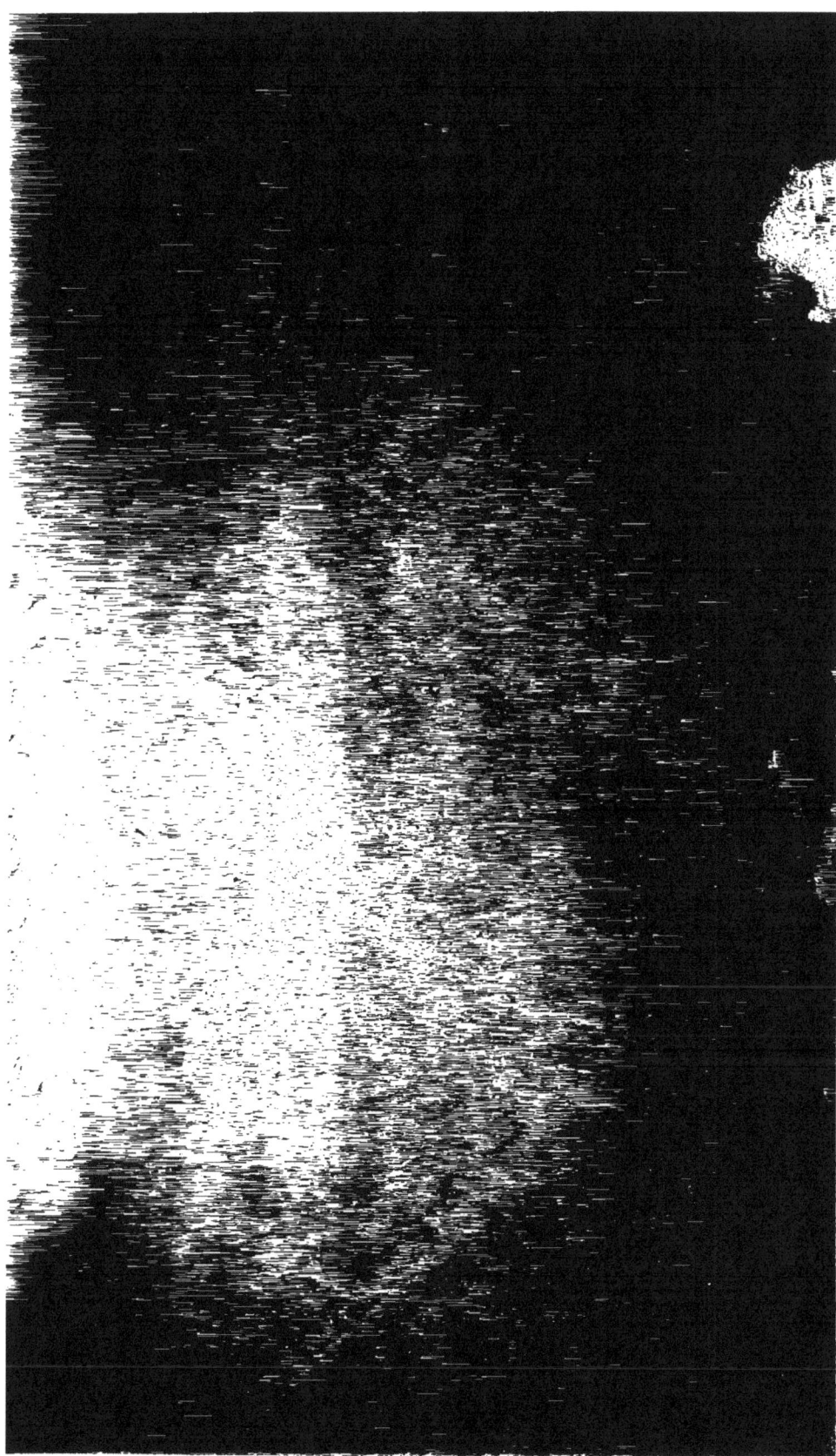

Ouvrages publiés par la Société de l'Histoire de France
depuis sa fondation en 1834.

In-octavo à 9 francs le volume, 7 francs pour les Membres de la Société.

Ouvrages épuisés.

L'Ystoire de li Normant. 1 vol.
Lettres de Mazarin. 1 vol.
Villehardouin. 2 vol.
Histoire des Ducs de Normandie. 1 vol.
Grégoire de Tours. Histoire ecclésiast. des Francs. 4 v.
Beaumanoir. Coutumes de Beauvoisis. 2 vol.
Mémoires de Coligny-Saligny. 1 vol.
Mémoires et Lettres de Marguerite de Valois. 1 vol.
Comptes de l'argenterie des rois de France. 1 vol.
Mémoires de Cosnac. 2 vol.
Journal d'un Bourgeois de Paris sous François Ier. 1 v.
Chroniques des Comtes d'Anjou. 1 vol.
Lettres de Marguerite d'Angoulême. 2 vol.
Joinville. Hist. de Saint Louis. 1 vol.
Chronique des Quatre Premiers Valois. 1 vol.
Guillaume de Nangis. 2 vol.
Mém. de P. de Fenin. 1 vol.
Œuvres de Suger. 1 vol.
Histoire de Bayart. 1 vol.
Procès de Jeanne d'Arc. 5 v.

Ouvrages épuisés en partie.

Œuvres d'Éginhard. 2 vol.
Barbier. Journal du règne de Louis XV. 4 vol.
Mémoires de Ph. de Commynes. 3 vol.
Registres de l'Hôtel de Ville pendant la Fronde. 3 vol.
Choix de Mazarinades. 2 vol.
Histoire de Charles VII et de Louis XI, par Th. Basin. 4 vol.
Grégoire de Tours. Œuvres diverses. 4 vol.
Chron. de J. de Wavrin. 3 vol.
Journal et Mémoires du marquis d'Argenson. 9 vol.
Œuvres de Brantôme. 11 v.
Commentaires et Lettres de Blaise de Monluc. 5 vol.
Mém. de Bassompierre. 4 vol.
Bibliographie des Mazarinades. 3 vol.
Chanson de la Croisade contre les Albigeois. 2 vol.
L'Histoire de Guillaume le Maréchal. 3 vol.
Mémoires de Souvigny. 3 vol.

Ouvrages non épuisés.

Orderic Vital. 5 vol.
Corresp. de Maximilien et de Marguerite. 2 vol.
Richer. Hist. des Francs. 2 v.
Le Nain de Tillemont. Vie de saint Louis. 6 vol.
Mém. de Mathieu Molé. 4 v.
Miracles de S. Benoît. 1 vol.
Mém. de Beauvais-Nangis. 1 v.
Chronique de Mathieu d'Escouchy. 3 vol.
Pièces inédites du règne de Charles VI. 2 vol.
Comptes de l'Hôtel des Rois de France. 1 vol.
Rouleaux des morts. 1 vol.
Mém. et Corresp. de Mme du Plessis-Mornay. 2 vol.
Chron. des Églises d'Anjou. 1 v.
Introduction aux Chroniques des Comtes d'Anjou. 1 vol.
Chroniques de J. Froissart. T. I à XI. 13 vol.
Chroniques d'Ernoul et de Bernard le Trésorier. 1 v.
Annales de S.-Bertin et de S.-Vaast d'Arras. 1 vol.
Histoire de Béarn et de Navarre. 1 vol.
Chroniques de Saint-Martial de Limoges. 1 vol.
Nouveau Recueil de Comptes de l'Argenterie. 1 vol.
Chronique du duc Louis II de Bourbon. 1 vol.
Chronique de J. Le Fèvre de Saint-Remy. 2 vol.
Récits d'un ménestrel de Reims au XIIIe siècle. 1 v.
Lettres d'Ant. de Bourbon et de Jeanne d'Albret. 1 vol.
Mém. de La Huguerye. 3 vol.
Anecdotes et Apologues d'Étienne de Bourbon. 1 vol.
Extraits des auteurs grecs concern. les Gaules. 6 vol.
Mémoires de N. Goulas. 3 v.
Gestes des évêques de Cambrai. 1 vol.
Les Établissements de saint Louis. 4 vol.
Chron. Normande du XIVe s. 1 v.
Relation de Spanheim. 1 vol.
Œuvres de Rigord et de Guillaume le Breton. 2 v.
Mém. d'Ol. de la Marche. 4 v.
Lettres de Louis XI. 11 vol.
Mémoires de Villars. 6 vol.
Notices et documents, 1884. 1 v.
Journal de Nic. de Baye. 2 v.
La Règle du Temple. 1 vol.

Hist. univ. d'Agrippa d'Aubigné. 10 vol.
Le Jouvencel. 2 vol.
Chroniques de Louis XII, par Jean d'Auton. 4 vol.
Chron. d'A. de Richemont. 1 v.
Chronographia regum Francorum. 3 vol.
Mémoires de Du Plessis-Besançon. 1 vol.
Éphém. de La Huguerye. 1 vol.
Hist. de Gaston IV, comte de Foix. 2 vol.
Mémoires de Gourville. 2 vol.
Journal de J. de Roye. 2 vol.
Chron. de Richard Lescot. 1 v.
Brantôme, sa vie et ses écrits. 1 vol.
Journal de J. Barrillon. 2 v.
Lettres de Charles VIII. 5 v.
Mém. du chev. de Quincy. 3 v.
Chron. de Morosini. 4 vol.
Doc. sur l'Inquisition. 2 vol.
Mém. du vic. de Turenne. 1 vol.
Chron. de Perceval de Cagny. 1 vol.
Journal de J. Vallier. T. I et II.
Mém. de Saint-Hilaire. T. I à IV.
Journal de Fauquembergue. T. I et II.
Chron. de Jean le Bel. 2 v.
Mémoriaux du Conseil de 1661. 3 v.
Chron. de G. Le Muisit. 1 vol.
Rapports et Notices sur les Mém. de Richelieu. T. I.
Mém. du card. de Richelieu. T. I à III.
Mémoires de M. et G. du Bellay. T. I à III.
Mém. du Maréchal de Turenne. T. I.
Grandes Chroniques de France. T. I.
Mém. du maréchal d'Estrées. 1 vol.
Corresp. de Vivonne. 1 vol.
Chronique de Morée. 1 vol.
Correspondance du chevalier de Sévigné. 1 vol.
Lettres du duc de Bourgogne. T. I.
Mém. de Beaulieu-Persac. 1 v.

SOUS PRESSE :

Mém. du maréchal de Turenne. T. II.
Mém. de Florange. T. I.
Histoire de la Ligue. T. I.
Lettres du duc de Bourgogne. T. II.

ANNUAIRES, BULLETINS ET ANNUAIRES-BULLETINS (1834-1911).

In-18 et in-8°, à 2 et 5 francs.

(Pour la liste détaillée, voir à la fin de l'Annuaire-Bulletin de chaque année.)

Nogent-le-Rotrou, imprimerie Daupeley-Gouverneur.

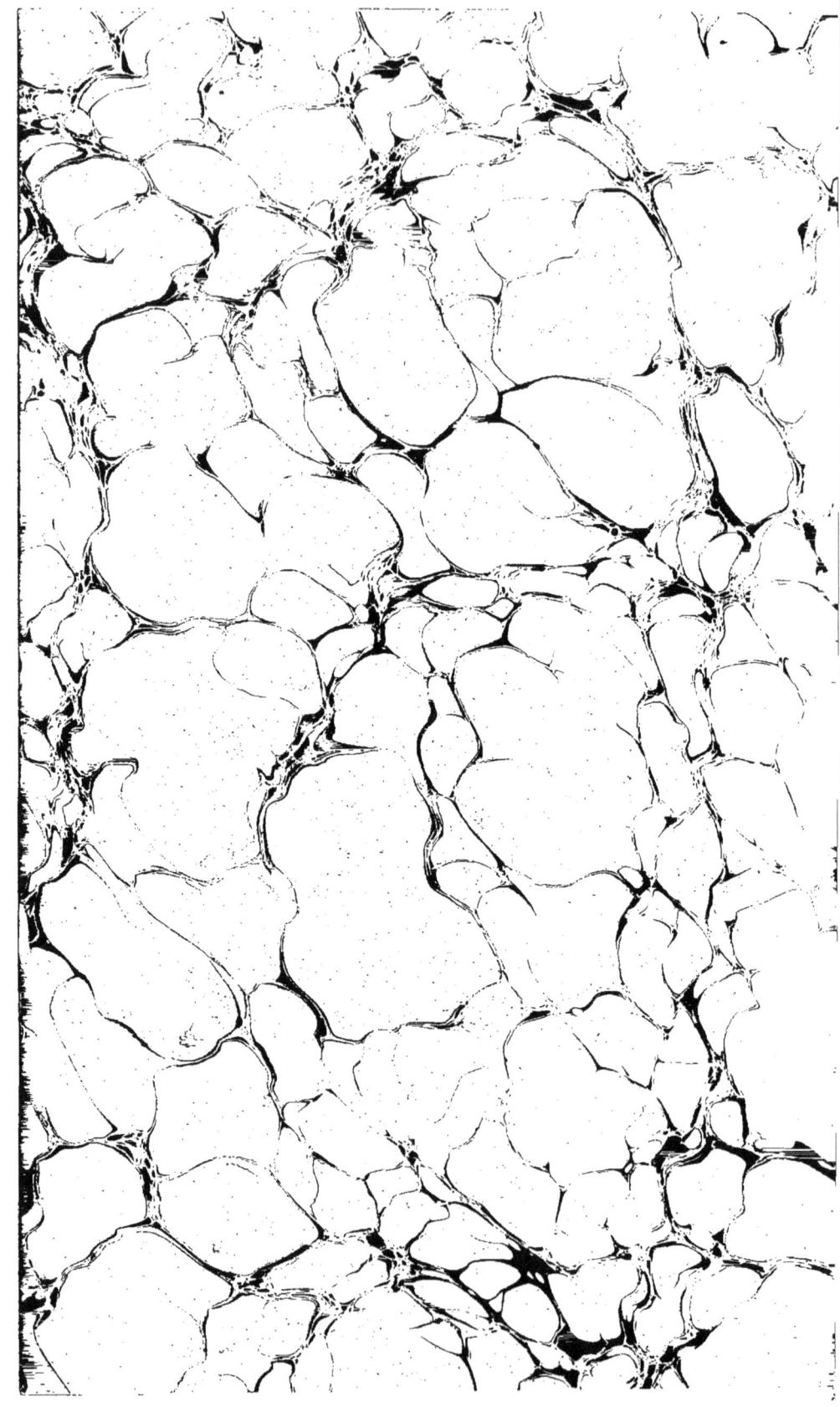

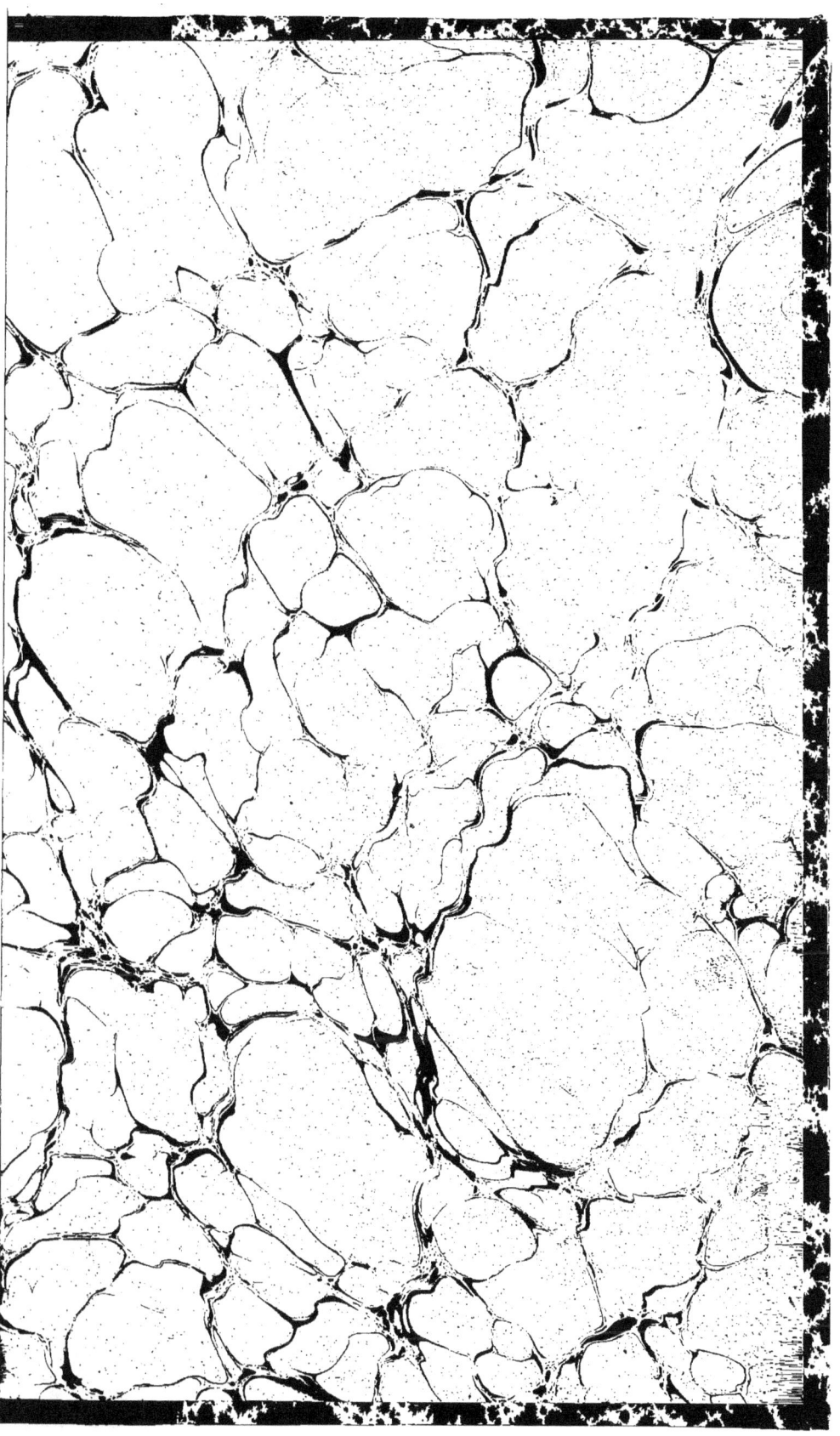

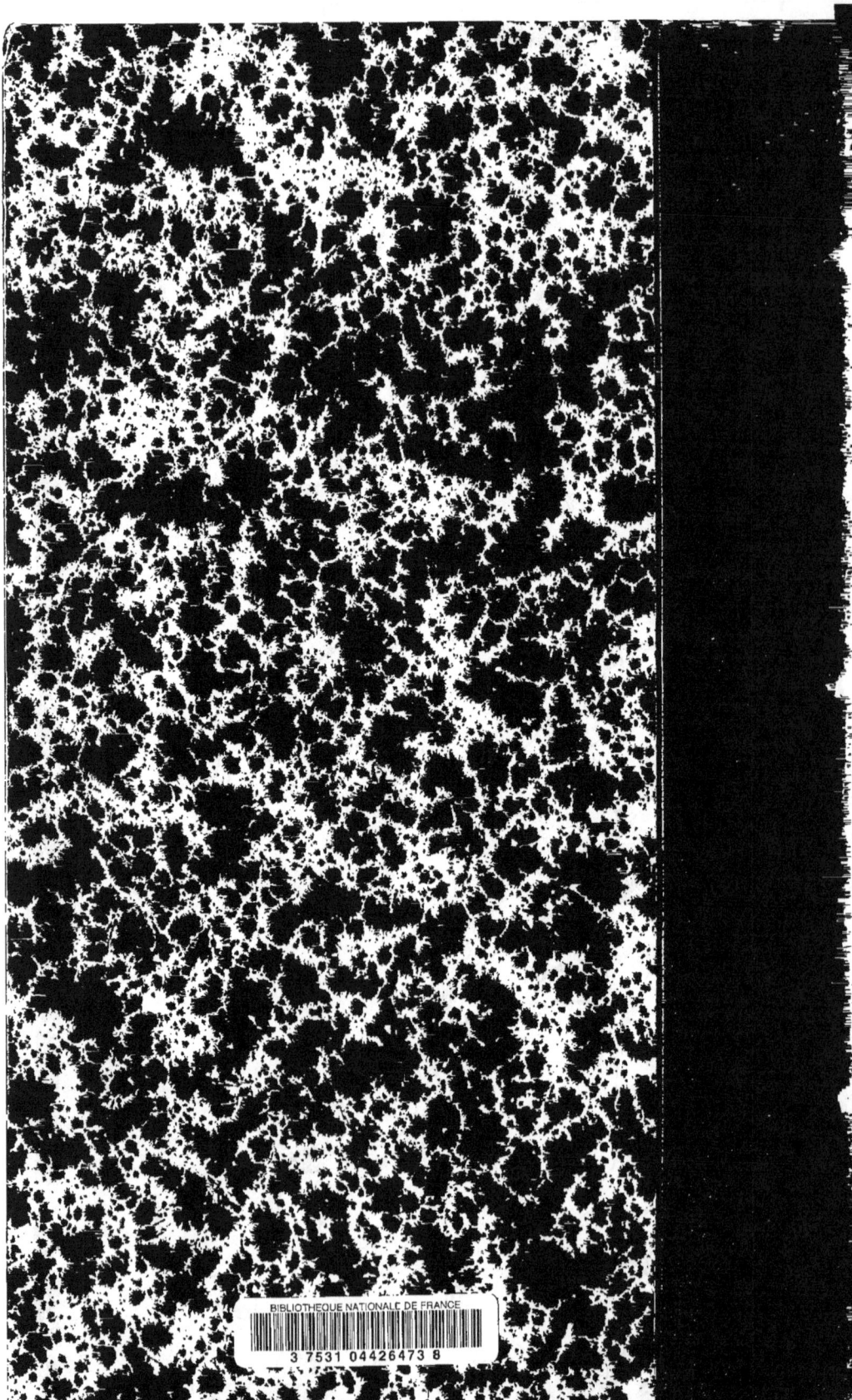

www.ingramcontent.com/pod-product-compliance
Lightning Source LLC
Chambersburg PA
CBHW050733170426
43202CB00013B/2266